云南师范大学语言学及应用语言学重点学科系列丛书
云 南 师 范 大 学 重 点 学 科 建 设 经 费 资 助

语言信息处理丛书

语言信息处理与普通话水平测试

王渝光　杨瑞鲲　李洪平　著

云南大学出版社

图书在版编目(CIP)数据

语言信息处理与普通话水平测试/王渝光著. —
昆明:云南大学出版社,2010
(语言信息处理丛书)
ISBN 978 - 7 - 5482 - 0024 - 6

Ⅰ. ①语…　Ⅱ. ①王…　Ⅲ. ①普通话—水平考试—研究　Ⅳ. ①H102

中国版本图书馆 CIP 数据核字(2010)第 026150 号

语言信息处理与普通话水平测试

王渝光　杨瑞鲲　李洪平著

责任编辑:邓立木
封面设计:猎鹰创想
出版发行:云南大学出版社
印　　装:昆明市五华区教育委员会印刷厂
开　　本:787mm × 1092mm　1/16
印　　张:15.5
字　　数:310 千
版　　次:2010 年 1 月第 1 版
印　　次:2010 年 1 月第 1 次印刷
书　　号:ISBN 978 - 7 - 5482 - 0024 - 6
定　　价:38.00 元

社　　址:云南省昆明市翠湖北路 2 号云南大学英华园内
邮　　编:650091
网　　址:http//: www.ynup.com
E - mail:market@ynup.com
电　　话:(0871)5031071/5033244

序

语言信息处理，是用计算机对语言信息(包括口语和书面语)进行编码、转换、传输、解码、存储、分析等进行加工处理的科学。语言信息处理是一门与语言学、计算机科学、心理学、数学、控制论、信息论、声学、自动化技术等多学科相联系的交叉性边缘学科。人类利用语言进行交际的过程，实际就是人自身进行语言信息处理的过程。

就汉语而言，语言信息处理又叫中文信息处理，包括汉字信息处理和汉语信息处理两个部分。中文信息处理，是自然语言信息处理的一个分支。现阶段的中文信息处理技术，虽有了很大的发展，但离现代化的要求还有较大的差距。许多语言信息处理技术，既需要计算机技术的不断发展，更需要从语言信息处理的角度加强对汉语本身的研究。

语言文字是一个国家主权的象征，也是民族自信心的体现。现在世界上的各个国家、民族都比以往任何时候更加珍视自己的语言文字所具有的标志性意义。

语言文字是交流的工具，也是文化的载体，承载着丰富、厚重的社会文化信息，服务于社会的经济、政治和文化，是能够产生社会效益和政治、经济、文化、科技等效益的特殊社会资源，是国家最宝贵的财富。语言是人类重要的文化资源和经济资源。当今时代，语言已经进入到经济和高新科技领域，成为经济发展的重要资源。随着信息时代的发展，语言作为经济资源的性质会体现得越来越明显，其经济意义越来越显著。

民族共同语是指一个民族内用作共同交际工具的语言。标准语是经过加工规范后的民族共同语，是民族共同语的规范化形式。确立民族共同语的标准，推广民族共同语是政治、经济、文化发展的需要，是一个国家实现工业化、信息化、现代化的需要。新中国成立后，中国共产党、中央人民政府对汉民族共同语的确立和推广十分重视。1955 年进行了现代汉语规范问题的讨论。1956 年 2 月 6 日国务院发布了《关于推广普通话的指示》，明确提出并规定“汉语统一的基础已经存在了，这就是以北京语音为标准音，以北方话为基础方言，以典范的现代白话文著作为语法规范的普通话。”1958 年周恩来总理在《当前文字改革的任务》中又把推行汉语拼音方案、推广普通话作为两项重要的任务。国家根据当时的情况，制定了“大力提倡，重点推行，逐步普及”的推广普通话的方针。1982 年《中华人民共和国宪法》明确规定“国家推广全国通用的普通话”。实施普通话水平测试是信息化、现代化社会发展的必然要求。1994年10月30日，国家语言文字工作委员会、国家教育委员会、国家广播电影电视部作出了《关于开展普通话水平测试工作的决定》，发布了《普通话水平测试大纲》和《普通话水平测试等级标准(试行)》，对普通话水平测试提出了具体的实施办法，对汉语普通话水平的等级体系进行了细化，明确提出了三级六等的客观的评判标准。通过几年的实践，《普通话水平测试等级标准(试行)》经国家语言文字工作委员会再次审定作为部级标准，于1997年12月5日正式颁布。2000年10月31日九届人大常委会通过了《中华人民共和国国家通用语言文字法》，第六条规定“国家颁布国家通用语言文字的规范和标准，管理国家通用语言文字的社会应用，支持国家通用语言文字的教学和科学研究，促进国家通用语言文字的规范、丰富和发展”；第十九条规定“以普通话作为工作语言的播音员、节目主持人和影视话剧演员、教师、国家机关工作人员的普通话水平，应当分别达到国家规定的等级标准”；第二十四条规定“国务院语言文字工作部门颁布普通话水平测试等级标准”。根据《中华人民共和国国家通用语言文字法》，2003年，教育部、国家语委颁布了修订后的《普通话水平测试大纲》，进一步确认了这个标准。《普通话水平测试等级标准(试行)》成为普通话水平测试三级六等的法定标准。这些重大举措，对于贯彻“大力推行，积极普及，逐步提高”的新时期推广普通话的方针，对于推广普通话工作的科学化、规范化、制度化，对于各级各类学校的普通话教学改革，有着极为重要的意义，已经并将继续对我国社会信息化、现代化的发展产生深远的影响。

随着21世纪的到来，人类已经进入信息化的时代。迅猛发展的互联网成为人们获取信息的主要方式。面对信息网络时代和信息技术的不断进步，语言文字应用研究要与时俱进，要借助信息技术手段实现语言资源的数字化和资源的整合与共享，从而提升语言研究的科学性和研究效率。要从深度和广度两个方面充分挖掘语言资源。对于推广普通话、推行规范汉字、推行《汉语拼音方案》、实施普通话水平测试这些语言文字工作，应提升到语言信息处理的高度来认识和实行，以求能够适应不断发展的时代要求。

语言文字的规范化、标准化和信息化，是实现社会信息化的基础。一方面要把促进语言文字的规范化、标准化和信息化作为应用语言学研究的重要任务，作为国家语言文字工作的重要任务。另一方面也要将现代信息技术成果引进到语言研究中，引进到社会语言文字的应用中，引进到语言文字的工作中，实现语言研究手段的现代化和语言文字工作手段的现代化。

目前，国家通用语言文字的普及程度和规范化、信息化水平，还不能完全适应经济社会发展的需要。加强国家信息化建设，需要加强语言文字基础研究和基础工程建设，提高语言文字的规范化、标准化水平，注重国家语言战略研究，利用语言维护国家的文化安全。普通话水平测试是国家语言文字工作信息化的重要体现，要不断提高这项测试的现代化水平。语言信息处理是提高普通话水平测试标准化、现代化水平的核心内容。本书根据国家有关的语言文字政策，根据《普通话水平测试大纲》精神，以云南省改革开放三十多年来的普通话水平测试实践为基础，从语言信息处理的角度，分析探讨普通话水平测试的理论和具体方法，以求针对普通话水平测试的特点，在广泛吸取现代语言学各有关学科、教育测量学、计算机科学的理论和研究方法的基础上，建构普通话水平测试的理论框架，探寻测试的优化方法，提高普通话水平测试信息化、科学化的水平，完善普通话测评体系，满足新时期社会对语言文字发展的需求，构建和谐的语言文字环境。

云南是全国最早开展普通话水平测试的省份，早在20世纪80年代中期，吴积才教授等就编写了《普通话训练和标准化测试手册》，20世纪90年代初期又编写了《标准化水平考试·普通话教材》（语文出版社,1992年）。王渝光作为这两本教材的主要设计者之一，在其中许多地方已经体现出了语言信息处理的思想方法。从20世纪90年代初起，被云南省普通话培训测试中心长期聘为普通话水平测试科研负责人，完成多项国家语委课题。时任国家语委主任的许嘉璐教授、时任国家语委副主任的王均教授、仲哲明教授、傅永和教授和陈章太教授、刘照雄教授等都对云南的普通话水平测试研究给予了大力的支持和肯定，在此谨向这些前辈表示崇高的敬意。现任国家语委领导、国家普通话水平测试中心领导一如既往地对云南的普通话水平测试研究给予了大力的支持和肯定，谨向他们表示崇高的敬意。历任云南省普通话培训测试中心领导的戴梅芳主任、傅牧主任、袁耘毅主任给予了连续不断的支持。与先为同事，后为领导的姚一斌先生、李竹屏先生、陈典红女士、金程先生、李宏坤女士一直合作愉快，谨向他们表示衷心的感谢。云南全省的各民族普通话测试员、普通话教师和普通话应试者为本书数据的取得做了基础性的工作，谨向他们表示诚挚的谢意。

云南师范大学历届语言学及应用语言学硕士研究生，很多直接参与了普通话水平测试的研究，做了大量的基础性工作，其中有杨万兵、蒋利平、李国强、熊子瑜、刘华、吴昌银、江友辉、张鹏、杨铮琳、杨端如等。杨瑞鲲、李洪平同志成绩突出，做了大量的工作。本书的具体分工为：王渝光撰写第一章、第六章，杨瑞鲲撰写第三章、第五章，李洪平撰写第二章、第四章，普通话水平测试题库系统自动出题程序由王渝光编写，计算机辅助普通话水平测试人机对话评分系统主程序由杨瑞鲲编写，最后由王渝光修改定稿。本书是从语言信息处理的角度对普通话水平测试进行深入研究的专著，可供广大语言文字工作者、语文教师和普通话测试员做深入研究时参考，也可供广大应试人员了解普通话水平测试参考。本书可做语言学及应用语言学研究生、全日制本科生语言信息处理课程的教材。本书在撰写时，参考了前辈、时贤及网上的一些资料，限于篇幅，未能一一列出，谨向他们表示崇高的敬意。

本书的出版要感谢云南大学出版社的领导和邓立木女士，正是在他们的大力支持下，本书才能在这样短的时间内以这样精美的形式出版。本书得到云南师范大学语言学及应用语言学重点学科建设经费资助，谨向有关领导和管理人员表示衷心的感谢。本书既是作者多年来从信息处理的角度对普通话教学和普通话测试的总结，又是对新时期推普工作如何与时俱进的思考，谨以本书的出版献给中华人民共和国六十周年华诞！

王渝光　杨瑞鲲　李洪平

2009 年 9 月 6 日于银河星辰

目　录

第一章　语言信息处理与普通话水平测试概述

第一节　语言信息处理

一　信息与信息技术

信息是事物运动的状态与方式，是物质的一种属性，是人们关于事物运动状态和方式的知识。观念性的信息要通过具体的物质形态表现出来，因而信息可以有多种物质载体。这些物质载体必须能作用于人的感官，因而信息的具体表现形式可以是听觉形式的声音，也可以是视觉形式的图像，还可以是触觉、嗅觉、味觉等可感知的形式。同样的信息可以用不同的物质形态表现出来。

信息的产生、传递、存储及接收等过程必须有物质能量的支持、投入和转换。信息只有通过一定的物质介质为中介，才能成为人们可以感知的对象。

信息技术是研究信息的获取、传输、处理和存储的技术，是在信息科学的基本原理和方法的指导下扩展人类信息功能的技术。

信息系统是对信息源输入的信息进行收集、存储、传输、分析、变换的处理，并输出处理后信息的系统。信息系统由"信源—编码器—信道—解码器—信宿"构成。信息系统要解决的问题是在一定的传输距离和传输媒体之内，把影响信息传递的各种噪声降到最低限度。信源只有在利用最少的物质能量的支持、转换和投入的情况下，传递出有用的、关键的、必需的信息，并有效地克服内部噪声和外部噪声的干扰，信宿的信息量才会达到最高值。

人的信息功能有信息获取功能、信息传递功能、信息认知功能、信息执行功能。信息技术是扩展人的信息功能的技术。信息具有可度量——信息可以度量、可识别、可转换、可存储、可处理、可传递、可复制、可压缩等特征。

媒体，是信息的载体，根据具体的物质形态和功用可以分为感觉媒体、显示媒体、存储媒体和传输媒体等。多媒体技术是一种把话语、文本、图形、图像、动画和声音等形态的信息结合在一起，并通过计算机进行处理的综合性信息技术。计算机只有达到能够实时处理视频数据流和声音数据流的水平，才可能产生多媒体技术。多媒体技术能够按人的要求以多种媒体的形式表现出来，同时作用于人的多种感官，具有集成性、控制性、交互性、实时性、信息使用的方便性和信息结构的动态性等特点。

二　语言是信息的载体

语言是音义结合的符号系统。语言符号的形式是声音，语言符号的内容是意义。信息是人们对事物运动状态和方式的认识，从语言学的角度来看，信息就是语义。语言以声音为具体的表现形式，表达了具体的语义内容，也就是表达了具体的信息内容。语言的本质就是信息。语言是信息的载体，是人类生产信息、承载信息、传播信息、接收信息、储存信息、检索信息、处理信息的最主要的信息工具。

语言信息具有物质性、抽象性、社会性等特点。信息是事物运动的状态与方式，是人们判断事物、控制能源、了解情况、处理事情的根据。交换信息是人类社会存在的必然要求。人类通过进化获得多种信息手段，并在进化过程中对这些信息手段进行不断的选择、发展。语言的形成是人类祖先在漫长的进化过程中对信息手段的自然选择、积累、修正、补充的必然结果。语言能力是人类最重要的信息能力。人类历史上的许多次信息能力的革命，都大大提高了人类的信息能力，同时也大大地提高了人类的社会生产力。随着社会的发展和进步，人类的信息手段也不断发展进步和飞跃，然而每一次信息革命都与语言这个最重要最基本的信息载体密切相关。

随着当今世界信息科学的高速发展，信息载体将会以更多的形式出现并为人们所广泛使用。这些载体以及由此产生的信息传输方式，也必将在人类的社会实践活动中发挥重要的作用。语言现已成为人类和计算机共同的交际工具。随着信息时代的到来，以计算机为中介的信息传播正深刻地改变着人类信息传播的方式，并创造了一种新的信息文化形态。语言文字这种抽象的听觉、视觉媒体，如果与其他具体形象的听觉、视觉媒体结合起来就可以迸发出巨大的信息能量。

三　语言信息处理

语言信息处理，是用计算机对语言信息(包括口语和书面语)进行编码、转换、传输、解码、存储、分析等进行加工处理的科学。

语言信息处理是一门与语言学、计算机科学、心理学、数学、控制论、信息论、声学、自动化技术等多学科相联系的交叉性边缘学科。

人类利用语言进行交际的过程，实际就是人自身进行语言信息处理的过程。

在人们利用语言信息进行交际的过程中，从始至终都存在着噪声的干扰。语言信息处理的过程同时也是一个力图把噪声干扰限制在最小的范围，力求用最小的能量达到最大效益的信息输出的过程。

在人们的主客观世界中，存在着大量的人们尚未认识或认识不够的事物。信息量是指人们认识某个事物性质状态的不确定性的消除。不确定性消除的越多，信息量就越大。信源只有在最少的物质能量的支持下，传递出清晰的关键的信息，信宿的信息量才会达到最高值。在语言交际中，信源为了保证关键的信息不受干扰，使信宿获得最大的信息量，就必须加大关键信息的冗余度，从而避免信宿被错误引导或信息产生歧义。

语言的概率，指的是构成整个语言系统的各种结构要素在使用频率方面所呈现出来的随机性与出现频率相关的可能性。语言符号在使用频率上既有很强的随机性，又有一定的必然性。充分利用语言概率进行语言信息处理，可以使我们在较短的时间内达到尽可能大的语言交际、语言教学和语言测试效果。

就汉语而言，语言信息处理又叫中文信息处理，包括汉字信息处理和汉语信息处理两个部分。中文信息处理，是自然语言信息处理的一个分支。现阶段的中文信息处理技术，虽有了很大的发展，但离现代化的要求还有较大的差距。许多语言信息处理技术，既需要计算机技术的不断发展，更需要从语言信息处理的角度加强对汉语本身的研究。目前，汉语信息处理在机器翻译、汉语的人机对话和中文情报检索等方面，已经取得了一定的成果。汉语信息处理，还包括言语统计、计算机辅助语言教学(编制各种语言教学软件)、汉语语音识别和言语合成、汉语照排系统、方言研究、修辞学研究(用统计的方法研究风格特征,并进行风格比较)等。

四　语文现代化与语言信息处理

语言文字是一个国家主权的象征，也是民族自信心的体现。语言文字是一个民族团结的象征。语言文字是一个民族文化传统的标志。现在世界上的各个国家、民族都比以往任何时候更加珍视自己的语言文字所具有的标志性意义。

语言文字是交流的工具，也是文化的载体，承载着丰富、厚重的社会文化信息，服务于社会的经济、政治和文化，是能够产生社会效益和政治、经济、文化、科技等效益的特殊社会资源，是国家最宝贵的财富。语言是人类重要的文化资源和经济资源。当今时代，语言已经进入到经济和高新科技领域，成为经济发展的重要资源。随着信息时代的发展，语言作为经济资源的性质会体现得越来越明显，其经济意义越来越显著。

语言是人类最重要的交际工具，也是人类最重要的信息载体和信息处理工具。人类历史上的每一次信息革命都与语言息息相关，都使语言的表现产生了新的形式。从语言的本体来看，有声语言的产生是人类第一次信息革命，这是一次人类信息手段的根本性的革命。文字的产生是第二次信息革命，文字的出现使语言除了口语形式外又多了书面语的形式。造纸和印刷术的产生是第三次信息革命，这次革命的成果使得语言能够以纸的形式记录下来并得到传播，从而产生了中华民族光辉灿烂的物质文明和精神文明。通信技术的产生和发展是第四次信息革命，这次革命的成果使得语言能够以光、电、磁的形式记录下来，并得到广泛的传播，有力地推动了现代科学技术的发展。计算机的出现和发展是第五次信息革命，这次革命对语言进行数字化加工，极大地扩充了语言的各种功能。

语文现代化就是语言文字通过自身的规范与发展，与时俱进，适应现代社会的要求。语文现代化以信息处理技术为基础，主要是语言文字的信息化，包括语言文字的标准化，语言文字的数字化，语言文字的存储、加工、保护和使用的信息化。

21 世纪的到来，人类已经进入信息化的时代。互联网的迅猛发展成为人们获取信息的主要方式。面对信息网络时代和信息技术的不断进步，语言文字应用研究要与时俱进。要借助信息技术手段实现语言资源的数字化和资源的整合与共享，从而提升语言研究的科学性、效率。要从深度和广度两个方面充分挖掘语言资源。对于推广普通话、推行规范汉字、推行《汉语拼音方案》、实施普通话水平测试这些语言文字工作，应提升到语言信息处理的高度来认识和实行，以求能够适应不断发展的时代要求。

我国的语言文字应用研究取得了很多成果。规范汉字表的研制，普通话水平测试的实施，汉字应用水平等级及其评测系统的研制，智能语音技术在普通话测试中的应用等有较高的科技含量，有力促进了我国语言文字的规范化、信息化建设，对现实语言生活具有重大影响。

语料库是存储于计算机中并可利用计算机进行检索、查询、分析的语言素材的总体。基于语料库的分析方法是对传统的基于规则的分析语言的方法的一个重要补充。语料库是最理想的语言知识资源，是直接服务于语言文字信息处理等领域的基础工程。我国从 1990 年开始建立大型的国家级语料库——现代汉语语料库。现代汉语语料库作为国家级语料库，在语料可靠、标注准确等方面应具有权威性，在汉语语料库系统开发技术上应具有国际领先水平，主要服务于语言文字的信息处理、语言文字规范标准的制订、语言文字的学术研究、语文教育和语言文字的社会应用等方面。

语言文字的规范化、标准化和信息化，是实现社会信息化的基础。一方面要把促进语言文字的规范化、标准化和信息化作为应用语言学研究的重要任务，作为国家语言文字工作的重要任务。另一方面也要将现代信息技术成果引进到语言研究中，引进到社会语言文字的应用中，引进到语言文字的工作中，实现语言研究手段的现代化和语言文字工作手段的现代化。

目前，国家通用语言文字的普及程度和规范化、信息化水平，还不能完全适应经济社会发展的需要。加强国家信息化建设，需要加强语言文字基础研究和基础工程建设，提高语言文字的规范化、标准化水平，注重国家语言战略研究，利用语言维护国家的文化安全。当前，《通用规范汉字表》征求意见，引起了社会热烈反响。信息化时代赋予的任务包括：树立科学的语言发展观和规范观，积极普及国家通用语言文字，完善现行汉字和普通话语音的基本标准体系，建成语言文字规范标准的评测认证系统，建成汉语应用能力的立体测试系统。加快规范标准建设，审定汉字属性、汉语语音、语汇以及外语应用等系列规范，探索语言文字规范标准新的审定和发布模式，及时整合、修订已发布的规范标准；继续开展语言文字基础标准、信息处理和文化教育等领域语言文字规范标准的研制发布工作，加速语料库、知识库等语言工程建设，建立“普通话口语标本库”和“普通话口语语料库”，完善普通话语音规范，制定普通话声学参数标准，完善语言文字标准体系，采用智能语音技术在辅助普通话学习与测试，对国家语委现代汉语语料库进行深度开发利用并提供给社会使用，加快中文信息处理规范标准建设步伐，为国家标准化发展战略服务。

第二节　普通话水平测试

一　实施普通话水平测试是信息化、现代化社会发展的必然要求

共同语是一个言语社团内用作共同交际工具的语言。民族共同语是指一个民族内用作共同交际工具的语言。在我国古代，人们把这种共同语称作“雅言”、“通语”、“官话”，辛亥革命以后又称作“国语”。标准语是经过加工规范后的民族共同语，是民族共同语的规范化形式。确立民族共同语的标准，推广民族共同语是政治经济文化发展的需要，是一个国家实现工业化、信息化、现代化的需要。

新中国成立后，中国共产党、中央人民政府对汉民族共同语的确立和推广十分重视。1955 年进行了现代汉语规范问题的讨论。1956 年 2 月 6 日国务院发布了《关于推广普通话的指示》，明确提出并规定“汉语统一的基础已经存在了，这就是以北京语音为标准音，以北方话为基础方言，以典范的现代白话文著作为语法规范的普通话。”1958 年周恩来总理在《当前文字改革的任务》中又把推行汉语拼音方案、推广普通话作为两项重要的任务。国家根据当时的情况，制定了“大力提倡，重点推行，逐步普及”的推广普通话的方针。1982 年《中华人民共和国宪法》明确规定“国家推广全国通用的普通话”。1986 年国家语委《新时期的语言文字工作》报告中提出：“重点应当放在推行和普及方面，在普及方面应当更加积极一些。”报告提出“普通话的标准只有一个”，“从实际出发具体要求可以不同”，“可以分为以下三级：第一级是会说相当标准的普通话，语音、词汇、语法很少差错。第二级是会说比较标准的普通话，方音不太重，词汇、语法较少差错。第三级是会说一般的普通话，不同方言区的人能够听懂”。

1994 年 10 月 30 日，国家语言文字工作委员会、国家教育委员会、国家广播电影电视部做出了《关于开展普通话水平测试工作的决定》，发布了《普通话水平测试大纲》和《普通话水平测试等级标准(试行)》，对普通话水平测试提出了具体的实施办法，对汉语普通话水平的等级体系进行了细化，明确提出了三级六

等的客观的评判标准。通过几年的实践，《普通话水平测试等级标准(试行)》经国家语言文字工作委员会再次审定作为部级标准，于 1997 年 12 月 5 日正式颁布。

2000 年 10 月 31 日九届人大常委会通过了《中华人民共和国国家通用语言文字法》，第六条规定“国家颁布国家通用语言文字的规范和标准，管理国家通用语言文字的社会应用，支持国家通用语言文字的教学和科学研究，促进国家通用语言文字的规范、丰富和发展”；第十九条规定“以普通话作为工作语言的播音员、节目主持人和影视话剧演员、教师、国家机关工作人员的普通话水平，应当分别达到国家规定的等级标准”；第二十四条规定“国务院语言文字工作部门颁布普通话水平测试等级标准”。根据《中华人民共和国国家通用语言文字法》，2003 年，教育部、国家语委颁布了修订后的《普通话水平测试大纲》，进一步确认了这个标准。《普通话水平测试等级标准(试行)》成为普通话水平测试三级六等的法定标准。

这些重大举措，对于贯彻“大力推行，积极普及，逐步提高”的新时期推广普通话的方针，对于推广普通话工作的科学化、规范化、制度化，对于各级各类学校的普通话教学改革，有着极为重要的意义，已经并将继续对我国社会信息化、现代化的发展产生深远的影响。

普通话水平测试，作为一个国家的测试标准，作为国家职业的标准，用法律形式来规定，许多部门已经把普通话测试作为从业的必要条件。普通话水平测试是国家语言文字工作信息化的重要体现，要不断提高这项测试的现代化水平。普通话测试和汉字测试的健全与完善，对建立一个立体的语言文字测评体系有着重要意义。

二 普通话水平测试的性质

我国的普通话水平测试(缩写为 PSC)是一项较新的语言测试，它的测试理论和具体方法都还很不完善。本书根据国家有关的语言文字政策，根据《普通话水平测试大纲》精神，以云南省的普通话水平测试实践为基础，分析探讨普通话水平测试的理论和具体方法，以求针对普通话水平测试的特点，在广泛吸取现代语言学各有关学科、教育测量学、计算机科学的理论和研究方法的基础上，探寻测试的具体方法，构拟普通话水平测试的理论框架，完善普通话水平测试。

作为语言测试的普通话水平测试，应该遵循有关的语言测试的理论和方法，但它与国内外的第二语言的测试又不大一样。普通话水平测试在测试的性质、内容、重点、难点、对象、方法等方面都有自己的特点。

《普通话水平测试大纲》(修订)明确了普通话水平测试的性质，指出“普通话水平测试是一种目标参照性考试，是对应试人员掌握普通话规范程度的检验，是对应试人员运用普通话进行交际的能力水平的测试和评价”。普通话水平测试是一种目标参照性测试。目标参照性测试也称“标准参照性测试”、“水平测试”，它是在一个比较明确的相对限定的范围内对应试人员进行的普通话所达到的等级标准的考试。这个标准就是国家《普通话水平测试等级标准》，该标准对普通话三级六等的标准作了具体的描述。

目前国内通行的语言水平测试大多是外语水平测试，而普通话水平测试对大多数中国人来说，是第一语言的测试，是对以汉语为第一语言的使用汉语方言的人们进行的一种对汉语标准语——普通话掌握程度的语言测试。这一特性使普通话水平测试区别于把汉语作为第二语言的 HSK 考试。

普通话水平测试是一种测试对象相当广泛的测试，它适用于不同的性别、年龄、民族、文化水平、职业、阶层、社会地位的有关人员，测试对象的语言文化背景可以有很大的差别。这一特性使得普通话水平测试的测试对象的数量远远超过其他考试。

从语言信息处理的角度看，普通话水平测试与其他语言测试的主要区别在于它是完全的口语测试，对测试成绩的评判主要取决于应试者发出的语音信号及其表达的内容信息，因而对语音信号的质量及其所载信息的评价极为重要。只有认清普通话水平测试的特点，把可能产生的各种误差减小到最低限度，普通话水平测试才有科学的前提，测试的严肃性、公平性、权威性才有保证。

三　普通话水平测试是系统工程

普通话水平测试是一种综合教育测量学与现代语言学研究成果的多学科综合应用技术。它涉及语言学的各有关领域和新兴学科，涉及教育测量学、计算机科学、实验语音学、言语声学、统计语言学、语言教学与测试等许多新兴学科，是一个开放性的系统工程。

普通话水平测试研究总的指导思想和研究试验方法为：以现代语言学和现代教育测量学为测试的理论基础，以实验语音学、音位学的理论和研究成果为评判正误的尺度，研究制定普通话水平测试的教育测量学标准，建立并完善普通话水平测试题库，实施规模性的普通话水平考试。

普通话水平测试的基本实施步骤包括：确定普通话水平测试的理论基础；制订普通话水平测试大纲，根据普通话水平测试大纲确定测试的范围、题型、题量及测试方法；拟定编题计划；命制题目；审定题目；拼组试卷；实施测试；评定并复查成绩；分析试题、试卷质量；搜集、整理、分析有关数据；确立规范卷标准；根据需要，组配命制若干套等值的规范试卷；检测教学效果，进行信息反馈，指导教学等。在测试的内容、题型、题量、测试方法和规范卷标准都确定以后，普通话水平测试的关键环节，就是克服成绩评判的主观性问题，明确并实施测试评判的标准，并在理论与实践的结合中不断修正、补充和完善这个标准。

四　语言信息处理是提高普通话水平测试标准化、现代化水平的核心内容

普通话水平测试是一个新兴的较为复杂的语言测试系统工程，既需要宏观的政策导向和理论指导，也离不开微观的调查研究和统计分析，随着普通话测试与教学的不断探索与实践，以及各种测试理论的引进与介入的不断加深，普通话水平测试在理论和实践上都需要进一步深入、完善与提高。

《普通话水平测试大纲》作为指导我国普通话水平测试的总纲，在测试理论、测试覆盖面等方面需要统计语言学相关数据的有力支持。统计语言学的理论和研究成果对普通话水平测试的内容和标准的确定有着重要意义。只有应用统计语言学的理论和方法，通过对统计数据的研究分析，推测普通话水平测试的代表性，才能提高普通话水平测试的客观性、准确性，维护国家普通话水平测试的权威性，更好地推动汉语普通话的推广，促进汉语走向世界。只有通过统计语言学的理论和方法，以量化的手段，通过实验分析，对普通话水平测试进行研究，才能得出确切而非经验的各项量化指标，才能进行精确的测试，才能进行科学的、更大领域的判断和预测，提高普通话水平测试的科学性、准确性。对普通话水平测试进行微观的统计语言学研究，是普通话水平测试发展的必然趋势和要求。

《普通话水平测试等级标准(试行)》是普通话水平测试三级六等的法定标准。这是一个表述性的标准。现代汉语语音的声学特征在该标准中占有极为重要的地位。作为国家的一个法定的标准，只有表述性的阐释是不够的，需要有科学、准确、客观的声学数据作为确定各等级标准声学特征的基础。各个等级标准需要有客观、具体的语言样本和科学、客观的语言学、声学语音学的具体实验数据和有关的理论支撑。从信息处理的角度来看，普通话水平测试的语音实验研究势在必行。普通话水平测试的语音实验以已有的言语声学、实验语音学理论和研究成果为依据，通过语音取样，绘制、测量、分析符合普通话口语实际的波形图、频谱图和语图，考察不同普通话等级语音的声学特征，得出相关的声学数据，通过语音声学的分析研究，确定区分普通话水平测试不同等级的客观数据，为国家制定的《普通话水平测试等级标准》的表述性阐释提供有力的客观的声学数据。做到普通话水平测试的客观公正，最大限度地避免测试的主观性，加强和维护普通话水平测试国家法定标准《普通话水平测试等级标准》的客观性、准确性和权威性，有效提高普通话水平测试质量。语音实验的研究成果还可以用在普通话的教学中。对不同地区不同测试对象的语音问题进行科学的分析，提出科学的纠正方法，以求达到较好的教学效果。

从语言信息处理的角度看，普通话水平测试同样需要教育统计和教育测量的理论和数据的支持。教育统计与教育测量是采用定量分析的理论和方法，对各种教育现象和教育问题进行客观、科学的研究的一门应用科学。《普通话水平测试大纲》作为指导我国普通话水平测试的总纲，它在测试理论、测试内容、测试数

量和测试方法等方面需要教育统计与教育测量的相关理论和数据的支持。只有通过教育统计和教育测量的理论和方法，进行科学的、精确的测试，求出相关的教育统计和教育测量数据，才能说明普通话水平测试的客观性、标准性、公正性，提高普通话水平测试的科学性、准确性。

数据库技术是语言信息处理的核心技术，要进行普通话水平测试的语言信息处理，离不开数据库技术。要开展新世纪的普通话审音工作，完善普通话语音的基本规范，制定普通话的声学参数标准，推进普通话水平测试信息化建设，加强测试员队伍建设、确保测试质量，推动测试手段自动化的研究，使普通话水平测试进一步地规范化、标准化，使普通话水平测试具有较强的公平性、可比性、适用性和可操作性，同时对普通话教学和推广普通话，落实国家语言文字政策，都需要在普通话水平测试的各有关方面建立完善的数据库系统，这包括建立"普通话口语标本库"、"普通话口语语料库"、"普通话审音用知识库"、"语言资源有声数据库"，建立、改进、完善测试信息管理系统和测试题库系统等。普通话水平测试各有关领域的数据库建设，是语言信息处理的一项十分重要的内容。

普通话各等级标准多媒体数据库、普通话水平测试题库的建设是提高普通话水平测试标准化、现代化水平的十分重要的基础性工作。从语言学的角度来看，普通话水平测试各数据库系统属于应用语言学分支学科中的语言教学与测试领域。从计算机科学的角度来看，普通话水平测试各数据库属于自然语言信息处理系统。这些语言信息处理系统既要包括语言信息本身，即具体的各个数据库，又要包括信息的使用，即如何设计出使用这些信息的计算机程序与程序组合。普通话水平测试题库自动出题系统、计算机辅助普通话水平测试评分系统就是这样的信息使用系统。这些系统是利用计算机模拟命题者、评判者的思维方式而设计完成的计算机程序组合，可以根据需要自动生成各种类型的普通话水平测试试卷，在普通话水平测试的可操作性层面上提供快捷有效的评判方式，极大地减轻普通话水平测试的繁重工作，提高测试的效率。

我国的普通话培训测试已经开展了十几年，累计测试量已达 2 千多万人次，取得了很大成绩。但是，与国外先进的语言测试相比，无论是测试所包含的内容，还是测试的手段、方式，都存在着一定的差距。从科学发展的角度来看，为进一步完善普通话水平测试，改进普通话水平测试体系，推进普通话水平测试及其管理的现代化，需要做大量的基础性的工作。这既包括理论探究的科研的工作，也需要大量具体实验的试点的工作。这样才能提高普通话水平测试信息化、科学化的水平，完善普通话测评体系，构拟一个更为立体的、全方位的语言文字测评体系，满足新时期社会对语言文字发展的需求，构建和谐的语言文字环境。

第二章　普通话水平测试的语言统计研究

第一节　统计语言学的基本原理和方法

一　普通话水平测试对语言统计的要求

普通话水平测试是推广普通话工作的重要组成部分，是使推广普通话工作逐步走向科学化、规范化、制度化的重要举措。普通话水平测试既需要宏观的政策导向和理论指导，也离不开微观的深入调查研究和细致的统计分析，《普通话水平测试大纲》作为指导我国普通话水平测试的总纲，在测试理论、测试覆盖面等方面需要统计语言学相关数据的有力支持。只有通过统计语言学的理论和方法，以量化的手段，通过实验分析，对普通话水平测试进行研究，才能得出确切而非经验的各项量化指标，才能进行精确的测试，才能进行科学的、更大领域的判断和预测，提高普通话水平测试的科学性、准确性。

统计语言学是数理语言学的一个分支学科。

语言的符号特点使它与数学有着天然的联系。新兴的数理语言学把两者更加紧密地结合在一起。数理语言学采用数学的理论和方法来研究语言。运用数学公式、数学程序和数学模型来分析说明语言现象并使之定量化、形式化是数理语言学的特点。数理语言学力求揭示语言中的数学规律，构建语言的数学模型，对语言信息的计算机处理和机器翻译等有着重要的意义。数理语言学的研究方法主要有数理统计、语言的数学公式推导和语言现象的数据处理等。怎样从各种纷繁的语言现象中得出更准确的语言的数学公式，揭示语言发展变化的数学规律及特点，建立更为有效实用的语言数学模型，运用数学的理论和方法解决更多的语言实际问题，是数理语言学的发展方向。数理语言学的内部分科有：统计语言学、代数语言学和应用数理语言学。

统计语言学是运用数理统计、概率论和信息论等方法来分析研究语言现象的学科。统计语言学主要用数理统计的方法，研究各级语言单位的频率和概率，以此来揭示语言的统计概率，显示作家作品的言语风格。常用高频词、高频字的统计对语文政策的制定和语文教学有着积极的意义。统计语言学的研究成果，目前已广泛运用于语言信息处理和语言教学。

二　语言统计的一些基本概念

1. 必然事件和随机事件

在语言中，有些规则是完全确定的，如果实现了某一确定的条件组，就一定会发生与之相应的完全确定的事件，这种事件叫必然事件。在交际活动中，必然事件是极少见的。在语言交际活动中出现的大量事件并没有这种完全的确定性。

当我们实现某个条件组时，某一事件可能发生，也可能不发生。这个事件就叫做该条件组的随机事件。在交际活动中，当实现了某一条件组时，某一特定的语言成分有可能出现，也有可能不出现，因而语言成分的出现是一个随机事件。

2. 频率和概率

尽管随机事件与条件组之间没有完全确定的联系，但是，它们之间却存在着统计上的联系。当条件组 S 只实现一次时，事件 A 可能发生，也可能不发生，但是，如果条件组 S 实现多次，事件 A 的发生就有着某种规律性，这种规律性就表现为事件 A 的发生频率。

频率是事件 A 实际出现的次数与条件组 S 实现的次数之比，可用公式表示为：

$$f = n / N$$

其中，f 表示频率，n 是事件 A 实际出现的次数，N 是条件组 S 实现的总次数。

当条件组 S 实现的次数较少时，随机事件 A 发生的频率是不稳定的，有时发生的频率可能高些，有时发生的频率可能低些。随着条件组 S 实现次数的增加，随机事件 A 发生的频率越来越趋于一个稳定的值。这种当条件组 S 多次实现时，随机事件发生的频率渐趋稳定的规律性称为统计规律性。

统计规律性可以刻画语言成分出现的随机事件。语言的统计规律性，是对语言中的各种随机事件的一个比较符合实际的、较为客观的描述方法。

只有条件组 S 的多次实现，才有可能建立随机事件 A 的统计规则。

设条件组 S 的实现次数为 t，随着 t 的增大，随机事件 A 的出现频率 f 越趋稳定，当 $t \to \infty$ 时，f 就趋于一个稳定值，这个值就叫做随机事件 A 的概率 p，公式表示为：

$$\lim_{t \to \infty} f = \lim_{t \to \infty} \frac{n}{N} = p$$

由于 n 不会大于 N，因而随机事件的概率总是正数，并处于 0 和 1 之间。

如果 $p = 0$，则该随机事件是不可能事件。

如果 $p = 1$，则该随机事件就变成完全确定的必然事件。

3. 抽样和样本容量

语言材料是一个近乎无穷的天文数字。语言学家在对语言事实进行研究时，不可能穷尽全部的语言材料，只能从总体的语言材料中，抽取一定数量的语言材料来进行研究。语言材料的样本是从总体语言材料中抽取的部分材料。人们可以根据样本来推断总体的面貌。

抽样是样本的选取。抽样有一定的方法。只有对抽样提出一定的要求，满足一定的条件，统计结果才具有可靠性。

误差表示统计结果的可靠性。误差越小，可靠性越高；误差越大，可靠性越低。误差可分为绝对误差和相对误差。

如果把样本频率记为 f^*，把总体频率记为 f，则总体频率与样本频率之差的绝对值 $|f-f^*|$ 就是绝对误差。绝对误差样本频率与总体频率的差。为了说明样本频率与总体频率的接近程度，更恰当的办法是采用相对误差。

绝对误差 $|f-f^*|$ 与总体频率 f 之比，叫相对误差，用 δ 表示，即

$$\delta = | f-f^*/f|$$

相对误差与绝对误差比起来，可以更好地说明观测结果的精确程度。

样本所含语言成分的多少，叫样本容量，记为 N。当样本容量较小，随机事件的条件组 S 实现次数不多，样本的频率是不够稳定的。如果样本容量越来越大，随机事件的条件组 S 的实现次数也不断地增大，那么样本频率就越趋于稳定，相对误差就越小。

在一定的相对误差 δ 之下，频率 f 越小，需要的样本容量 N 越大。这种关系可用公式表示如下：

$$\delta = \frac{Z\rho}{\sqrt{Nf}}$$

其中，δ 表示相对误差，N 表示样本容量，f 表示频率，$Z\rho$ 是个常数，在一般情况下，$Z\rho=2$。

4. 字次、词次与使用度

字次是指在统计的语料中某一个汉字出现的次数。词次是指在统计的语料中某一个词出现的次数。使用度是综合词次和词的使用面等方面的因素，按一定公式计算得出的压缩了的词次。使用度的数值可以看出某一个词在语料中的使用程度和分布情况。使用度与词次越接近，则该词分布得越均匀，使用面越广。以使用度来衡量一个词的常用程度，比单纯用词次来衡量更准确、合理、客观。

根据现代汉语常用字表的说明，汉字使用度的计算公式是：

$$S_k = \sqrt{\sum_{i=1}^{n} (N_k{}^i - N_k)^2 / n}$$

$$D_k = 1 - S_k / N_k \times (n-1)^{\frac{1}{2}}$$

$$U_k = K_k \times F_k$$

上述公式的计算条件是假定各个分科的抽样量是均匀的。其中，Ni 是 K 号

字在第 i 类语料中的相对频率，N_K 是 K 号字在综合类里的相对频率，n 是语料的分类数，D_K 是 K 号字的散布系数，S_K 是 K 号字的标准分布偏差，U_K 是 K 号字的使用度，F_K 是 K 号字的出现字次。在统计汉字的使用度时，对上述公式进行了调整，调整后的公式是：

$$S_k = \sqrt{\sum_{i=1}^{n}(N_k^{\ i} - N_k)^2/n}$$

$$D_k = 1 - S_k/N_k \times (n-1)^{\frac{1}{2}}$$

$$DI_k = (L_k + 8)/_{18}$$

$$DE_k = \begin{cases} \frac{1}{2}D_k + \frac{1}{2}DI_k & F_k \geqslant 0.0001 \\ DI_k & F_k < 0.0001 \end{cases}$$

$$U_k = DE_k \times F_k$$

其中，DI_K 和 DE_K 是采用的 k 号字的散布系数，L_K 是 k 号字的分布系数。

上述公式同样适用于现代汉语词次的使用度统计。

第二节　汉语普通话的语言概率

汉语字、词、常用短句频度统计是汉语文信息化重要内容之一。汉语普通话语言材料的出现概率统计，我国已有一些研究成果。这包括现代汉语常用汉字的统计，现代汉语常用词的统计，汉语普通话语音各要素出现频率的统计等。

一　现代汉语常用字的概率统计

现代汉语常用汉字的统计，是普通话水平测试文字凭借部分的基础。现代汉语常用字的统计概率涉及统计的语料数量和统计的原则方法等问题。统计的准确性很大程度上取决于所选择的汉字语料和语料产生时代以及语料总量。

为适应语文教学、辞书编纂等方面的需要，我国很早就有常用汉字的统计研究。这有 1928 年 6 月陈鹤琴的“语体文应用字汇(从 6 类 554 478 个汉字语料中统计出 4 261 字)”，1946 年 8 月四川省教育科学院的“常用字选(2 000 字)”，1950 年 9 月中央人民政府教育部社会教育司的“常用汉字登记表(1 017 字)”，1952 年中央人民政府教育部公布的“常用字表(2 000 字)”，1954 年 1 月中国大辞典编纂处的“识字正音 3 500 字表(3 559 字)”，1958 年 8 月山东省教育厅的“普通话常用字表(3 000 字)”。这些字表的出现，对当时的识字扫盲工作和推广普通话发挥了积极的作用。但也应该看到由于当时技术条件的限制，语料的统计量不可能很大，统计的原则目的也有不同。

1965 年发布的《印刷通用汉字字形表》，收印刷通用汉字 6 196 个，并给每个汉字规定了笔画数、结构和笔顺。经过对字形的调整和美化，进一步取得了宋体字笔形的一致，使字形更趋于规律性、系统性。1965 年 3 月北京市教育局中小学教材编审处统计了《常用字表(3 100 字)》，1975 年中国文字改革委员会汉字组公布了《4 500 字表(4 444 字)》，1976 年 12 月七四八工程查频组发布了《汉字频度表(常用字部分 4 152 字)》，1979 年 7 月中国文字改革委员会汉字组《增订 2 500 字表》。由于技术手段的不断更新和提高，这些统计的科学性、客观性极大地增强了。

特别值得注意的是，为了适应语言信息处理的需要，1981 年 5 月国家标准局公布了《信息交换用汉字编码字符集 · 基本集(6 763 个字,其中一级常用字为 3 755 个,二级次常用字 3 008 个)》，第一次明确地规范了汉字应用的标准。

1985 年 3 月北京航空学院计算机科学与工程系、中国文字改革委员会汉字处发布了《社会科学、自然科学综合汉字频度表(常用字部分 3 500 字)》。这个成果是从 1977—1982 年间的社会科学和自然科学的 1 亿 3 千 8 百万字的材料中抽样 1 108 万字用计算机统计完成的，有比较高的可信度。以后国家发布的各种字表多以此表为基础。

1985 年 7 月北京语言学院统计发表了《汉字频率表(4 574 字)》。该表根据 180 万汉字的语料统计而出。该表显示，前 100 个汉字，累计出现 85.58 万字次，累计覆盖率达 47.52%。前 1 000 个汉字，累计出现 165 万字次，累计覆盖率达 91.25%。从单个汉字来看，出现 1 万次以上的汉字有 22 个(的、一、了、是、不、我、在、有、人、这、他、们、来、个、上、地、大、着、就、你、说、到)，出现 1 千次以上的汉字有 382 个。出现 30 次的有 2 418 个，这些字次累计出现 179 万次，累计覆盖率达 99%。其余的 2 156 个汉字仅占 1% 的覆盖率。国家把扫盲用字定在 2 000 个，是有依据的。频率高的汉字，在总字数中所占比例也高，效用就越大，频率低的汉字，在总字数中所占比例就低，效用也就越小，汉字的效用，随频率的降低而递减，当字频降到一定程度，覆盖率基本不再上升，这就是汉字效用递减率。

1986 年 10 月，国家语委经国务院批准重新发布了《简化字总表》，并作了个别调整，实收简化字 2 235 个。

同样都是现代汉字的一些字表，由于不同的目的和不同的时代，规定的字量是不一样的。现代汉语常用字究竟该怎么统计，并不是很清晰的。这一方面表现为记录活的语言的汉字在使用量上随时会发生变化，另一方面现代汉语常用字的古今界线并不是很分明的，还有是方言用字还是普通话用字的问题。另外，随着限制和减少汉字字数的研究工作所取得的成果，如果得到社会的认可，还将可能减少一批汉字。

1988 年 1 月国家语委公布了《现代汉语常用字表》，收常用字 3 500 个，其中一级常用字 2 500 个，二级次常用字 1 000 个。其后，国家教委颁布的基础教育教学大纲规定基础教育阶段的识字量为 3 500 字，与《现代汉语常用字表》完全相同。

根据《现代汉语常用字表》说明，现代汉语常用字表是在过去工作及其取得的成果基础上进行的，所用统计资料包括上面提及的共 15 种资料。字表选材的时间范围是从 1928 年至 1986 年。在此时间区域内采用不等密度抽样，即抽样量按时间顺序递增，以近期的资料为主要抽样对象。社会用字与政治、经济、文化的发展有着密切的关系。适当把统计的时间拉长，可以衡量字的使用是否稳定。选取使用稳定的字，可以避免选字的偶然性。选字原则为选取使用频率高的字；在使用频率相同的情况下，选取学科分布广、使用度高的字；选取构字能力和构词能力强的字；根据汉字的实际使用(语义功能)情况斟酌取舍，适当选取书面语中很少使用而社会日常生活中却很常用的字。

《现代汉语常用字表》以 1985 年 3 月北京航空学院计算机科学与工程系和中国文字改革委员会汉字处合作统计的《现代汉语用字频度表》作为统计汉字使用分布的资料。

山西大学计算机科学系利用计算机抽样统计 200 万字的语料，检测选收的常用字的使用频率。抽样检测的结果为：一级常用字在一般书刊中的覆盖率达到 97.97%；二级次常用字覆盖率为 1.51%。3 500 个常用字的总体覆盖率合计达到了 99.48%。

1987 年国家语委编制的《现代汉语常用字频度统计》是以《现代汉语常用字表》上的常用字 2 500 个和次常用字 1 000 个为统计对象。采用从 20 个不同的汉字字表中的 6 个求平均频度的方法统计。《现代汉语常用字频度统计》显示，2 500 字的覆盖率 96.18%，3 500 字的覆盖率 97.54%，而不是 99.48%，覆盖率低于山西大学的统计。

1988 年 3 月国家语委、国家新闻出版总署公布了《现代汉语通用字表》，收字 7 000 个。通用字的资料选用为 1965 年 1 月中华人民共和国文化部和中国文字改革委员会联合发布的《印刷通用汉字字形表(6 196 字)》，1978 年 8 月中国社会科学院语言研究所出版的《现代汉语词典》，1979 年商务印书馆出版的《新华字典》，1983 年中华人民共和国邮电部的《标准电码本(7 292 字)》，1987 年 1 月新华社技术研究所的《1986 年度新闻信息流通频度(6 001 字)》。《现代汉语通用字表》是以《印刷通用汉字字形表》为基础制订的，而且字形标准也是依据《印刷通用汉字字形表》确定的，删去了其中 50 个字，增收了 854 字，字表包括《现代汉语常用字表》中的 3 500 个汉字。《现代汉语通用字表》所依据的统计资料与《现代汉语常用字表》大体相同，只是《现代汉语常用字表》统计常用字时参考了《社会科学、自然科学综合汉字频度表》中的常用字部分的

3 500 个汉字，而通用字表参考的字数为 7 754 字。根据实际需要，删去《印刷通用汉字字形表》中的 50 字，增收 854 字。

1999 年 10 月国家语委发布国家标准汉字编码字符集《GB13000. 1 字符集汉字字序（笔画序）规范》，共 20 902 个汉字，编号为 GF3003—1999，是按笔画排序的汉字字序规范，主要用于汉字的信息处理、排序检索、辞书编纂等方面。

《现代汉语常用字表》已经发布 20 多年了，随着现代信息技术的飞速发展，汉字的字次统计越来越方便。据国家语委统计信息，2005 年的语料统计和《现代汉语常用字表》比较，有很多不同。2 500 高频字当中有 357 字是一级常用字中所没有的。3 500 高频字中，有 398 字是《现代汉语常用字表》中所没有的。近年来，由于社会生活的急剧变化，现代汉字的使用也在发生变化。这种变化的一个重要标志是高频字越来越稳定，达到同一覆盖面所需要的字数正在减少。除个别专业学科外，覆盖率达到 99% 以上的字量一般只需要 2 500 个左右。

为了全面贯彻《中华人民共和国国家通用语言文字法》，满足语言生活变化的内在要求和信息化发展的迫切需求，促进国家通用语言文字的规范化、标准化，适应信息时代语言生活和社会发展的需要，教育部、国家语言文字工作委员会历时 8 年组织研制了《通用规范汉字表》[①]。《通用规范汉字表》是体现国家文字政策的重大规范，是推动文化、教育、科技、经济和国家信息化事业发展的一项基础工程。《通用规范汉字表》的发布实施，是新中国成立以来又一次重大的汉字规范工作，是新时期语言文字规范化、标准化建设的重要成果。《通用规范汉字表》是《中华人民共和国国家通用语言文字法》的配套规范，是现代记录汉语的通用规范字集，体现着现代通用汉字在字量、字级和字形等方面的规范。字表收字 8 300 个。根据字的通用程度划分为三级：一级字表收字 3 500 个，是使用频度最高的常用字，主要满足基础教育和文化普及层面的用字需要。二级字表收字 3 000 个，使用频度低于一级字。二级字与一级字合起来共 6 500 字，主要满足现代汉语文本印刷出版用字需要。三级字表收字 1 800 个，是一些专门领域（姓氏人名、地名、科学技术术语、中小学语文教材文言文）使用的未进入一、二级字表的较通用的字，主要满足与大众生活和文化普及密切相关的专门领域的用字需要。

制定《通用规范汉字表》，选定国家语委的“现代汉语平衡语料库”为基础语料库。该语料库按照时代与领域平衡的原则，收录 1919 年至 2002 年的语料 9 100 万汉字，不重复汉字 8 181 个。同时，采用北京语言大学“现代新闻媒体动态流通语料库”（收集 2001—2002 年 15 种报刊语料共 3. 5 亿汉字）和《通用规范汉字表》课题组建立的“教育科普综合语料库”（收集 1951—2003 年的中小

---

① 《通用规范汉字表》的介绍主要来自《中国教育报》2009 年 8 月 13 日。

学通用教材及科普读物语料404万汉字)，作为核查、验证的辅助语料。同时还参考了国家语言资源监测与研究中心2005—2008年建立的平面媒体、网络媒体、有声媒体、教育教材等海量语料库及海内外几十个其他语料库。利用这些语料库进行统计与分析，得到了《通用规范汉字表》一、二级字表的分级、字量和收字的基本结果。

《通用规范汉字表》一级字表的3 500字与原《现代汉语常用字表》的3 500字比较，有103字的出入，但在不同语料库中的覆盖率比原来的常用字高出0.09%~0.22%。一、二级字表的6 500字，与原《现代汉语通用字表》的7 000字比较，减少了500字，但在不同语料库中的覆盖率基本不变。《通用规范汉字表》三级字表的收字为：姓氏人名用字930字、地名用字465字、科技术语用字276字、中小学教材的文言文用字362字，去除已经进入一、二级字表的字，再去除疑难字，错讹字和异体字等，共为1 800字。

《通用规范汉字表》是国家文字政策的体现，关系到国家文化、教育、科技的发展及信息化建设，关系到大众的日常生活。为确保字表的科学性和可行性，经国务院批准，面向社会公开征求意见。社会各界充分肯定字表的意义和作用，认为字表是落实《国家通用语言文字法》，满足信息时代社会发展和汉字应用需要的重要规范，字表的研制和发布有利于汉字的规范与发展。从立足国家文化建设和信息化发展，着眼国家语言文字的规范化和标准化，结合工作和生活需要等不同角度，提出了许多针对性强、富有建设性的意见和建议。

二 现代汉语常用词的概率统计

由于古代汉语多是单音节词，与之相适应的书写单位是以单音节面貌出现的汉字。汉语在从古代汉语发展为现代汉语后，单音节词多成为语素，双音节词语成了现代汉语词语使用的主流。人们在说话过程中能够区分不同的词语，但以汉字为书写单位的书面汉语不是按词分写的，同时词与词，词与语素，词与词组之间的界限是不容易区分的。因而汉字的统计尽管取得了很大的成绩，而汉语常用词的统计与常用字相比却一直滞后。直到20世纪80年代以后，汉语词频统计的工作才逐步开展起来。

进行汉语词频统计，首先要在连续的汉字串中把词区分出来。分词的方法有人工切词和计算机自动切词两种。人工切词主要是凭借切词人的词汇、语法知识和对上下文的理解，在词与词之间留出空白或作上标记，然后再进行统计分析。人工切词速度较慢，分析的语料也不可能很多。在现有的词频统计中，大多数采用此种方式。计算机自动切词是让计算机根据一定的规则和程序，将汉字语料自动切分为词语语料。计算机自动切词可以高速地切取大量的语料，但切取的结果仍需要一定的人工干预。

对现代汉语常用词统计分析最有成果的是1986年6月北京语言学院语言教

学研究所编的《现代汉语频率词典》。该项目从1979年11月起至1985年7月止，历时5年零8个月得以完成。整个项目采用人工切词的方法,共统计180万字语料(131万词次,200个印刷符号)，不仅对词频进行统计，而且同时兼顾字频、组词能力和词长的统计分析。

统计的语料分为四类：报刊政论类，44.08万字，占语料总量的24.39%；科普书刊类，28.43万字，占语料总量的15.73%；日常口语类，20.19万字，占语料总量的11.17%；文学作品类，88.04万字，占语料总量的48.71%。从现在的语料库来看，《现代汉语频率词典》所依据的语料规模是小了点，但在从无到有的当时，其抽样是合理的、经济的、适度的。

《现代汉语频率词典》把统计结果分别列成各个专门的表。

表一是按字母音序排列的频率词表，共列出使用度大于2的常用词16 593个。各音节首字母按照词条出现的多少依次排列为：Z(1 457个)S(1 327个)J(1 243个)Y(1 205个)D(1 051个)C(997个)X(966个)B(918个)H(858个)G(850个)L(828个)T(734个)Q(636个)F(635个)M(571个)W(571个)P(511个)K(439个)N(327个)R(229个)A(129个)E(64个)O(13个)。

表二为：⑴使用度最高的前8 000词词表；⑵频率最高的前8 000词词表。

使用度最高的前8 000词词表实际收词8 548个，都是使用度在6以上，出现词次在8以上的词。其中，使用度在20以上的词共4 186个，词次累计频率达90.1%。这些词可以是最常用词。频率最高的前8 000词词表按频率递减的顺序排列，实际收词8 441个，都是出现词次在10以上，使用度在5以上的常用词。前100个词占语料总量的40%以上，前500个词占语料总量的63.3%以上，前1 678个词占语料总量的80.1%以上，前2 562个词占语料总量的85%。

表三为：使用度较低的词语单位表。收入了使用度为5、出现词次为10到使用度为1、出现词次为1的词22 446个，这些词一般都是低频词，可以是现代汉语的通用词。

《现代汉语频率词典》还有按语体分类的高频词表和其他词表等。《现代汉语频率词典》是我国最早的一部采用现代方法以词为主、字词兼顾的频率辞典。统计结果具有很高的客观性、准确性。

我国词频统计的成果有：原北京航空学院的《现代汉语常用词词频词典》(46 520词)，原北京语言学院的《现代汉语频率词典》(31 159词)，北京师范大学的《中小学课本词频统计词表》(38 332词)，山东大学的《当代汉语流通频度词典》(89 546词)，新华社的《新闻汉语词库》(108 653词)，语言应用研究所和原北京语言学院联合研制的《新闻语词统计与分析》词频统计成果(56 858词)。其他一些词典的收词量为：

《现代汉语词典》(商务印书馆,1985年版)，收56 456词；《现代汉语词典补编》（商务印书馆,1989 年版），收 27 637 词；《汉语拼音词汇》（重编本,语文出版社,1989 年版），收 60 157 词；《新编小学生词典》（人民教育出版社,1986 年版），收 25 198 词；《汉英词典》（商务印书馆,1988 年版），收 41 625 词；《新词新语词典》（初稿,人民邮电出版社,1986 年版），收 16 779 词；《常用构词词典》（词目,人民大学出版社,1987 年版），收 43 277 词。

《汉语词汇的统计与分析》统计了全国中小学统一使用的十年制语文课本。在总计 520 934 个字的课本中共包含的不同的词 18 177 个，平均词长为 1.98 个汉字。频率最高的 1 000 词，共出现 278 448 次，占全部语料词次总数的 74%强。这些词由 731 个汉字组成，其中频率最高的前 10 个是“的、一、了、我、是、在、不、们、人、有”，它们占全部语料总字数的 14.9%，前 100 个汉字占全部语料总字数的 41.1%，731 个汉字全部语料总字数的 63.9%。在静态的环境中，单音节词占的比例较小，但在使用语言的动态过程中，单音节词所占的比例则比双音节的比例大得多。

北京师范大学现代化教育技术研究所，也利用计算机进行了中小学教材的词频统计工作。在对 106.8 万的语料人工切词的基础上，建立了一个含有 39 601 个词的频度词表。在 704 841 个总词次中，单音节词占 52.7%，双音节词占 43.8%，三音节词占 2.6%，四音节以上的词占 0.9%。可见，在语言使用过程中，单音节词仍比双音节词占优势。

1984 年尹斌庸对《汉字频度表》中累积频率 99.94% 以上的 4 200 字逐个分析，得出单音节语素 4 871 个。将近一半(49%)的单音节语素可以独立使用[①]。

1994 年清华大学计算机系利用计算机建立了一个大规模的数据库，它对覆盖汉语的 6 763 个常用字的汉语语素及其所构成的二字词、三字词、四字词进行了穷举描述。在汉语语素数据库中共有语素项 17 470 个，语素 10 442 个，二字词 78 230 个，三字词 6 700 个，四字词 14 200 个。这个数据库共有 116 600 条记录[②]。统计数据表明，在这 10 442 个语素中，单字语素有 9 712 个，占总数的 93%，二字及二字以上的语素为 730 个，占 7%。绝大多数语素在构词时意义都保持不变。

进入 21 世纪以来，随着互联网的迅速发展，计算机容量的不断增大，随时代不断变化的词频统计也变得更加轻松和方便。据近期的网上一些词频资料显示如下：

常用的 30 个二字词语为：

一个、中国、公司、工作、他们、我们、没有、发展、自己、市场、企业、

① 尹斌庸，汉语语素的定量研究，《中国语文》1984 年第 6 期。

② 苑春法、黄昌宁，基于语素数据库的汉语语素机构词研究，世界汉语教学，1998 年第 2 期。

经济、进行、万元、问题、目前、今年、可以、政府、人民、建设、什么、国家、社会、就是、北京、时间、人员、服务、管理。

常用的30个三字词语为：

进一步、为什么、平方米、人民币、不知道、越来越、委员会、中国队、特别是、房地产、消费者、投资者、市政府、中国人、第一次、电视台、是因为、世界杯、近年来、并没有、一方面、俱乐部、共产党、奥运会、国务院、公安局、据了解、办公室、摩托车、尤其是。

常用的30个四字词语为：

与此同时、另一方面、也就是说、今年以来、平方公里、有限公司、长期以来、除此之外、近几年来、实事求是、尽管如此、众所周知、由此可见、建筑面积、在此之前、建筑材料、一般来说、这样一来、相比之下、国家主席、毫无疑问、无论如何、不仅如此、值得注意、值得一提、不一会儿、这些年来、迄今为止、实践证明、遗憾的是。

常用的30个多字词语为：

法定代表人、值得一提的是、建设性的合作、消费者权益保护法、功夫不负有心人、青年文明号、记者从有关部门获悉、后果不堪设想、多年的历史、采取有力措施、具有十分重要的意义、周年纪念日、记者在采访中发现、业内人士分析、一段时间以来、剥夺政治权利、调查结果显示、针对这种情况、没有共产党就没有新中国、最近一段时间、博士生导师、常回家看看、情节特别严重、加大宣传力度、这是怎么回事、走进新时代、爱拼才会赢、一个都不能少、促进经济发展、从目前情况看。

三 汉语普通话语音的概率统计

普通话水平测试是口语测试，常用字、常用词的统计，最终都要反映到语音上，都要通过声音表现出来。因而，语音的概率统计极为重要。语音统计无论在统计原则还是统计方法上，都有一定的难度。目前可以见到的语音统计资料不多，较为全面的数据主要见于《声学手册》①。

（一）汉语常用词音节数量的分布统计

根据《声学手册》汉语常用词语音节数量的分布比例如下表。

类别	单音节词	双音节词	三音节词	四音节词
比例	6.01%	74.14%	11.99%	7.18%

如前所述，这个统计是一个静态的统计，如为动态的说话语流，单音节词在话语中的比例仍大于或等于双音节词语。汉语普通话音节结构的语音概率统计分

① 马大猷、沈山豪，《声学手册》（修订版）科学出版社，2004年7月。

析仍是普通话语音概率统计分析的重要内容。

（二）汉语普通话声母的出现概率

汉语音节由声母、韵母和声调构成。声母是音节开头的辅音，研究普通话音节结构的概率，首先就要研究声母的概率。据《声学手册》，汉语普通话声母的出现频率比例为下表。

汉语普通话声母的出现频率比例 Pr(%)表

声母	b	p	m	f	d	t	n	l	g	k	h
Pr	5.15	0.98	3.74	2.45	12.00	3.53	2.53	5.69	5.50	1.83	4.42
声母	j	q	x	zh	ch	sh	r	z	c	s	零声母
Pr	6.98	3.11	4.86	7.18	2.75	7.66	1.94	3.01	1.15	1.08	12.45

从上表可以看出汉语普通话声母的出现概率有这样一些特点：出现频率最高的是声母 d，出现频率最低的是声母 s；不送气音的出现频率远高于相同发音部位的送气音的出现频率，至少一倍以上；l 的出现频率是 n 的一倍以上；zh、ch、sh 的出现频率也是 z、c、s 出现频率的一倍以上；零声母的音节占了 12.45%，其作用不可低估。

（三）汉语普通话韵母的出现概率

韵母是一个音节中声母以后的部分。韵母一般又可以分为韵头、韵腹、韵尾。汉语普通话的一个音节，可以没有声母（即为零声母）、韵头、韵尾，但不可以没有韵腹。根据《声学手册》，汉语普通话韵母的出现频率比例为下表。

汉语普通话声母的出现频率比例 Pf(%)表

韵母	a	o	e	i	u	ü	-i	er	ê	ai	ei	ao	ou
Pf	3.89	0.54	12.38	8.80	7.11	1.80	6.41	0.28	0	2.83	1.28	3.10	1.18
韵母	ia	ie	iao	iu	ua	uo	uai	ui	üe	an	en	ang	eng
Pf	1.09	2.42	2.06	2.60	0.44	4.40	0.32	2.75	1.01	3.41	3.62	2.87	3.09
韵母	ong	ian	in	iang	ing	iong	uan	un	uang		ueng	üan	ün
Pf	4.18	4.10	1.95	1.80	3.05	0.42	1.24	0.8	0.65		0.003	0.85	0.52

上表统计了 38 个韵母其中把 -i（前）和 -i（后）合为一个，出现频率的比例情况。其中频率最高的韵母 e，频率比例高达 12.38%，最低的韵母 ueng 只有 0.003%。在 38 个韵母中，出现频率从高到低按顺序排列分别为 e、i、u、-i、uo、ong、ian、a、en、an、ao、eng、ing、ang、ai、ui、iu、ie、iao、in、iang、ü、ei、uan、ou、ia、üe、üan、un、uang、o、ün、ua、iong、uai、er、ueng、ê。从上表中可以看到汉语普通话韵母的出现概率有这样一些特点：单元音韵母的出

现概率高于复元音韵母，但 o 与 uo 例外；复元音韵母的出现概率与鼻韵母的出现概率大体相当；在鼻韵母中，前鼻音韵母的出现概率高于后鼻音韵母，但 in 与 ing 例外；从同类元音的唇形来看，齐齿呼韵母的出现概率远高于撮口呼韵母。

（四）汉语普通话声调的出现概率

声调是某些语言中每一个音节所固有的能区别意义的相对音高。汉语是有声调的语言，声调具有重要的区别意义的作用。根据《汉语拼音方案》，汉语普通话有四种声调：阴平、阳平、上声、去声，可简称第一、二、三、四声。此外，在一些语词中轻声也有区别意义的作用。这四种声调和轻声在汉语普通话中出现的频率是各不相同的。根据《声学手册》，汉语普通话声调的出现概率比例表如下。

汉语声调的出现频率比例表

调类	第一声	第二声	第三声	第四声	轻　声
出现频率(%)	18.71	19.37	17.51	35.79	8.63

第四声的频率最高，达 35.79%，轻声的频率最低，只占 8.63%，而且主要多是“的、们”等。汉语第一、二、三声的频率大体相近。这个汉语声调的出现频率比例也就是汉语声调的客观概率。

（五）汉语普通话音节声母与韵母的结合概率

汉语普通话的音节均可分成声母、韵母和声调三部分，声母在前，韵母在后，声调贯穿整个音节，主要体现在韵母上。声母与韵母的结合有一定的规律。汉语有 22 个声母(含零声母)和 37 个韵母，其中把 ê 归入 e，把 -i(前)和 -i(后)合为一。根据声母与韵母结合的音节结构，理论上汉语应有 22 × 37 = 814 个音节。但有些声母和某些韵母是不能相拼的，如韵母 o 只能与声母 b、p、m、f 相拼；韵母 ü 只与 n、l、j、q、x 相拼，而不与其他声母相拼等。汉语普通话声韵母不能相拼，即声韵母结合概率为 0 的音节有 414 个。故汉语普通话实际的音节数为 400 个。

根据《声学手册》，汉语普通话声母与韵母的结合概率比例如下表。

汉语普通话声母与韵母的结合概率比例表(%)

	a	o	e	i	u	ü	-i	er	ai	ei
b	8.40	1.94	0	6.14	45.70	0	0	0	2.24	4.50
p	5.22	11.15	0	11.12	6.28	0	0	0	9.81	5.91
m	5.59	8.60	2.86	2.34	4.07	0	0	0	1.83	11.72
f	23.29	0.04	0	0	15.90	0	0	0	0	5.85
d	7.77	0	44.52	6.57	1.99	0	0	0	1.95	0.11
t	27.20	0	2.22	12.93	4.90	0	0	0	3.34	0
n	13.70	0	4.72	22.12	1.32	1.67	0	0	0.90	4.82
l	1.89	0	26.93	21.25	3.88	1.71	0	0	11.60	1.73
g	0.01	0	20.71	0	3.31	0	0	0	3.85	2.29
k	0.19	0	31.34	0	3.79	0	0	0	11.42	0
h	0.24	0	23.18	0	3.75	0	0	0	9.28	0.92
j	0	0	0	23.89	0	4.14	0	0	0	0
q	0	0	0	25.43	0	17.45	0	0	0	0
x	0	0	0	9.22	0	6.48	0	0	0	0
zh	0.55	0	20.81	0	11.81	0	20.46	0	0.13	0
ch	3.75	0	4.86	0	20.15	0	5.83	0	0.42	0
sh	0.54	0	6.90	0	5.36	0	43.90	0	0.05	0
r	0	0	3.45	0	13.19	0	4.89	0	0	0
z	0.83	0	2.82	0	7.57	0	28.00	0	10.83	0.08
c	0.83	0	5.35	0	2.22	0	18.30	0	21.00	0
s	0.50	0	4.24	0	16.35	0	25.20	0	1.93	0
o	0.38	0.04	0.35	19.05	4.61	4.15	0	2.22	0.56	1.28

续表(一)

	ao	ou	ia	ie	iao	iu	ua	uo	uai	ui
b	4.65	0	0	2.38	2.83	0	0	0	0	0
p	7.52	0.16	0	0.12	1.47	0	0	0	0	0
m	2.25	0.93	0	0.98	0.89	0.04	0	0	0	0
f	0	1.07	0	0	0	0	0	0	0	0
d	7.65	3.39	0	0.15	0.55	0.05	0	2.84	0	3.77
t	1.57	5.78	0	2.17	4.19	0	0	1.67	0	2.14
n	1.65	0	0	0.15	0.24	1.03	0	0.08	0	0

	ao	ou	ia	ie	iao	iu	ua	uo	uai	ui
l	4.63	0.37	0.08	1.48	2.60	1.93	0	1.08	0	0
g	5.44	2.35	0	0	0	0	0.34	19.35	0.39	2.19
k	3.58	5.35	0	0	0	0	0.39	2.50	6.89	0.67
h	8.14	8.53	0	0	0	0	8.15	7.92	1.13	15.68
j	0	0	8.39	10.42	5.27	11.25	0	0	0	0
q	0	0	0.24	5.5	1.79	3.03	0	0	0	0
x	0	0	7.37	7.46	7.95	1.41	0	0	0	0
zh	2.22	0.91	0	0	0	0	0.30	0.37	0.004	0.19
ch	2.92	1.43	0	0	0	0	0	0.03	0.01	0.64
sh	1.82	4.32	0	0	0	0	0.09	5.88	0.18	3.35
r	0.43	0.78	0	0	0	0	0	1.53	0	0.24
z	7.64	3.61	0	0	0	0	0	21.80	0	5.23
c	4.27	0.26	0	0	0	0	0	5.17	0	1.29
s	2.14	0.89	0	0	0	0	0	22.22	0	9.50
o	0.08	0.09	1.08	6.58	5.52	12.10	0.21	8.08	0.91	6.61

续表(二)

	üe	an	en	ang	eng	ong	ian	in
b	0	5.33	4.06	1.07	0.17	0	6.42	0.03
p	0	3.22	0.86	2.46	3.54	0	5.95	9.91
m	0	22.20	23.65	11.10	0.99	0	9.07	11.50
f	0	11.49	14.32	21.60	63.50	0	0	0
d	0	23.50	0	40.80	16.80	42.90	25.60	0
t	0	29.70	0	1.32	0.35	13.75	7.31	0
n	0.03	4.14	0.06	0.03	13.55	10.68	15.59	0.84
l	0.64	0.53	0	0.39	0.51	0.41	4.24	0.90
g	0	4.95	2.59	2.29	2.23	18.92	0	0
k	0	15.30	1.05	3.32	0.43	4.37	0	0
h	0	1.84	4.47	0.48	0.66	1.98	0	0
j	3.19	0	0	0	0	0	11.54	9.85
q	5.26	0	0	0	0	0	9.47	23.4
x	7.32	0	0	0	0	0	13.71	6.74
zh	0	6.55	2.63	3.83	9.33	15.98	0	0

	üe	an	en	ang	eng	ong	ian	in
ch	0	18.63	1.53	12.32	16.50	3.23	0	0
sh	0	1.48	5.32	9.75	10.61	0	0	0
r	0	10.75	56.40	2.39	1.12	4.05	0	0
z	0	2.12	1.73	0.39	2.58	3.97	0	0
c	0	6.16	0	1.69	6.14	17.48	0	0
s	0	3.20	0.90	0.73	0.02	4.69	0	0
o	1.83	0.92	0.01	0.02	0	0	3.26	2.03

续表(三)

	ing	iang	iong	uan	un	uang	ueng	üan	ün
b	4.14	0	0	0	0	0	0	0	0
p	15.30	0	0	0	0	0	0	0	0
m	9.36	0	0	0	0	0	0	0	0
f	0	0	0	0	0	0	0	0	0
d	1.88	0	0	1.29	0.56	0	0	0	0
t	3.38	0	0	2.81	01.8	0	0	0	0
n	1.08	1.00	0	0.29	0	0	0	0	0
l	3.58	5.05	0	0.39	2.20	0	0	0	0
g	0	0	0	6.12	0.23	2.44	0	0	0
k	0	0	0	0.73	2.09	6.59	0	0	0
h	0	0	0	1.96	0.72	0.97	0	0	0
j	7.13	2.44	0.005	0	0	0	0	0.15	2.36
q	10.90	4.47	0.34	0	0	0	0	8.73	5.05
x	12.51	16.46	0.90	0	0	0	0	1.28	1.19
zh	0	0	0	1.68	0.89	1.43	0	0	0
ch	0	0	0	3.63	0.90	3.20	0	0	0
sh	0	0	0	0.02	0.19	0.24	0	0	0
r	0	0	0	0.38	0.43	0	0	0	0
z	0	0	0	0.47	0.32	0	0	0	0
c	0	0	0	0.22	9.64	0	0	0	0
s	0	0	0	5.63	1.80	0	0	0	0
o	2.49	3.07	2.89	1.71	2.87	1.14	0.03	3.91	1.17

根据上表，我们看到，在声母和韵母能够结合的音节中，不同类型音节的结合概率相差也是很大的。如音节 bu 在能与 b 结合的韵母中，结合概率高达 45.70%，音节 de 也高达 44.52%，这无疑与“不”、“的”两个单音节词的出现概率很高有关。而音节 bin 的结合概率仅为 0.03%。其他声韵结合概率很低的音节有 zhuai(0.004)ga(0.01)en(0.01)等。

汉语普通话语音的概率统计还有轻声词语发音的统计、儿化词语发音的统计、各种不同声调相连(如上声与上声相连)时的音变统计等。

第三节　普通话测试内容的语言统计研究

统计语言学的理论和研究成果对普通话水平测试的内容和标准的确定有着重要意义。只有应用统计语言学的理论和方法，通过对统计数据的研究分析，推测普通话水平测试的代表性，才能提高普通话水平测试的客观性、准确性，维护国家普通话水平测试的权威性，更好地推动汉语普通话的推广，促进汉语走向世界。对普通话水平测试进行微观的统计语言学研究，是普通话水平测试发展的必然趋势和要求。

《普通话水平测试大纲》规定了普通话水平测试的内容和范围。普通话水平测试的内容包括普通话语音、词汇和语法。普通话水平测试的范围是国家测试机构编制的《普通话水平测试用普通话词语表(表一)(表二)》《普通话水平测试用普通话与方言词语对照表》《普通话水平测试用普通话与方言常见语法差异对照表》《普通话水平测试用朗读作品》《普通话水平测试用话题》。《普通话水平测试大纲》规定了各表词语(包括带 * 的词语)在测试卷中的比例，有效地稳定了语言材料的出现概率，为规范卷的制定奠定了基础。在测试内容的研制过程中，要注意充分利用汉语统计语言学的研究成果，使规范卷的测试内容与实际语言中的概率(例如:声、韵母的出现概率)大体相近，从而使之更具有客观性、代表性和科学性。

普通话测试应该有一个全国统一的稳定的标准。这个标准必须有客观的科学依据，能用具体的数量反映出来。这个依据必须来源于客观的语言实际，这样测试才有准确性、科学性、可比性和公正性。要实施普通话测试标准，就必须对普通话的三级六等标准进行科学的量化。量化除了考虑理论上的可行性外，还必须考虑技术上的可操作性，考虑到人力物力的可行性。在这方面，可以利用统计语言学的研究方法和成果。运用统计原理得出的普通话语音、词汇的频率数据，可以使人们用相对少的时间和材料，事半功倍地进行普通话水平测试。根据普通话各语言要素(主要是语音要素)的出现概率组配出来的试卷，应是普通话测试的最佳样本，对这个样本实施的统一的公正的评分和评级标准，就是普通话测试的标准。由于这个标准是以普通话的语言概率为基础制定的，因而它是科学的、客观的、统一的，它能够较为正确地反映人们在说普通话时的实际情况，不存在试题偏难偏易的问题。可以说，合理的取样是解决普通话测试内容的关键，而根据分数评定等级则主要是一个政策性问题。

从某种意义上说，只要试题取样合理，覆盖面足够广，代表性较强，普通话水平测试也就有了更多充分的绝对标准。一份普通话测试试卷，如果取样合理，评分客观，那么它对不同方言区的人而言，标准就是统一的，即它是全国统一的标准。这个标准，对不同方言区的人员个体来说，难度当然是不一样的。但总的说来，标准是统一的，是全国统一的标准。根据概率标准制定的各套试卷应该是等值的，应具有标准统一、题目难度比例合理、语言出现概率及试题有关数据相同或相近的特点。

一　普通话水平测试试题的覆盖面与试题容量

作为普通话水平测试的规范试卷究竟应该有多大的覆盖面才能真正测量出一个人的普通话水平，试题究竟有多大的容量才能接近这个覆盖面，这些都需要统计语言学的理论和方法作为支撑。

作为测试的衡量尺度的规范卷的覆盖面，应该尽可能地广，这是毫无疑问的。但广到什么程度较为合理呢？《普通话水平测试大纲》明确规定了读单音节字词、读多音节词语部分在声、韵、调、音节等方面的出现次数的基本要求。这些要求还应有统计语言学方面的数据支持。读单音节字词、读多音节词语部分的字词可以程序设计上避免重复出现，但朗读篇目却不可避免地会出现词语重复的情况。在保证思想健康、口语化的基础上，《普通话水平测试大纲》还需要明确提出一篇400字的朗读篇目最理想的音节覆盖率、词语覆盖率和最低的字词重复率。同时也应明确提出整份试卷音节、汉字、词语覆盖率的基本要求，而这些要求应该接近现代汉语使用客观的语言概率。

尽可能广的覆盖面要求尽可能大的试题容量。但在对汉语普通话进行测试时，不可能测试汉语普通话的总体，只能从这个总体中，抽取一部分内容(一定数量的语句)来进行测试。这样，就有一个普通话测试样本的抽样问题。只有足够的、合适大的样本容量，才能保证测试结果有较高的可靠性。

《普通话水平测试大纲》规定试卷包括4个组成部分，满分为100分(这里根据实际情况,免测“选择判断”)。1. 读单音节字词(100个音节)；2. 读多音节词语(100个音节)；3. 朗读短文(1篇,400个音节)；4. 命题说话，限时3分钟。由于命题说话没有确定说多少音节，只限定了3分钟的说话时间。一般来说，读400音节的短文，约需2分半的时间，平均一分钟读160个音节。说话受多种因素的影响，应该更少，120至160个音节应该是合理的区间。说话3分钟应为360至480个音节。这样整个试卷约考了1 000个左右的音节。在这1 000个左右的音节容量中，要测试出一个人的普通话水平，实在不是一件容易的事，需要运用统计语言学的理论和方法，认真设计。

在这1 000个左右的音节容量中，由于说话有较大的任意性，实际能够控制的是有文字凭借的600个音节。《普通话水平测试大纲》需要对整套试卷的覆盖面，特别是这600个音节的覆盖面作出明确的说明。

二　单音节字词的覆盖面与容量

《普通话水平测试大纲》规定，读单音节字词100个音节，测试目的为测查应试人声母、韵母、声调读音的标准程度。覆盖面考虑到了语言统计概率，要求100个音节中，70%选自《普通话水平测试用普通话词语表》“表一”，30%选自“表二”。要求100个音节中，每个声母出现次数一般不少于3次，每个韵母出现次数一般不少于2次，4个声调出现次数大致均衡，音节的排列要避免同一测试要素连续出现。

《普通话水平测试实施纲要》中的试卷构成对单音节字词的覆盖面根据《普通话水平测试大纲》，提出了更为具体的要求：70%的“表一”又要求带＊的字词，即频度在1—4 000之间的字词，占40%，不带＊的字词占30%；根据词表累计出现的3.1万多个音节和60篇朗读作品里声母、韵母出现的统计资料，声母、韵母的选定数应该有相对的幅度。

声母选定的幅度：

6—3次：零声母、d、l、j、q、x、zh、ch、sh；

5—3次：b、m、f、t、g、h、z；

3—2次：p、n、k、r、c、s。

韵母选定的幅度：

4—3次：i、u、ian、ing、an、－i(后)、ong、ao、ang、e、eng、uei、ai；

3—2次：en、iao、uan、in、ou、a、ü、uo、－i(前)、uen、iou、ie、iang、ei、uang、ia、üe；

2—1次：ua、o、üan、uai、iong、ün；

1—0次：er、ueng。

《普通话水平测试实施纲要》的具体细化，使得读单音节字词部分的声韵母出现概率更接近客观的语言出现概率。同时我们也应看到这个比例是根据词表累计出现的3.1万多个音节中统计出来的，与语言使用的实际概率仍有一定的差距。频度在4 000字词以前音节的声韵母出现比例与频度在4 000字词以后音节的声韵母出现比例是否一致也需要进行统计分析。另外需要解决的问题还有单音节字词的测试是应侧重于口语字词还是书面语字词，这二者之间的比例关系应该怎样确定。

单音节字词的容量是100个音节，这个容量基本符合声韵母可能出现比例的最小容量，但还不是普通话400个音节出现比例的容量。

三 多音节字词的覆盖面与容量

《普通话水平测试大纲》规定，读多音节词语100个音节，测试目的为测查应试人声母、韵母、声调和变调、轻声、儿化读音的标准程度。覆盖面也考虑到了语言统计概率，要求100个音节中，70%选自《普通话水平测试用普通话词语表》“表一”，30%选自“表二”，其声母、韵母、声调出现的次数与读单音节字词的要求相同；上声与上声相连的词语不少于3个，上声与非上声相连的词语不少于4个，轻声不少于3个，儿化不少于4个（应为不同的儿化韵母）；词语的排列要避免同一测试要素连续出现。

《普通话水平测试实施纲要》中的试卷构成对多音节字词的覆盖面没有提出更为具体的要求，但对测试词语音节的数量提出了要求：双音节词语45—47个，三音节词语2个，四音节词语1—0个。

多音节字词部分既要测查单音节字词已经测查过的应试人声母、韵母、声调的标准程度又要测查变调、轻声、儿化读音的标准程度，集多种功能为一体，从语言统计的角度来看有一定的难度。多音节字词与单音节字词测查目的的真正区别在于测查较短语流（主要是双音节）的语音衔接情况，这里边既有语音变化较大的上声变调、轻声、儿化现象，也有语音变化不大的前后两个音节的协同发音现象。规定一些测查内容不少于多少个，目前尚无语言统计的数据支持。加入三音节词语、四音节词语会使测查内容更加复杂化。对双音节词语而言，如从声调搭配类型考虑，轻声的测试项应该是4个：阴平+轻声、阳平+轻声、上声+轻声、去声+轻声。其他的声调问题不仅是上声的不同搭配，还应考虑其他声调的不同搭配。当然这些情况也需要语言统计的数据支持。

多音节字词的容量是100个音节，这个容量就现有测试内容来讲是合适的。但从测试进一步的客观化、精密化、科学化考虑，测试容量可增加为200个音节，这样加上单音节字词部分就可以测查出汉语普通话400个音节中的常用300个音节，测查覆盖率可以得到极大的扩充。评分也变得简单而容易。

四 朗读短文的覆盖面与容量

《普通话水平测试大纲》规定，朗读短文1篇，400个音节，测试目的为测查应试人使用普通话朗读书面作品的水平。在测查声母、韵母、声调读音标准程度的同时，重点测查连读音变、停连、语调以及流畅程度。朗读内容要求从《普通话水平测试用朗读作品》中选取。测试容量以朗读作品的前400个音节（不含标点符号和括注的音节）为限。

《普通话水平测试实施纲要》中的试卷构成对朗读短文的要求，加了一句“但应试人应将第400个音节所在的句子读完整”，提出应该把规定的60篇朗读作品作为训练的总体要求，做到选读任何一篇都能基本反映应试人的朗读水平。

短文朗读在测查声母、韵母、声调读音标准程度的同时，重点测查连读音变、停连、语调以及流畅程度，测试目的是很清楚的。但60篇朗读作品本身难易程度并不一样，各篇在连读音变、停连、语调以及流畅程度等方面也需要语言统计的数据，缺少相关数据，要达到“选读任何一篇都能基本反映应试人的朗读水平”实在不易。朗读作品本身的选取除思想内容要积极健康外，在来源上也应充分考虑。60篇朗读作品中有12篇翻译作品，翻译作品怎样体现地道的汉语普通话也是测试应该注意的一个重要问题。

朗读的容量确定为400个音节，同样需要语言统计的数据支持。

五　命题说话的覆盖面与容量

《普通话水平测试大纲》规定，命题说话3分钟，测试目的为测查应试人在无文字凭借的情况下说普通话的水平，重点测查语音标准程度、词汇语法规范程度和自然流畅程度。要求说话话题从《普通话水平测试用话题》中选取，由应试人从给定的两个话题中选定1个话题，连续说一段话。说话形式为应试人单向说话。如发现应试人有明显背稿、离题、说话难以继续等表现时，主试人应及时提示或引导。《普通话水平测试实施纲要》中的试卷构成对命题说话没有提出更为具体的要求。

命题说话的主动权在应试人本身，没法对具体语音内容进行细化，但却可以对说话的失误情况进行细化。如前所述，说话3分钟应为360至480个音节。在这400来个音节中，语音失误分别有10次以下、10次—15次之间、超过15次等几个档次。要用语言统计的数据来解决命题说话的问题也还有一定难度。作为有方音但不明显、方音比较明显、方音明显、方音重的客观数据只靠语言统计是不够的，还需要实验语音学的数据支撑。

第三章　普通话水平测试的语音实验研究

1994年10月30日，国家语言文字工作委员会、国家教育委员会、国家广播电影电视部做出了《关于开展普通话水平测试工作的决定》，并发布了《普通话水平测试大纲》和《普通话水平测试等级标准(试行)》，对汉语普通话水平测试及等级标准做出了科学、客观的评判标准。通过几年的实践，《普通话水平测试等级标准(试行)》经国家语言文字工作委员会再次审定作为部级标准，于1997年12月5日正式颁布。2003年教育部、国家语委发布《普通话水平测试大纲》，进一步确认了这个标准。《普通话水平测试等级标准(试行)》成为普通话水平测试三级六等的法定标准。这是一个表述性的标准。现代汉语语音的声学特征在该标准中占有极为重要的地位。如"语音标准"、"语调自然"、"表达流畅"、"发音基本标准"、"发音不到位"、"调值不准"、"方言语调不明显"、"方言语调较明显"、"方言语调明显"、"方音特征突出"、"系统性语音缺陷"、"语调偏误"、"有方音但不明显"、"方音比较明显"、"方音明显"、"方音重"、"口语化较差"、"语调生硬"等均属于现代汉语言语声学的研究范畴。作为国家的一个法定的标准，只有表述性的阐释是不够的，需要有科学、准确、客观的声学数据作为确定各等级标准声学特征的基础。各个等级标准需要有客观、具体的语言样本和科学、客观的语言学、声学语音学的具体实验数据和有关的理论支撑。

普通话水平测试的语音实验研究以已有的言语声学、实验语音学理论和研究成果为依据，通过语音取样，绘制、测量、分析符合普通话口语实际的波形图、频谱图和语图，以求在普通话水平测试的过程中，科学客观地确定每一个音、每一个词语、每一句话的正确、缺陷和错误的界定。考察不同普通话等级语音的声学特征，求出相关的声学数据，通过语音声学的分析研究，确定区分普通话水平测试不同等级的客观数据，为国家制定的《普通话水平测试等级标准》的表述性阐释，提供有力的客观的声学数据。做到普通话水平测试的客观公正，最大限度地避免测试的主观性，加强和维护普通话水平测试国家法定标准《普通话水平测试等级标准》的客观性、准确性和权威性，有效提高普通话水平测试质量。在普通话的教学中充分利用语音实验的研究成果，对不同地区不同测试对象的语音问题进行科学的纠正，以达到较好的教学效果。

第一节　实验语音学的基本原理和方法

语音是语言存在的物质形式，语音学是研究语音的科学。传统语音学是以人们具体的发音、听音、辨音为依据，建立于口耳之学基础上的一套完整的语音分析描写的理论和方法，我国的传统语音学又称为音韵学。普通话的声母、韵母、声调等内容，就是从音节角度采用传统音韵学的理论和分析描写方法得出的现代汉语语音系统。这一套理论和方法，对我国的汉语语音教学有着直接的影响，特别是对普通话的学习和测试有积极的指导作用。我们也应看到，传统语音学“考古之功多，审音之功浅”，缺乏语音描写的准确性、精密性，对许多语音现象不能做出具体、科学的解释和说明。例如，在具体的普通话水平测试实施过程中，因为具体应试者的发音情况千变万化，不同测试员个体对各等级阐述内容，如“发音基本标准”、“发音不到位”、“动程不够”、“调值不准”、“方言语调较明显”等的理解不尽相同，因此会产生一些误差，影响评判质量。普通话水平测试需要一个客观准确的界定标准。

随着研究理论和研究方法的不断进步，语音学开始与声学、生理学、心理学、计算机科学等学科结合，形成了许多新兴的语音学科。实验语音学是以语音实验为手段来研究语音的学科，早期的实验语音学以研究发音部位发音方法的生理实验为主，后来以言语声学的物理实验为主，现在这门学科已经从语音的描写说明阶段发展到语音的分析、合成与识别阶段。其研究成果将使人用自然语言与计算机对话成为可能，从而极大地推动现代科学技术的发展。

以语音实验为手段来研究语音的实验语音学，采用科学实验的方法，探讨人类语音的生理、物理和心理特征，为科学客观地分析语音，提供了新的理论和研究方法。实验语音学通过大量准确的语音参数，揭示了许多传统语音学不可能涉及的语音奥秘，为语音的分析、合成、识别和计算机语音的输入和输出、人工智能等领域开辟了广阔的应用前景，是现代化的计算机语音信息处理技术。实验语音学的研究成果不仅验证、补充、完善、修正了传统语音学的内容，而且极大地丰富了语音学的研究内容，促进了语音学的发展，为汉语普通话教学提供了现代化的教学思路和教学手段，也为普通话水平测试提供了现代化的测试思路和测试手段。

实验语音学通过一定的实验仪器把看不见、摸不着的声音通过具体的图形数据固定下来、展现出来便于人们对声音进行研究。早期的实验器材和仪器有音叉、浪纹计、照相机等，现代的语音实验仪器主要有示波器、语图仪、频谱仪、音高计等，操作较为复杂，价格也较为昂贵。随着计算机技术的飞速发展，人们已经能够通过计算机软件来模仿语图仪、音高计进行语音分析。Speech Analyzer

语音分析软件同时具有语图仪、频谱仪、音高计的功能，并克服了语图仪只能分析2.56秒时段的局限，能够对被分析的语音时段进行扩展或压缩，既能展现以毫秒为单位的语音图形，又能展现以小时为单位的语音图形。目前人们已经能通过计算机软件来直观地展现声音的三维图形。

从物理学的观点来看，声音是由物体振动而发出的一系列连续的音波构成的，是能量在介质中的传播过程。物体在它的静止位置附近来回运动叫振动。声音是一种波的运动，所有的波的运动都是由一定数量的振动产生和组成的。将物体在静止位置振动幅度的Y轴加上振动时间的X轴就构成了振动的波形图。波形图是声音分析的最基本的图形。

在振动过程中，振动的物体偏离平衡位置的最大位移叫振幅。振幅强的声音波峰高，振幅弱的声音波峰低。物体完成一次振动的时间叫周期。物体在一秒钟完成的振动次数叫频率。频率在20Hz—20 000Hz之间的振动产生的波运动叫声音。声音的波形图可以用示波器来显示。很多与录音、方音有关的计算机应用软件，都能显示声音的波形。频率高的声音音波密集，频率低的声音音波稀疏。只有一个单一频率的振动叫简谐振动，简谐振动产生的音叫纯音。在简谐振动中，每一次振动的周期、振幅相同。简谐振动是最简单也是最基本的振动。音叉的振动是简谐振动，吹口哨、吹长笛也常产生纯音。纯音的波形是正弦波。

在实际生活中，人们经常听到的是复杂振动产生的复合音。复杂振动，也叫复合振动，是由若干个不同频率、不同振幅的简谐振动叠加在一起形成的振动。复杂振动产生的声音叫复合音，复合音的波形叫复合波。任何非正弦波都是复合波。人的声带振动是一种十分复杂的复合振动，它可以分解为许多个简谐振动。若干个简谐振动有规律的组合又可以构成复合振动。在组成复合振动的这些简谐振动中，有一个频率最低、振幅最强的音，叫基音，基音的振动频率叫基频 F_0。基音以外的其他音叫陪音，陪音的频率总是基音频率的整数倍。图3-1是一个基音加两个陪音构成的复合音的波形图。一个人声带振动的基频如果是100Hz，那么它产生的各个陪音的频率就分别是200Hz、300Hz、400Hz、500Hz、600Hz等，远比下图(图3-1)复杂。基音和陪音还可以用窄带语图、频谱图来显示。

任何能发音的物体在振动时都有一个自身的固有的频率，这就是物体的自然频率。物体在感受到外力的振动频率与自身的自然频率相同或相近时而自然发音的现象叫共振，也叫共鸣。共振能将微弱的声音放大。一个物体在强迫振动时，当外力的频率等于或接近该物体的自然频率时，就发生共振。该频率位置的能量增加，产生振幅增大的现象，声音听起来也就较为响亮。对于复合音来说，当外力的频率等于或接近振动物体的自然频率的整数倍时，就在某些陪音上发生共振，这些陪音也会出现振幅增大的现象。发生共振的频率称为共振频率，由于共振而形成的能量集中区叫共振峰。共振频率、共振峰可以用宽带语图、频谱图来表示。宽带语图表示的共振峰不够清晰，但可以表示时间段，频谱图表示的共振峰较为清晰，但只能表示某一时点的声音情况。

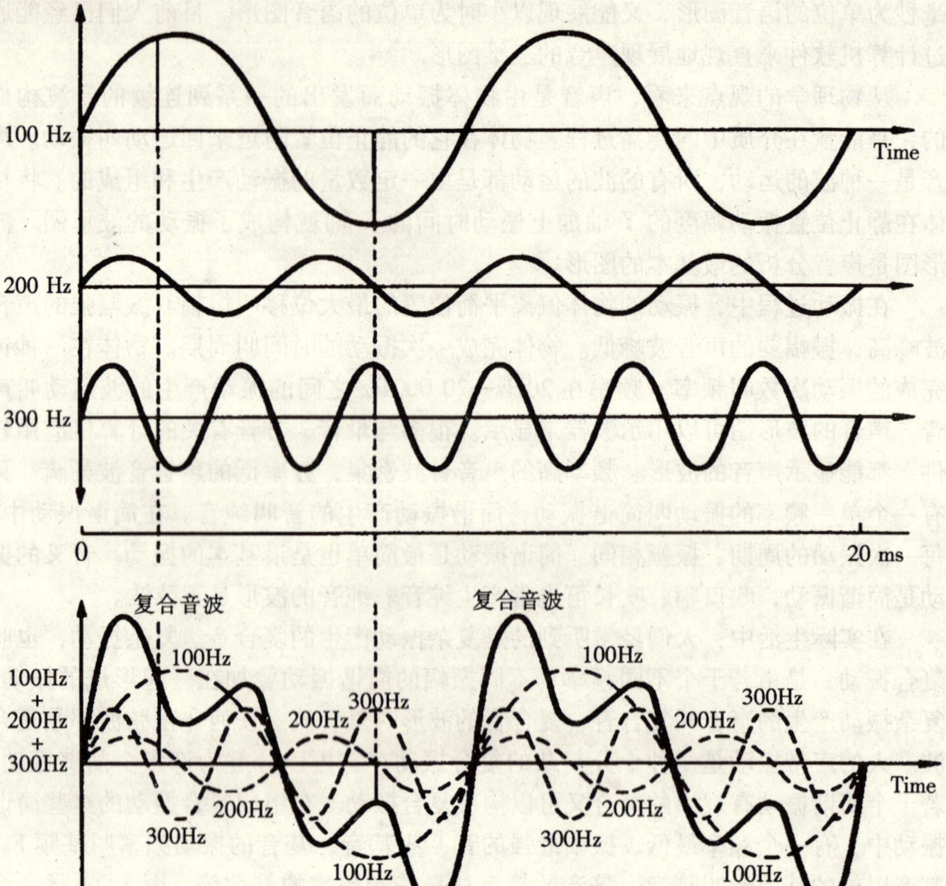

图 3－1　一个基音加两个陪音构成的复合波

声音可以分为乐音与噪音两大类，它们的振动方式不同，乐音是物体有规则的振动产生的声音，它由一定数目的有周期性变化的音波构成，可以清晰地分解为基音与陪音。人的声带振动产生的声音是乐音。噪音是物体不规则的振动产生的声音。不同频率、不同振幅的声音无规律地混合在一起构成噪音。空气因受到阻碍形成湍流而产生噪音。闭塞的气流突然放开，产生瞬间湍流，形成瞬态噪音。气流不完全闭塞，湍流持续存在产生摩擦噪音。乐音的音波呈现为有规则的波形，在一定条件下可以识别元音。噪音的音波呈现为杂乱的波形，可以识别的声音特征极为有限。

语音是人的发音器官发出的可以被听觉器官接收并得到理解的具有一定意义

的声音。语音既然是声音，它也就同自然界其他的声音一样，具有物理性质。每一个声音都有一定的音高、音强、音长、音质等四个物理要素，语音也不例外。

音高是声音的高低，是韵律的主要内容，它取决于音波的频率。语音的音高取决于声带振动的基频。基频越高，声音也就越高；基频越低，声音也就越低。一般说来，男人声带的基频在100Hz左右，女人声带的基频在200Hz左右，儿童声带的基频在300Hz左右。任何语言都有的句调，汉藏语言中的声调就是由音高决定的。用音高计作出的音高图，可以直接直观地显示出基频的高低及其变化形式，提供清晰的基频数据。

音强是声音的强弱，是韵律的重要组成部分，它取决于音波的振幅。振幅越大，声音越强；振幅越小，声音越弱。在一些语言中，由于音强的不同而区分出轻重音。波形图能够清晰地显示出语音的振幅。

音长是声音的长短，也是韵律的重要组成部分，它取决于发音体持续振动的时间。在一些语言中，由于音长的不同而区分出长音、短音。除频谱图外，波形图、音高图、语图等都能有效而准确地显示语音的音长。

音质是声音的性质、特色，也称为音色、音品。它取决于陪音的有无，陪音的数量以及基音与陪音在高低、强弱方面的相互关系。发音体的不同，发音方法的不同，共鸣器形状的不同都可以造成不同的音质。波形图显示的音质有限，语图、频谱图虽然能够更为细致地显示音质的一些特征，但有时也需要与波形图等配合使用。

人类发音的生理过程及其声学分析是这样的：吸入的气流作为发音动力从肺部冲出，通过声道时因受到不同的调制，从而形成了各种不同的声音。气流通过喉头，振动声带，就使声带发生复杂振动，从而产生出复合音波。这时的复合音波还没有发生共鸣。频谱图中的基音与各个陪音呈依次递减的态势。这种声音，在通过声道(包括口腔、咽腔、鼻腔)时，因声道的阻碍或形状的变化会影响其性质。声道是一个充满空气的形状复杂的管子，充当了一个共鸣器，具有不同的自然频率。它对声带发出的复合音中与自身自然频率相同或相近的音产生共振，加以放大，形成共振峰，而对复合音中其他频率的音则进行抑制和吸收。这时频谱图中的基音、各个陪音之间就呈现各种不同的强弱比例关系。由于声道是一个形状多变的复杂管子，有多个共鸣腔，声道形状的改变会在不同的频率位置产生共振峰。离基频 F_0 最近的共振峰叫第一共振峰 F_1，其他类推为第二共振峰 F_2、第三共振峰 F_3 等。基频 F_0 与各共振峰 F_1、F_2、F_3……之间没有必然的联系。共振峰数量、频率、强度的不同，形成了不同的音质。元音的音质与 F_0 没有关系，主要由 F_1、F_2 决定。频谱图能够有效显示共振峰，是分析元音的重要依据。图3-2是［i］［ɑ］［u］三个元音的舌位与频谱图。

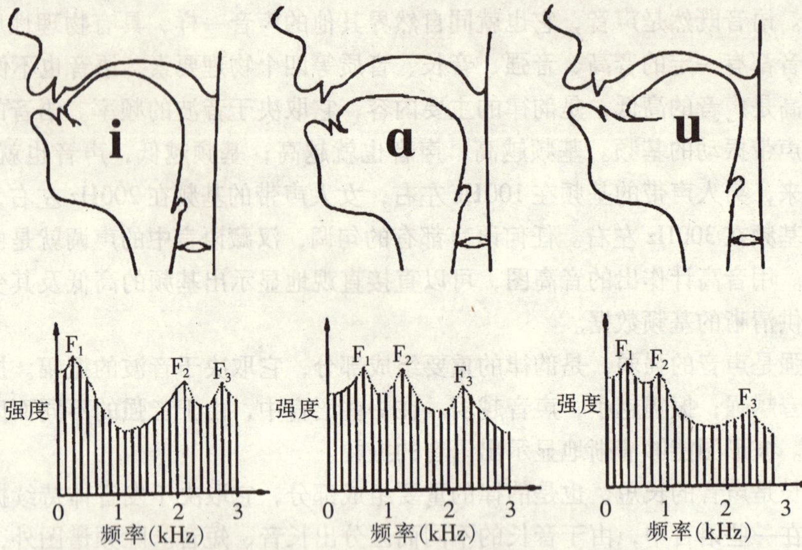

图 3－2　[i] [ɑ] [u] 三个元音的舌位与频谱图

由于频谱图是二维的，看不出时间的变化，一般采用三维的语图显示声音的长短和变化，但语图显示元音不够清晰，需要根据图形进行测算。图 3－3 是汉语普通话主要元音的波形图和语图。

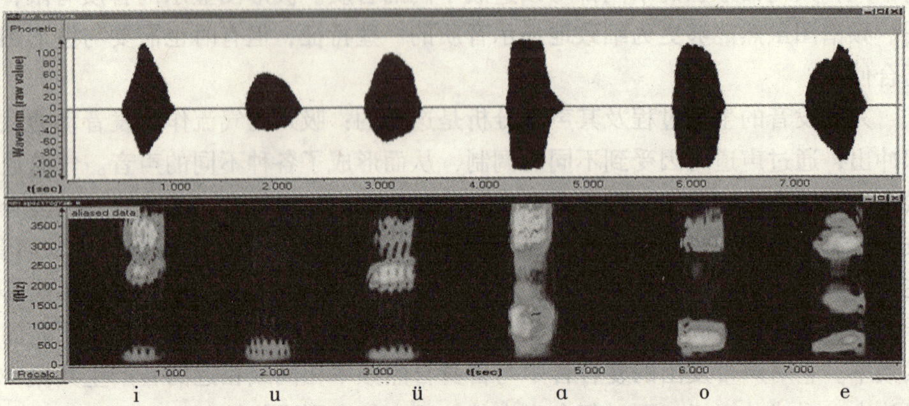

图 3－3　汉语普通话主要元音的波形图和语图

人耳和大脑是语音的接收和感知器官。由耳郭、耳道和鼓膜组成的外耳，接收他人发出的声音，并有一定的定向和放大功能。由锤骨、砧骨和镫骨组成的中耳，在声音的传导中主要起阻抗匹配作用，并同时具有保护内耳和(通过耳咽管)维持鼓膜两边压力平衡的作用。主要由耳蜗组成的内耳感知不同的声音，并通过相应的听觉神经纤维将语音信息传送至大脑。最后由人的大脑按照不同的语音编码系统分析理解语音。听觉是人对声音的心理感受，是一种主观量。音强增大 10 倍，而主观听觉的响度只不过增大了 1 倍。人的听觉区域，就频率而言，在20Hz—20 000Hz之间。但人耳对频率过低的音(<40Hz)和频率过高的音(>15 000Hz)必须有较高的强度才能感知。人耳对3 000Hz左右的频率最为敏感。语音处于听觉区域中的最佳位置。人耳对音高、音强、音长和音质的相对变化有较强的差别感受性，即人耳有较强的语音分辨能力。通过训练，这种分辨能力还可以提高。人们能区分各种语言的不同的元音、辅音，不同的声调，就是这种差别感受性的具体体现。人们之所以能分辨出汉语普通话韵母ɑ与i的不同，主要在于人耳感知到了这两个音共振峰频率位置的不同。ɑ音的F_1在1 000Hz附近，F_2在1 160Hz附近；i音的F_1在290Hz附近，F_2在2 360Hz附近。人耳感知到了这两个共振峰频率总体模式的不同，也就感知了ɑ音与i音的不同。需要注意的是，对不同的人而言，同一元音共振峰频率的具体数据是不完全一样的，但F_1与F_2形成的共振峰总体模式是相同的，这个模式随着频率的变化而上下移动。

第二节　普通话元音的声学特征与正误辨析

一　元音的声学特征

从发音生理来看，元音在发音时，肺部呼出的气流通过喉头振动声带，从一开一闭的声门通过，成为浊音流。由于咽腔、口腔、鼻腔的多种共鸣，就产生了元音。元音的声波都是周期性的，都是浊音。元音的音质由声道中的多个共振峰频率决定。口腔是声道中最容易变化的部分，口腔的每一个细微的变化都会影响声音的共振产生影响，形成不同的元音音质。口腔中最灵活的是舌头，舌位的前后、高低直接影响口腔的共振，因而也直接影响元音的音质。上、下门齿之间的距离是下颌开度。开颌度最大的是低元音，开颌度最小的是高元音。元音发音时唇形的变化也会影响口腔的共振，因而也会影响元音的音质。舌位高度相同的元音，展唇元音的唇形面积大于圆唇元音。

舌位的高低、前后，唇形的圆展，实际改变的都是口腔这个共鸣器的形状。共振峰一般指口腔的共鸣频率，口腔形状的多变会形成多个共振峰。对元音而言，前三个共振峰对元音音质有决定性的影响，其中F_1和F_2，对舌位、唇形的变化较为敏感，能体现元音的音质。

在实际交际中，听话者并不是从元音的生理描写而是从元音的声学特征去感知不同的元音的。因而元音的声学分析极为重要。元音的声学特征主要表现为元音的共振峰模式。其中，第一共振峰F_1和第二共振峰F_2对区分不同的元音有着重要的作用。F_1与F_2的共振峰频率值和关系模式，可以反映出不同元音之间的差别。实验语音学正是参考频谱图中的F_1、F_2、F_3的频率值和关系模式，来进行元音识别和分析的。

虽然频谱图有较好的共振峰显示和识别，但由于缺少时间段，现大多数元音的分析识别一般是采用语图来显示的。窄带语图采用45Hz的滤波器，能够显示基音和具体的陪音，但显示的频率范围有限，不容易看出共振峰。宽带语图采用300Hz的滤波器，显示的频率范围较宽，在语图上呈现出一条较宽的横杠，精细度不够，一般取横杠的中间值为该共振峰的频率值。当两个共振峰频率值较为接近时，就会出现宽横杠的部分叠加。在宽带语图中出现较宽的横杠时，说明有两个靠得较近的共振峰。

分析元音最主要的就是分析 F_1 和 F_2 之间的关系模式。根据 F_1 和 F_2 之间的关系绘制而成的声学元音图，与传统语音学的元音舌位图有着异曲同工之处，可以相互印证，其关系为：

1. F_1 频率值的高低同舌位的高低直接相关。频率越高，舌位就越低；频率越低，舌位就越高。

图3－4为某省级男测评员汉语普通话单元音 i、u、ü、ɑ、o、e 的波形图、语图。

ɑ 的 F_1 接近1 000Hz，在六个基本元音中频率最高，而 ɑ 的舌位是最低的。o、e、u、ü、i 的 F_1 依次降低，其中 i 的 F_1 最低，约在200Hz左右，i 的舌位是最高的。

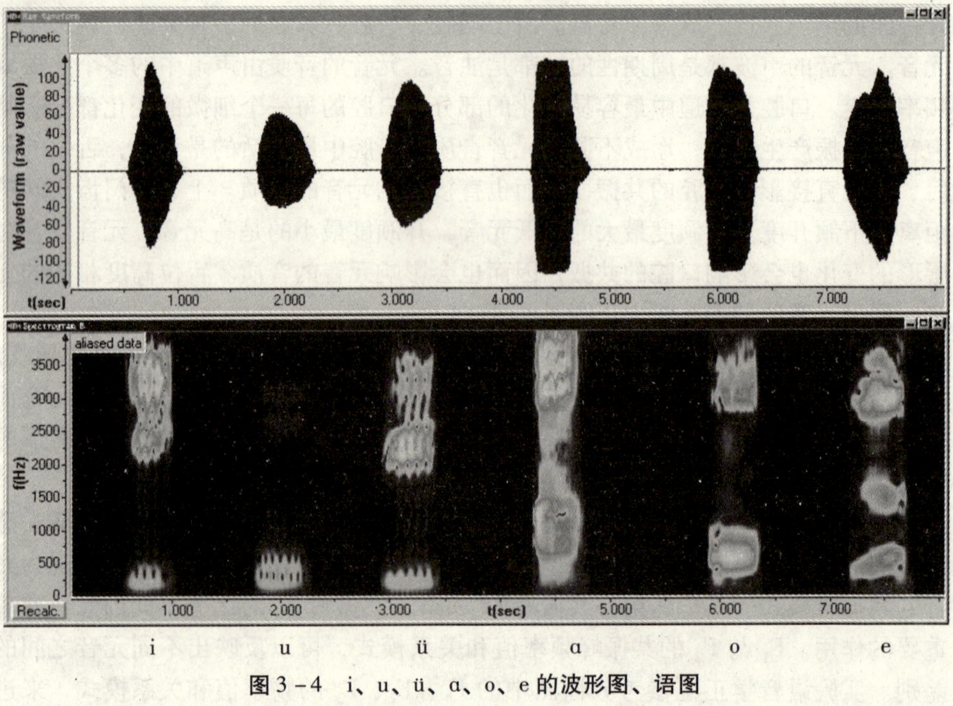

图3－4 i、u、ü、ɑ、o、e 的波形图、语图

由此语图可知，F_1 与下颌开度成正比，与舌位成反比。开口度越大，舌位越低，F_1 频率越高；开口度越小，舌位越高，F_1 频率越低。

2. F_2 频率值的高低与舌位的前后直接相关。舌位越靠前，F_2 频率值越高；舌位越靠后，F_2 频率值越低。

图 3－5 为某女性省级测评员舌面前 e［e］、舌面央 e［ə］、舌面后 e［ɤ］的波形图、语图。

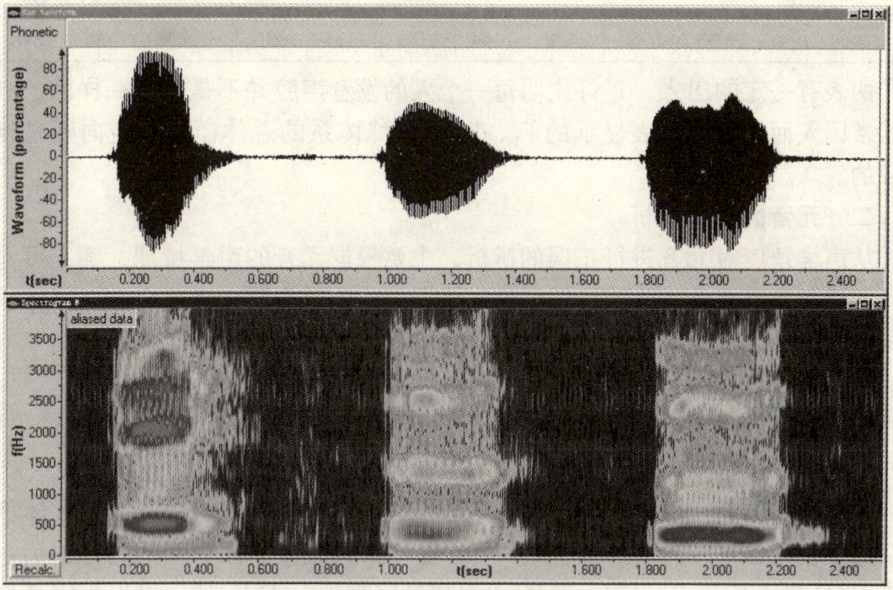

图 3－5　舌面前 e、舌面央 e、舌面后 e 的波形图、语图

语图中，三个元音的 F_1 依次由前向后逐渐降低，有舌位略升的趋势。但是，F_2 的变化更加明显。前 e 的 F_2 最高，约在 2 000Hz 左右，央 e 的 F_2 低一些，约在 1 400Hz 左右，后 e 的 F_2 最低，约在 1 200Hz 左右。由此语图可知，F_2 的高低与舌位的前后成正比。舌位越前，F_2 频率越高；舌位越后，F_2 频率越低。

3. F_2 与唇形的圆展有关。双唇突出拢圆，实际上就是使声腔延长了，其声学效果表现为 F_2 频率降低。在同样舌位的情况下，唇形越圆，F_2 越低；唇形越扁，F_2 也就越高。如图 3－4，i 的 F_2 约为 2 450Hz，ü 的 F_2 约为 2 200Hz。

根据《实验语音学概要》汉语普通话元音的共振峰数据如下表：

元音		i	ü	ê	ɑ	e	o	u	－i(前)	－i(后)
男	F_1	345	357	599	1200	673	676	414	450	453
	F_2	2773	2489	2490	1365	1231	839	536	1604	2120
女	F_1	307	307	605	1230	716	715	405	411	370
	F_2	3148	2494	2339	1264	1069	850	592	1474	1980

根据《声学手册》汉语普通话元音的共振峰数据如下表：

元音		i	ü	ê	ɑ	e	o	u	-i(前)	-i(后)
男	F_1	337	341	587	905	598	631	377	448	426
	F_2	2380	2132	2122	1236	1134	1113	641	1993	1498
女	F_1	394	415	670	1061	853	772	491	511	522
	F_2	3098	2660	2428	1464	1389	1131	836	2381	1874

两表有一定的出入，正好说明每一个人的发音声腔并不是完全一样的，有的数据常因人而异。但两表显示的 F_1、F_2 共振峰体系的总体模式和走向则是相当一致的。

二　元音的正误辨析

从声学角度对元音进行正误的辨析，主要根据元音的声学特征，确定可允许的共振峰频率模式的正常值、缺陷值和错误值，同时也要考虑整个共振峰体系的模式。

(一) 前后元音的辨析

前后元音的辨析主要依据 F_2 与 F_1、F_3 关系的总体模式。如图 3－5，F_1、F_2、F_3构成了舌面元音 e 的总体模式。尽管舌面前 e、舌面央 e、舌面后 e 三个元音的 F_1、F_2、F_3从前到后均逐步降低，但 F_2降得最为明显。在 F_1、F_3 大体稳定的情况下，根据 F_2 与 F_1、F_3的关系模式就可以确定舌面元音 e 的舌位前后。F_2 接近 F_3 是前元音 e，F_2 在 F_3 与 F_1 中间或者略靠近一点 F_3 的，可以判定是央元音 e，如果接近 F_1，离 F_3 较远就可以判定是后元音。根据音位原则，前元音 e 如果读得接近央元音 e，或者后元音 e 读得接近央元音 e 可判定为缺陷，但如果前后元音混淆，前元音读成后元音，后元音读成前元音，就可以判定为错误。舌面元音 ɑ 的辨析有一定的难度。图 3－6 是某省级男测评员舌面前 ɑ、舌面央 ᴀ、舌面后 ɑ 的波形图、语图。

根据图 3－6，舌面前 ɑ 的 F_2 与 F_1、已经出现宽带共振峰横杠的重合，但重合的不多，大约平均分布在 1 100Hz 上下。舌面央 ᴀ 的 F_2 与 F_1 宽带共振峰横杠的重合较多，大约平均分布在 900Hz 上下。舌面后 ɑ 的重合也较多，但比舌面央 ᴀ 更低，大约平均分布在 700Hz 上下。根据 F_2 与 F_1 宽带共振峰横杠重合的多少和频率的高低，就可以确定舌面元音 ɑ 的前后。同样，根据音位原则，前元音 ɑ 如果读得接近央元音 ᴀ，或者后元音 ɑ 读得接近央元音 ᴀ 可判定为缺陷，但如果前后元音混淆，前元音 ɑ 读成后元音 ɑ，后元音 ɑ 读成前元音 ɑ，就可以判定为错误。

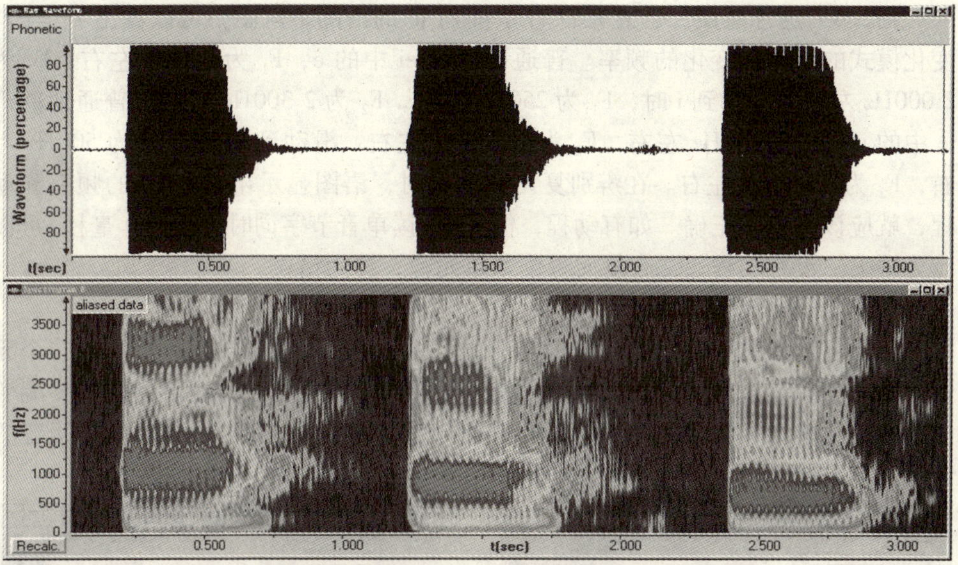

[ɑ]　　　　[A]　　　　[ɑ]

图 3－6　舌面前 ɑ、舌面央 A、舌面后 ɑ 波形图、语图

（二）复元音的辨析

元音的音质主要与 F_1 与 F_2 直接相关。复元音发音时，从一个元音向另一个元音过渡，因此复元音的 F_1 与 F_2 是变化的，只要分析 F_1 与 F_2 变化模式的形状和变化的频率，就可以判断出复元音的音质。复元音韵母由于有共振峰频率变化走向，相对单元音韵母更容易识别。

1. 二合复元音韵母的辨析

二合复元音韵母发音时，从一个元音向另一个元音过渡，语图较为简单而清晰。

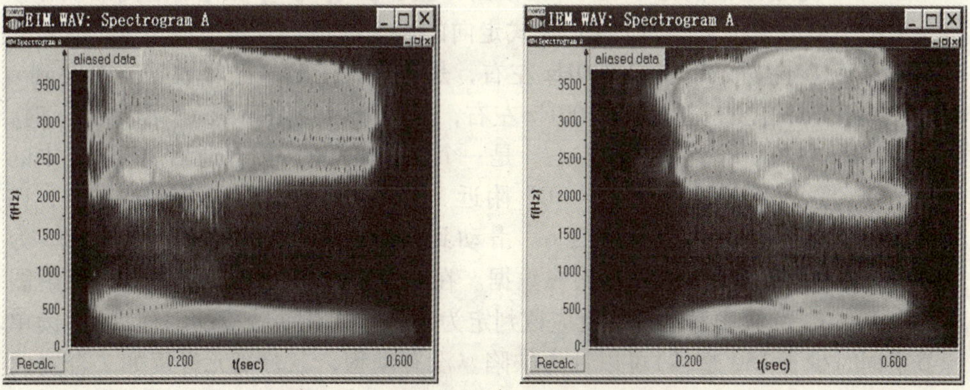

ei　　　　ie

图 3－7　普通话韵母 ei 与 ie 的语图

图 3－7 是普通话二合复元音韵母 ei 与 ie 的语图，从图中可以看出 F_1 与 F_2 变化模式的走向和变化的频率。普通话韵母 ei 中的 e，F_1 为 500Hz 左右，F_2 为 2 000Hz 左右，滑动到 i 时，F_1 为 250Hz 左右，F_2 为 2 300Hz 左右。普通话韵母 ie 中的 i，F_1 为 200Hz 左右，F_2 为 2 400Hz 左右，滑动到 e 时，F_1 为 500Hz 左右，F_2 为 1 900Hz 左右。在辨别复元音韵母时，语图显示出 F_1、F_2 的频率和动程，就应该判定为正确。如有动程，但太短（读单音节字词时少于 200 毫秒）可以计为缺陷。没有动程，二合复元音读如单元音，计为错误。

2. *三合复元音韵母的辨析*

三合复元音韵母发音时，先从第一个元音向第二个元音过渡，再从第二个元音向第三个元音过渡，因此三合复元音的 F_1 与 F_2 的变化较为复杂，但只要能够清晰地看出这两个阶段 F_1 与 F_2 变化的模式走向和频率，就可以判断出复元音的音质。

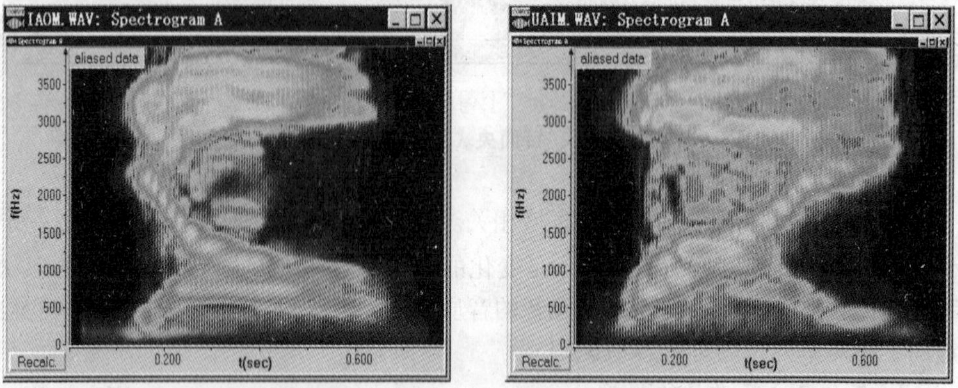

iao　　　　uai

图 3－8　普通话韵母 ia 与 ua 的语图

图 3－8 是普通话韵母 ia 与 ua 的语图，显示了 F_1 与 F_2 变化的走向形状和频率。从图中可以看出 F_1 与 F_2 变化模式走向的两个阶段。普通话韵母 iao 中的 i，F_1 约为 250Hz 左右，F_2 为 2 300Hz 左右，是典型的 i 的共振峰数据。滑动到 a 时，F_1 为 750Hz 左右，F_2 为 1 100Hz 左右，是一个舌位略高的 a。滑动到 o 时，F_1 为 450Hz 左右，F_2 为 750Hz 左右，是一个舌位略低的 o。普通话韵母 uai 中的 u，F_1、F_2 重合得很明显，约在 450Hz 附近。滑动到 a 时，F_1 为 850Hz 左右，F_2 为 1 200Hz 左右，是一个典型的 a。滑动到 i 时，F_1 约为 250Hz 左右，F_2 为 2 500Hz 左右，是典型的 i 的共振峰数据。在辨别三合复元音韵母时，只要语图显示出 F_1、F_2 的频率和动程，就应该判定为正确。如某一阶段的动程太短（读单音节字词时少于 150 毫秒）可以计为缺陷。没有动程，三合复元音读如二合复元音，计为错误。

总之，当我们不能清晰地确定一个元音的音质时，可以根据元音的声学特征来分析、确定这个音的音质。需要注意的是，由于每一个人的声道大小并不是完全一样的，各个人的共振峰频率并不一致，往往需要进行模式比较才能确定。同时，男声的共振峰绝对频率偏低，女声的共振峰绝对频率偏高，但它们形成的共振峰的相对模式不变，F_1 和 F_2 的相互关系不变，只要把握住这个相对模式及影响其音质的前后音，就能科学客观地进行元音的正误辨析。

三　普通话前后鼻音韵母的辨析

普通话的鼻韵母是含有鼻音韵尾的韵母。鼻韵母又分为前鼻音韵尾韵母和后鼻音韵尾韵母。汉语普通话的前鼻音韵尾韵母有 an、en、ian、in、uan、uen、üan、ün 等 8 个，有后鼻音韵尾韵母 ang、eng、ong、iang、ing、iong、uang、ueng 等8 个。其中 ian 与 iang，uen 与 ueng 的音质差别较大，容易分辨。需要辨析的是 an 与 ang，uan 与 uang，en 与 eng，in 与 ing 等4 对。

从发音生理来看，鼻韵母的发音跟复元音韵母一样，也是由一个音的发音动作向另一个音的发音动作逐渐变化，只是收尾是鼻音。发鼻韵母时，口腔由发元音的状态向发鼻音的状态过渡，发音状态是渐变的。其中软腭从闭塞的状态逐渐下垂，使气流逐渐进入鼻腔，形成鼻腔共振，与此同时，口腔中的舌头逐渐堵住气流，最后气流从鼻孔流出。这是一个渐变的过程，并不是一下子就把口腔关闭，形成鼻音的。因而鼻韵尾在音节中作为韵腹元音的后继部分，有一个从元音过渡到鼻音的渐变过程。这个过渡过程表现为元音逐渐变为鼻化音，鼻化音进一步过渡到鼻音。这个由口音转到鼻音的过程往往不完全达到鼻音终点，如不是故意强调，在过渡到鼻音时，整个音节的发音即告结束。语图只要能显示出这个过程过渡到了鼻音，即可判定为正确，如只有鼻化阶段过程即告结束，可判定为缺陷。

区分前后鼻音韵母除了要注意发音过程外，口腔中逐渐堵住气流的舌头动作更为重要。如最后是舌尖顶住上齿龈，堵住气流，发出的则是前鼻音 -n；如最后是舌根上抬顶住软腭，堵住气流，发出的则是后鼻音 -ng。

图3 -9 是 -n 与 -ng 的波形图、语图。由于浊音共振峰、鼻腔共振峰和口腔共振峰横杠的叠加，从宽带语图上很难单独将前鼻音韵尾 -n 与后鼻音韵尾 -ng区分清楚。从图3 -9 来看，-n 的 F_1 叠加横杠较窄，F_2 约在1 100Hz 左右；-ng 的 F_1 叠加横杠较宽，F_2 约在800Hz 左右。如考虑到鼻韵尾前韵腹部分元音的音质，根据发音的生理性质，一般是前鼻音对应前元音，后鼻音对应后元音，就很容易将前后鼻音区分开。因而，韵腹的元音音质是辨析前后鼻音韵母的一个十分重要的因素。

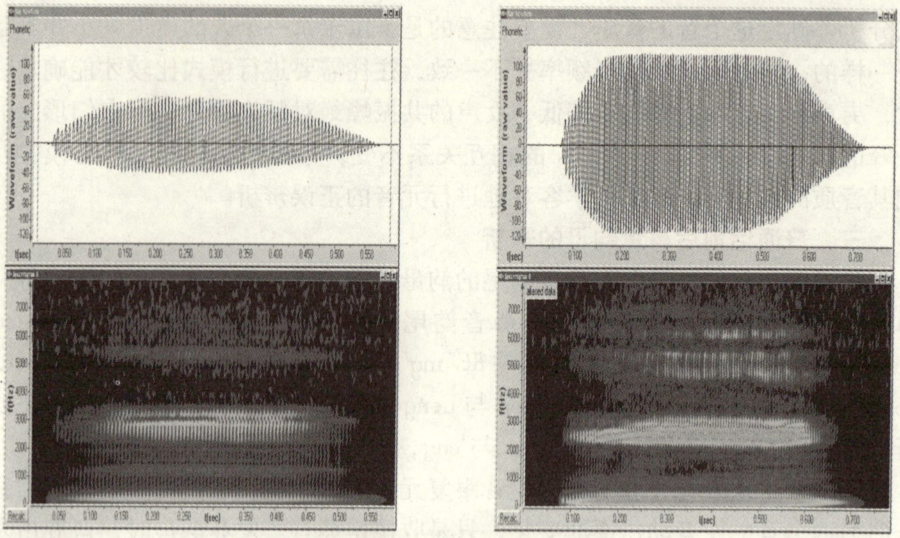

－n　　　　　　　　　　　　　－ng

图 3－9　－n 与－ng 的波形图、语图

（一）an 与 ang 的辨析

从发音生理上看，an 中的［ɑ］是前、高、不圆唇元音，发音时，先发［ɑ］音，接着舌位逐渐上升，最后，舌尖抵住上齿龈，同时软腭逐渐下垂，气流改从鼻腔出来，发出鼻音 n。ang 中的［ɑ］是后、低元音，加上舌根鼻音构成鼻韵母。先发后元音［ɑ］，接着舌根接触软腭，气流改从鼻腔通过，发出鼻音 ng。

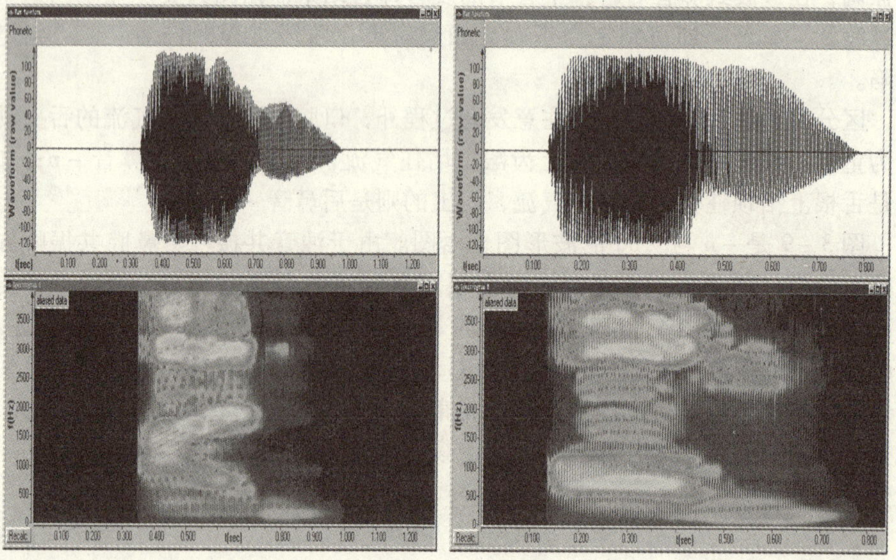

an　　　　　　　　　　　　　ang

图 3－10　an 与 ang 的波形图、语图

图3－10是an与ang的波形图、语图。波形图清晰地显示出了元音段和鼻音段，但对过渡阶段显示不够清晰。语图能清晰地显示出二者的区别：1. an中的a的F_1、F_2横杠较为清晰，主要位于1 000Hz以上的部分，是前a；ang中的a的F_1、F_2横杠部分重叠，主要位于1 000Hz以下的部分，是后a。2. 二者均有元音向鼻音的过渡，但前a的过渡，音质趋向前高元音，F_1与F_2高低分化明显；后a的过渡，音质趋向后高元音，F_1与F_2走向低端，明显重合。3. 二者均有鼻音段，但 －n的叠加横杠带宽较低较窄，覆盖范围在250Hz以下，－ng的叠加横杠虽然也低但带宽较宽，覆盖范围在500Hz以下。这个数据也符合前后鼻音的舌位运动。－n的舌位接近前元音i，－ng的舌位接近后元音u。如前所述，就动程而言，语图只要能显示出这个过程过渡到了鼻音，即可判定为正确，如只有鼻化阶段过程即告结束，可判定为缺陷。就前后鼻韵尾而言，如an的语图接近ang，或者ang的语图接近an，应判为错误。如二者的语图区分不明显，判为缺陷。

（二）uan与uang的辨析

从发音生理上看，uan是在an的前面加一个韵头u构成的，发音时在an的前面加一段轻而短的u到a的发音动程。uang是在ang前面加上韵头u构成，即加上一段从u到a的发音动程。

图3－11是uan与uang的波形图、语图。波形图较为清晰地显示了uan与uang发音过程的三个阶段。

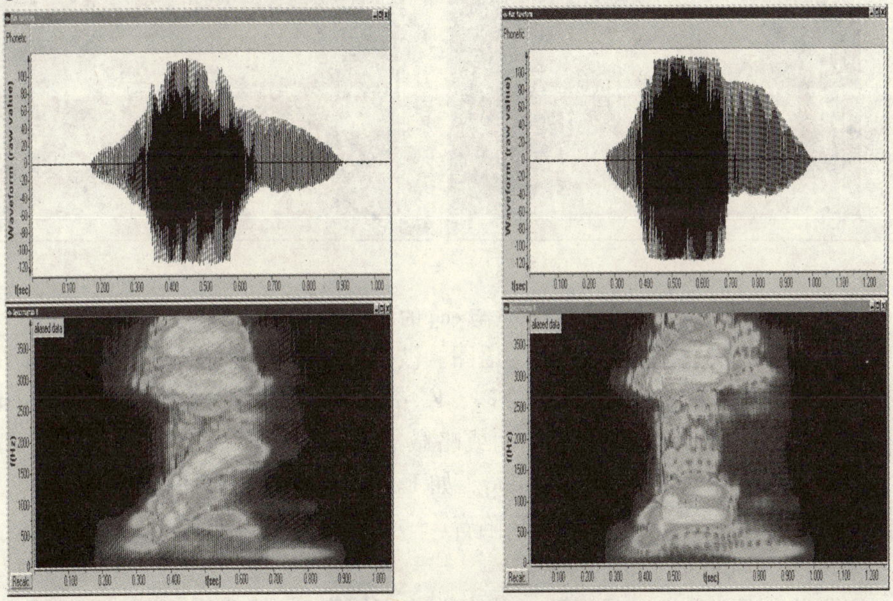

uan　　uang

图3－11　uan与uang的波形图、语图

从语图上看，由于加了韵头 u，uan 的 F_2 从低到高的上升非常清晰，这显示了舌位从后元音向前元音的变化，F_1 从低到高的适当上升，则显示了高元音向低元音的变化。uang 的 F_1 与 F_2 从低到高并行地适当上升，然后平行地走横，F_1 与 F_2 部分重合，最后过渡到后鼻音。这显示舌位仅有适当变化但并没有从后元音变为前元音，但发生了从高元音向低元音的变化。测评时，如无这个清晰韵头，应判为错误，如韵头到韵腹的变化不明显，可判为缺陷。uan 与 uang 的韵腹和鼻音韵尾的特征和正误辨析同 an 与 ang，但区分更为明显。

（三）en 与 eng 的辨析

从发音生理上看，虽然 en 与 eng 中的 e 都是央、中元音，但根据前元音接前鼻音，后元音接后鼻音的发音自然原则，en 中的 e 舌位较央元音略微偏前，eng 中的 e 舌位较央元音略微偏后。根据这一点，就可以从语图上清晰地区分开这两个音。

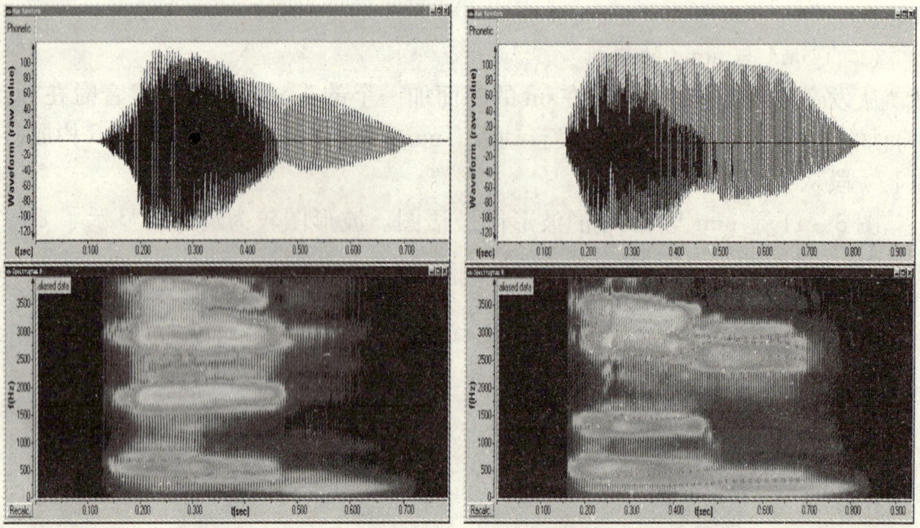

en　　　　　　　　　　eng

图 3－12　en 与 eng 的波形图、语图

图 3－12 是 en 与 eng 波形图、语图。波形图清晰地显示出了 en 与 eng 元音段和鼻音段。从语图上，en 的 F_1、F_2、F_3 都比 eng 的高，其中 F_2 是判断 en 与 eng 的主要标志：F_2 在 F_1 与 F_3 中间或略微靠近 F_3，这个鼻韵母是 en；F_2 离 F_3 较远，离 F_1 较近，这个鼻韵母是 eng。如 F_2 在 F_1 与 F_3 中间但略微靠近 F_1，这个音可以判定为 en 与 eng 中间的缺陷音。

（四）in 与 ing 的辨析

从发音生理上看，in 发音时，先发前、高元音 i，接着舌前部或舌尖升到上齿龈，同时软腭下垂气流改成从鼻腔流出，发出前鼻音－n。ing 发音时，先发前、高元音 i，然后舌位逐渐向后移动，最后舌根顶住软腭，气流从鼻腔流出，发出后鼻音 – ng。在这个过程中中间必然有一个模糊的过渡音。in 与 ing 在发音和听音上是较难区分的一组音。

图 3 – 13 是 in 与 ing 的波形图和语图。这一组音的语图恰恰是所有前后鼻音韵母中最容易区分的一组。它们的声学正误界定是比较容易掌握的。

从 in 的语图上看，从 i 向 n 过渡的共振峰频率变化不明显，F_1 的共振峰横杠在 200Hz 左右，F_2 的共振峰横杠在 2 400Hz 左右，两者相距较远，元音共振峰横杠自然过渡为鼻化音共振峰，最后成为带宽较窄的前鼻音 – n。从 ing 的语图上看，从 i 到 ng，中间有过渡音，F_2 的变化极为显著，从 2 300 Hz 左右下降到 1 100Hz 左右，并有继续下降的趋势。这个下降表明舌位迅速向后缩。F_1 的略略升高表明舌位适度降低，加上后边的带宽较宽的鼻音段，就可以清晰地判断出这是后鼻音 – ing。其中 F_2 的显著变化是识别 ing 的关键声学特征。

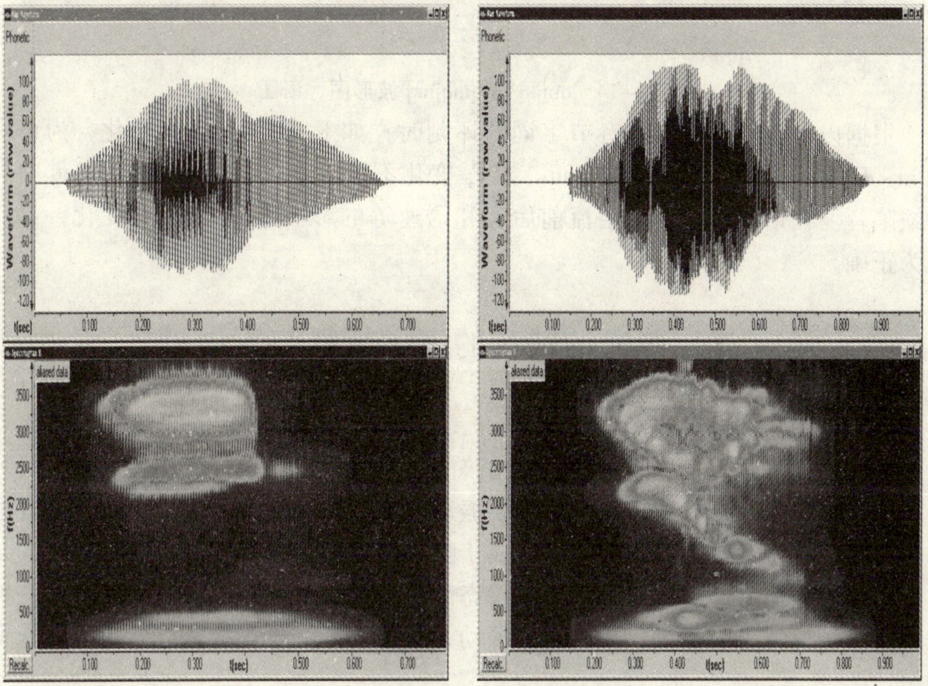

in　　　　ing

图 3 – 13　in 与 ing 波形图、语图

在词语的组合中，in 与 ing 虽然因为前后音的不同而有所变化，但是最主要的区别特征仍然很明显。图 3 – 14 为汉语普通话词语 qīnjìn（亲近）与 qīngjìng（清静）的波形图、语图。后者 F_2 的变化清晰可见。

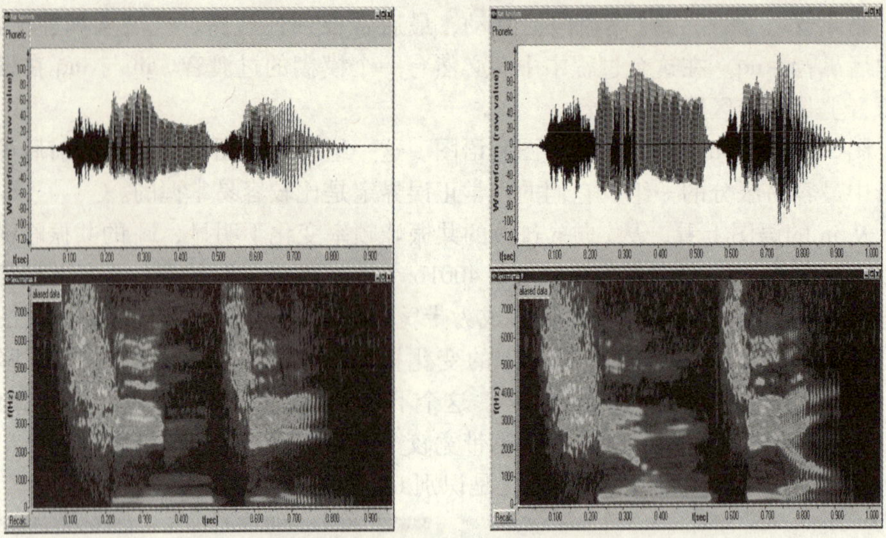

qīnjìn　　　　　　　　　　qīngjìng

图 3－14　qīnjìn 与 qīngjìng 波形图、语图

根据以上分析，在对单音节字词的评判时，如 F_2 较高且无大变化，为正确的 in；F_2 显著变化，为正确的 ing。如 F_2 变化不显著，可以判定为 in 与 ing 中间的缺陷音。在语流中，由于语流前后音和语速等的影响，只要 F_2 有变化，都应视为正确。

第三节　普通话辅音的声学特征与正误辨析

一　普通话辅音的声学特征

音素是人类语音从音质角度划分出来的最小单位。音素分为元音、辅音两大类。元音属于乐音。发元音时，声带要振动，产生有规则的音波，气流在发音通道上不受阻碍，没有湍流形成。辅音属于噪音。发辅音时，气流在发音通道的某些部位受到阻碍，会形成摩擦湍流或瞬态湍流，产生不规则的音波。在发某些辅音时，除了气流有阻碍外，声带还要振动，这些辅音就既有噪音成分，也有乐音成分。

发辅音时，呼出的气流要在不同的部位受到不同的阻碍。阻碍的部位和阻碍的方法不同，产生的空气湍流也不一样，形成的辅音也就不同。传统语音学对辅音的描写主要是从发音部位和发音方法两方面来进行的。辅音的特点除了在于有阻碍外，还在于发音时必须有一个动程。现代语音学的声学分析能显示辅音发音的整个动态过程。发辅音时，既有不同的阻碍部位，又有不同的阻碍方式，还有清浊、送气和种种附加音的区别。辅音的声学特征也比元音复杂得多，每一个辅音都是由多方面的声学特征组成的，组成的模式不但多样化，而且常因人而异，不大稳定。从语图上辨认辅音要比元音困难得多。

辅音的声学分析主要是对它的声学特性如音色、音高、音强、音长四种要素的参量进行分析，同时借助仪器设备和耳听的观察验证，做出判断和比较。

辅音是由乐音、瞬态噪音和摩擦噪音三种声音组成的。乐音是由声带振动产生的有规则的周期性变化的音波，又叫浊音，声带音。乐音在语图上表现为横杠。瞬态噪音是由瞬态空气湍流形成的杂乱音波，简称瞬音。瞬音在语图上表现为时长很短的竖条，又称冲直条。摩擦噪音是由空气湍流持续存在形成的杂乱音波，又称紊音。紊音在语图上表现为有一定时长的乱纹。辅音在语图上表现为横杠、竖条(冲直条)和乱纹三种不同的样式。这三种样式反映了一切辅音的声学特征。辅音在语图上的样式由这三种最基本的样式单独或共同组成。图 3 – 15 是普通话声母 b p m f 的波形图、语图。

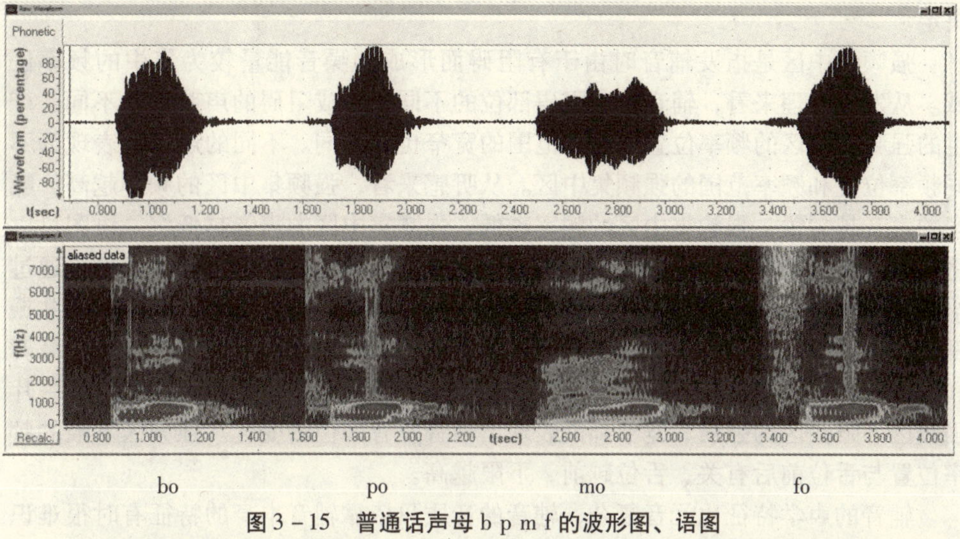

图 3 – 15　普通话声母 b p m f 的波形图、语图

(注:实验发音合作人是云南省省级男性测评员,由于录音时白噪声的影响,每张语图中在 6 000Hz 左右均有一条高噪音带,在分析时可忽略不计。下同)

冲直条：冲直条显示的是塞音。发音器官的某个部位形成完全的堵塞，然后气流猛然冲破阻碍，形成一发即逝的瞬音，故塞音也称爆破音。塞音在语图上的表现是一根陡然向上的直线，它的开始点比较清晰明显，反映气流在冲破阻碍的一瞬间，声带突然释放的现象，是短暂的爆发音段。冲直条的时长约 10 毫秒左右。

乱纹：乱纹显示的是擦音或有摩擦成分的其他辅音。发音器官的某个部位形成不完全的堵塞，留一个狭窄的缝隙，气流通过窄缝时因受到一定阻碍，在窄缝中形成不规则的运动，摩擦而出，在语图上就表现为一簇纵向杂乱的条纹。因辅音的不同，乱纹的时长也不一样，长的可达100多毫秒。

横杠：横杠显示的是浊音。浊音是由声带有规律颤动而产生的，浊音出现时语图上都会有浓黑的宽横杠，代表辅音中浊音成分的宽横杠和代表元音共振峰的横杠，在语图上的表现很不相同。浊音横杠出现在贴近基频的部位，因辅音的不同还会伴随着冲直条、乱纹或共振峰，显示出辅音的综合性特征。鼻音m、n，边音l等浊辅音，由于声带颤动而产生周期性频率，既有基频，也有共振峰。浊音横杠的起始时间称为噪音起始时间（Voice Onset Time）简称VOT，是指辅音除阻开始与声带颤动开始的时间过程，能比较精确地说明塞音的清浊和送气的情况。VOT显示一个辅音的清浊、送气及不同的发音习惯等特点。横杠、冲直条和乱纹三种样式单独或混合出现反映了辅音的声学特征，在实际的语言中会有更多的变化。从发音生理来看，横杠、冲直条和乱纹的类型体现的是发音方法，而发音部位则由横杠、冲直条和乱纹的强频集中区和共振峰频率分布的具体数据决定。

强频集中区是指发辅音时由于有阻碍而形成的噪音能量较为集中的频率区域。从发音生理来看，辅音由于阻碍部位的不同，形成阻碍的声腔形状不同，产生的强频集中区的频率位置和频率范围的宽窄也就不同。不同的声腔会表现为不同频率位置和频率范围的强频集中区。从听感来看，强频集中区的频率越高，噪音的声音越尖锐；强频集中区的频率越低，强频集中区的声音越低沉。语图可以将辅音强频集中区的频率位置和频率范围有效而清晰地表现出来，因而可以通过语图中强频集中区的频率位置和频率范围，判定辅音的发音部位。元音依靠共振发音，形成不同的元音音质。辅音依靠阻碍发音，形成不同的辅音音质。除鼻音和边音外，辅音不可能出现元音那样的共振峰，而是在一定的频率位置出现一片强频区。强频区的强弱和宽窄都能表现出辅音发音部位的变化。强频区下限的频率位置与舌位前后有关，舌位越前，下限越高。

辅音的声学特征比元音复杂，辅音的音质只依靠辅音本身的特征有时很难识别，但辅音与元音相拼后，就能从听感上清晰地分辨出辅音的音质。语流中，特别是一个音节中，各个音素是相互影响的。从声学上看，由于不同的辅音有不同频率的能量集中区，而不同的元音又有各自特定的共振峰频率，因此辅音向元音的过渡，也就是不同频率的能量集中区向不同频率的共振峰模式过渡，从而产生不同的过渡音征。过渡音征是辅音与元音时，辅音附着在元音上时的声学特征。辅音与元音之间的过渡音征反映了发音器官从辅音过渡到元音的运动过程，反映了辅音对后接元音的影响。过渡音征使后接元音的共振峰起始部分的频率值发生变化，过渡音征的走向显示出辅音的发音部位和发音方法，对确定辅音的发音部位有决定性的作用。除鼻音外，F_1 的过渡音征走向总是升的，因为辅音除阻时开口度总是从小到大的，舌位总是从高到低，F_1 的频率也就由低到高。过渡音征的信息主要显示在元音的 F_2。双唇音 F_2 的过渡音征走向是升的，舌尖音、舌根音 F_2 的过渡音征走向都是降的，其中舌根音降的幅度更大。辅音各个不同频率的过渡音征走向集中指向同一个音轨，这个音轨的频率就是辅音的强频集中区。根据音轨频率的位置可以推断出辅音的发音部位。双唇辅音的音轨频率在 700Hz 左右，舌尖辅音的音轨频率在 1 800Hz 左右，舌根辅音的音轨频率在 3 000Hz 左右。过渡音征和音轨频率对语音的识别合成有着重要作用。

辅音的音强一般表现为清辅音比浊辅音强一些。辅音的音长具有区别特征的作用，有不送气的塞音和塞擦音不能延长，擦音、送气音、鼻音、边音等可以延长。在普通话声母中，擦音、送气或不送气的塞音和塞擦音在音长方面的关系是：擦音 f h x sh s 长于送气塞擦音 q ch c，送气塞擦音 q ch c 长于送气塞音 p t k，送气塞音 p t k 长于不送气塞擦音 j zh z，不送气塞擦音 j zh z 长于不送气塞音 d b g。

二　普通话辅音的正误辨析

从声学角度对辅音进行正误的辨析，主要根据辅音的声学特征，确定可允许的辅音模式的正常值、缺陷值和错误值，同时也要考虑整个音节辅音后面的元音模式。

辅音声学特征的实验主要依据宽带语图。宽带语图为辅音的发音方法和发音部位提供了可视化的声学特征，提供了客观的语音声学数据。这些声学特征包括：辅音的噪音形式，辅音的时长，辅音强频区的频率范围，辅音的强频区的下限频率，辅音浊音的时长，辅音共振峰的模式，紧跟辅音后的元音共振峰模式等。辅音的辨析虽然较为困难，但人耳能够清晰地分辨出大多数普通话辅音声母，真正需要辨析的主要是 zh、ch、sh、r 与 z、c、s，n 与 l 两组辅音。

（一）zh、ch、sh、r 与 z、c、s 的辨析

首先，从发音生理上看，X 光动态摄像表明，普通话舌尖后音声母 zh、ch、sh、r 的发音部位并不像有的人想象的那样把舌头卷得很厉害，而是舌头自然向上翘起，舌尖接近硬腭前部同时略为向后缩。这些音感觉上是卷舌，实际上舌尖并未卷起，只是向上抬高。把舌头卷起得过分，反而不像普通话的舌尖后音。发 zh、ch、sh、r 时，在舌尖与齿龈后、硬腭前的结合处形成气流阻碍；发 z、c、s 时，在舌尖与上齿龈上齿背处形成气流阻碍。

图 3 - 16 为 zh、ch、sh、r 与 z、c、s 的波形图、语图。

从波形图和语图上看，zhi、chi、shi 和 zi、ci、si 的辅音阶段都很明显。zh、z 乱纹的时长最短，说明它们是不送气塞擦音，ch、c 乱纹的时长稍长，说明它们是送气塞擦音，sh、s 乱纹的时长最长，说明它们是擦音。在 zh、ch、sh 和 z、c、s 乱纹下面的频率低端都没有浊音共振峰横杠，说明它们都是清音。zh、ch、sh 和 z、c、s 随着与后接元音的靠近，乱纹的强度逐渐增强，然后过渡到元音，

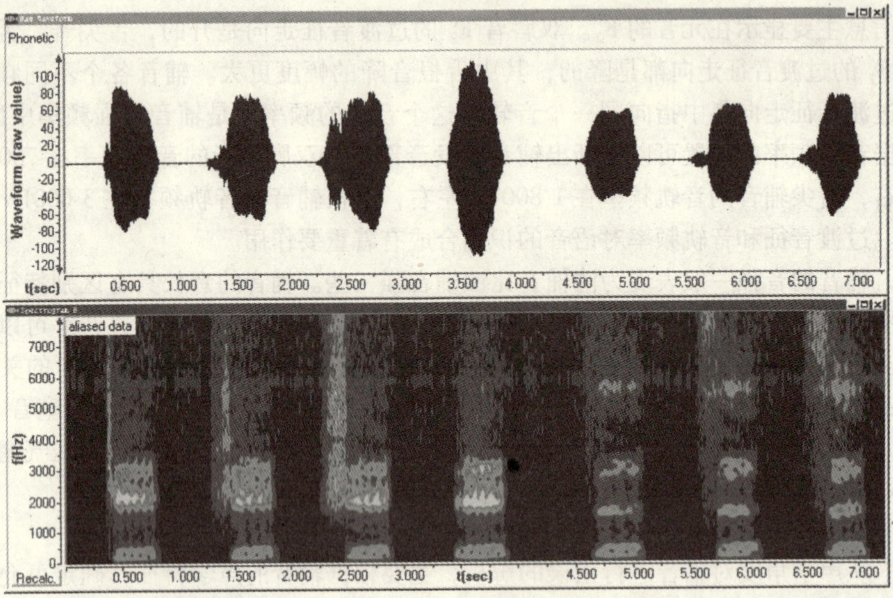

图 3－16　zh、ch、sh、r 与 z、c、s 的波形图、语图

完成了辅音能量向元音能量的转变。zh、ch、sh 的强频集中区较低，频率范围在 1 800Hz 到 5 500Hz 之间，强频区下限频率在 1 800Hz 左右，这说明它们是舌尖后辅音。z、c、s 的强频集中区较高，频率范围在 6 500Hz 到 8 000Hz 以上，乱纹下限频率逐渐减弱，在 1 600Hz 附近消失，这说明它们是舌尖前辅音。这里分析一个普通话词语的实例。图 3－17 是普通话词语 sàngshī（丧失）与 shàngsī（上司）的波形图、语图。

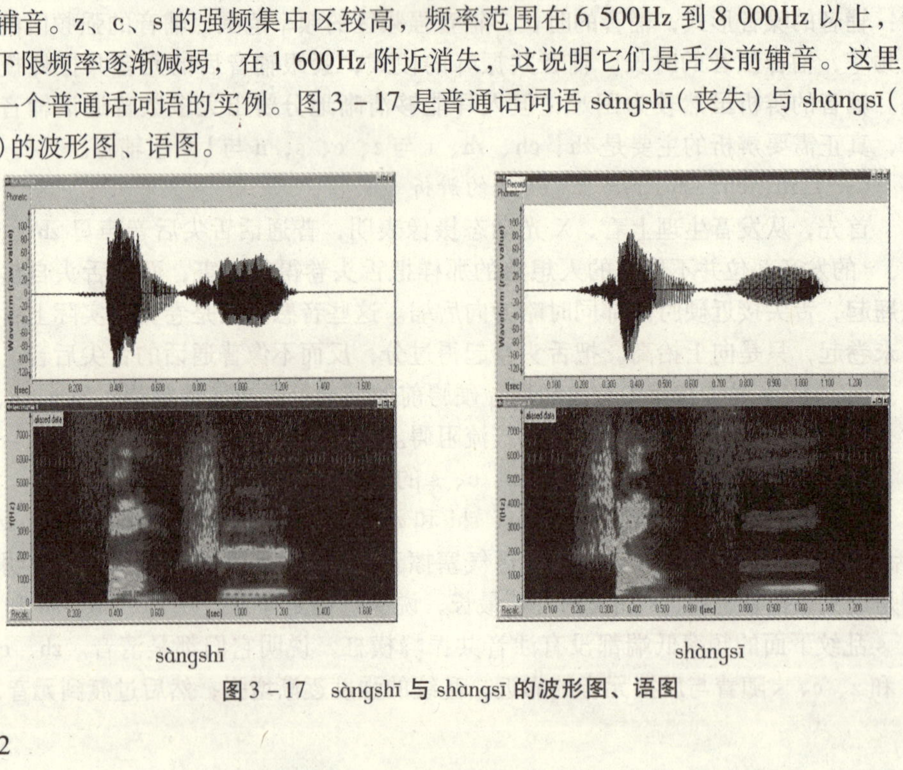

图 3－17　sàngshī 与 shàngsī 的波形图、语图

从图 3－17 中可以看出，sh 的强度远大于 s 的强度。sh 的强频集中区频率范围较低，强频区下限频率位置明显。s 的强频集中区频率范围较高，强频区下限频率位置不明显。

zh、ch、sh 和 z、c、s 的后接元音，对 zh、ch、sh 与 z、c、s 的分辨有着重要意义。zh、ch、sh、r 的后接元音是舌尖后高不圆唇元音 －i(后)，z、c、s 的后接元音是舌尖前高不圆唇元音 －i(前)。据图 3－16 和图 3－17，－i(前) －i(后)的 F_1 与 F_3 大体一致，F_1 的频率是浊音共振峰频率约为 200Hz 左右，F_3 的频率约为 3 000Hz。但两组的 F_2 显示出了重要的差别。－i(前)的 F_2 在 1 500Hz 左右或者更低一点，在 F_1、F_3 的中间或略偏低一点；－i(后)的 F_2 在 2 000Hz 左右，在 F_1、F_3 的中间偏上的位置，靠近 F_3，而离 F_1 较远。这样在 F_1、F_3 大体稳定的情况下，根据 F_2 与 F_1、F_3 的关系模式就可以确定舌尖后高不圆唇元音 －i(后)和舌尖前高不圆唇元音 －i(前)的区别。F_2 接近 F_3 是舌尖后高不圆唇元音 －i(后)，F_2 在 F_3 与 F_1 中间或偏下一点是舌尖前高不圆唇元音 －i(前)。再结合上面所说的辅音强频区的频率范围、辅音的强频区的下限频率，就可以有效地分辨 zh、ch、sh 与 z、c、s。

图 3－18 是 sī、shī 与缺陷音的波形图、语图。缺陷音的特点在于平舌不够平，翘舌不够翘，舌尖在二者之间。语图上也就显示为二者之间的图形。

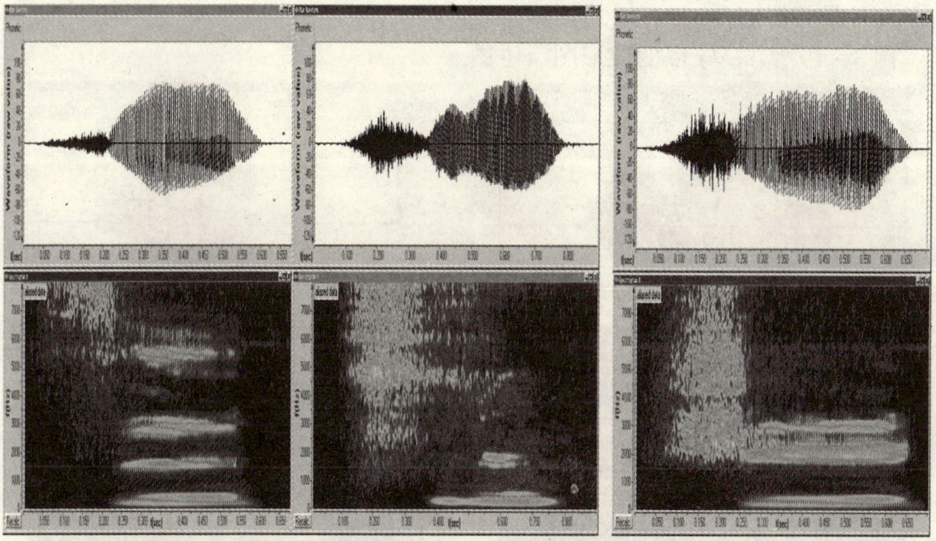

正确的 sī　　　　二者之间的缺陷音　　　　正确的 shī

图 3－18　sī、shī 与缺陷音的波形图、语图

后接元音的 F_2 接近 F_3，辅音强频区的频率范围在 1 800Hz 到 5 500Hz，强频区下限频率清晰，在 1 800Hz 左右，这是正确的 zh、ch、sh。后接元音的 F_2 在 F_3 与 F_1 中间，辅音强频区的频率范围在 6 500Hz 到 8 000Hz 以上，乱纹下限频率逐渐减弱，在 1 600Hz 左右消失，这是正确的 z、c、s。后接元音的 F_2 在 F_3 与 F_1 中间略偏上，辅音强频区的频率范围在 4 000Hz 以上，强频区下限频率不明显，乱纹下限频率逐渐减弱，在 1 600Hz 左右消失，这就可以判定为 zh、ch、sh 与 z、c、s 之间的缺陷音。

需要分辨的还有舌尖后浊擦音 r。舌尖后浊擦音 r 的音质，十分接近舌尖后高不圆唇元音 -i(后)的音质，只是前边较弱的浊音共振峰 F_1，略微偏弱的 F_2 与 F_3，才显示了该音的存在。舌尖后浊擦音 r 后接元音的 F_2 如在 F_3 与 F_1 中间略偏上，可判定为缺陷音；后接元音的 F_2 如在 F_3 与 F_1 中间，则判定为错误音。

(二) n 与 l 的辨析

从发音生理上看，鼻音 n 和边音 l 发音部位相近，但发音方法不同。n 是舌尖中浊鼻音，发音时舌尖顶住上齿龈，口腔里形成的阻碍完全闭塞，但软腭下降，打开鼻腔的通路，声带振动，让浊音气流通过鼻腔产生鼻音共振，从鼻孔流出。声母 n 由于要与后接元音相拼，必然又有一个从鼻音到口音的过渡阶段，而这时口腔的阻碍已打开，鼻音的色彩逐渐消失，最后形成口元音。l 是舌尖中浊边音，发音时舌尖顶住上齿龈，舌头两边或一边留出空隙，让浊音气流从舌边流出，故称为边音。l 没有鼻音色彩，声母 l 是口音，由于要与后接的口元音相拼，舌位必须迅速变化为口元音的位置。二者虽然有很大的不同，但在实际听感和发音上却极易相混。

图 3－19 是 ne 与 le 的波形图、语图。

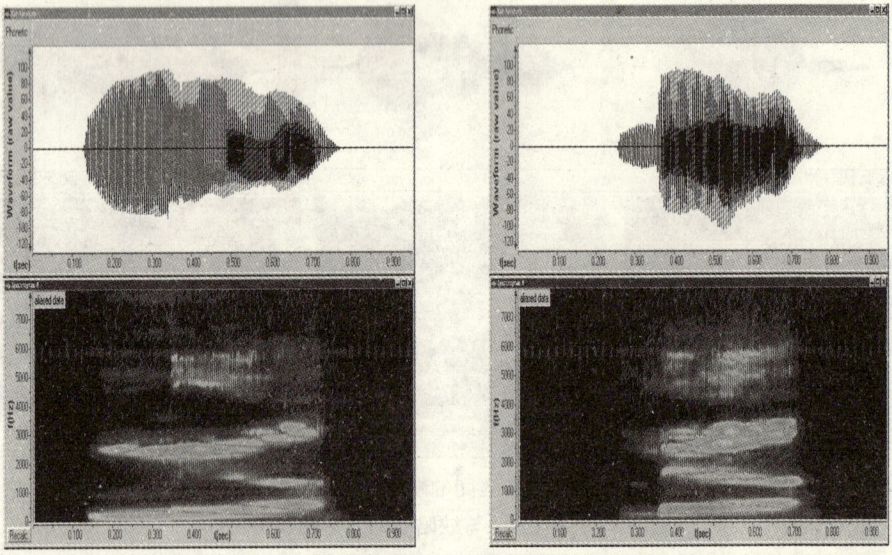

ne　　　　　　le

图 3－19　ne 与 le 波形图、语图

从波形图上看，边音 l 与后接元音的分界明显，鼻音 n 与后接元音的分界不

明显，有一个逐渐过渡的过程。鼻音 n 的时长约比边音长一倍。

从语图上看，由于鼻音 n、边音 l 都是浊音，性质接近元音，都有浊音共振峰，较为相似的共振峰模式，说明它们的发音部位大致相同。但 l 是单纯的浊音共振峰，语图上看横杠的带宽较窄，频率范围取决于基频，约为 150Hz 左右。n 是浊音共振峰叠加鼻音共振峰，语图上看横杠的带宽较宽，叠加后的共振峰频率约在 200Hz 附近。二者最主要的区别在于发音方法，当与后接元音相拼时，n 的鼻音共振峰逐渐过渡到元音共振峰，中间没有明显的断层；l 的浊音共振峰迅速过渡到元音共振峰，中间有明显的断层。

在语流中，n、l 与不同的韵母组合成音节、词语，两者的声学特征因语音环境的影响会有不同的变化。n 与 l 的缺陷音发音大多是介于 n 和 l 的中间，既有鼻音又有边音。有的是鼻音多一些，边音少一些；有的是边音多一些，鼻音少一些。这些都使得二者的语图分辨不很清晰，这些音均可以判定为缺陷音。图 3－20 是某男声普通话词语 liánlèi（连累）与 niánnèi（年内）的波形图、语图。

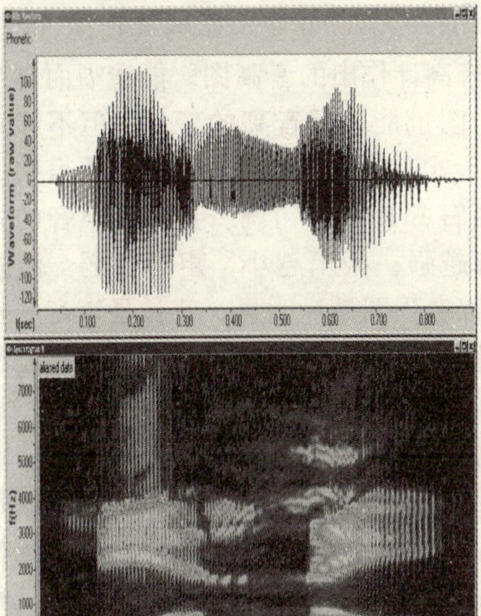

liánlèi

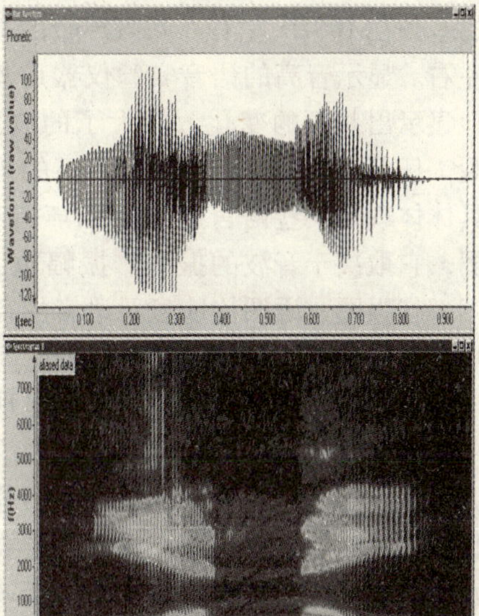

niánnèi

图 3－20　liánlèi 与 niánnèi 的波形图、语图

从图 3－20 的波形图、语图可以看到，这两个词语开头的 lián 中的 l 和 nián 中的 n 是发得很好的，l 的断层非常明显，n 的逐步过渡也非常明显，可以判定为正确。但后面 lèi 中的 l 和 nèi 中的 n 区分就不是很明显了，应是受到韵母 ián 的韵尾 n 的影响，可以判定为缺陷。

由于发音人的千差万别，由于语音的千变万化，根据辅音的噪音形式，辅音的时长，辅音强频区的频率范围，辅音的强频区的下限频率，辅音浊音的时长，辅音共振峰的模式，紧跟辅音后的元音共振峰模式等辨析辅音的声学特征，还有较大的局限性，只有在辨析过程中，充分考虑各方面的综合因素，借助实际听辨等其他有效的方式，才能更加科学准确地分析、合成和识别具体的语音。

第四节　普通话韵律的声学特征与正误辨析

一　韵律的声学特征

韵律是音质以外的语音特征。任何语言，除了有元音、辅音等从音质角度分析出来的要素外，还有从音高、音强、音长等非音质角度分析出来的语音要素，这些非音质语音要素形成的语音特征就称为语音的韵律。韵律的声学特征就是从言语声学的角度分析得出的音高、音强、音长的具体特征。

音高是声音的高低，它取决于音波的频率。语音的音高取决于声带振动的基频。基频越高，声音也就越高；基频越低，声音也就越低。一般说来，男人声带的基频在100Hz左右，女人声带的基频在200Hz左右，儿童声带的基频在300Hz左右。显示音高的语音实验仪器是音高计，音高计作出的音高图，能清晰而直观地显示出基频的变化。放大了的波形图、语图也能显示音高的变化，但不够直观。任何语言都有音高，但音高的具体表现形式有各自的特点。音高在语言中的具体体现是某些语言所具有的声调和任何语言都具有的句调。音强是声音的强弱，它取决于音波的振幅。振幅越大，声音越强；振幅越小，声音越弱。波形图、音强图、语图均能显示语音的音强，尤以音强图最为明显。音长是声音的长短，它取决于发音体持续振动的时间，波形图、音强图、音高图、语图均能显示语音的音长，二维的频谱图不能显现音长。

语音的韵律是加在音质之上的语音特征，主要有声调、轻重音、长短音、语调等。韵律的具体表现形式千差万别、千变万化，在一定范围内的高低、强弱、长短的相对性，是各韵律要素的重要特征。从韵律与音质的关系来看，二者是相互影响、同时出现的。从韵律内部来看，各非音质要素也是相互影响，同时出现的。

普通话每个元辅音及其相关的韵律特征，在不同的语音环境里是不一样的。普通话水平测试的内容分为读单音节字词、读双音节词语、朗读、说话等四个部分。在读单音节字词的时候，可以读得清晰一点，明显一点。在读双音节字词的时候，就要考虑语流音变及其相互间的影响，具体要求与单音节字词就不一样。在朗读和说话中，由于各种语音因素相互作用，有的标称韵律（特别是调值）与实际韵律相差较大，发音清晰，自然流畅就成了判定发音是否正确的主要标准。由于受主客观条件的限制，有关普通话韵律的描述在很多情况下并不是很清晰、很准确的。在进行普通话韵律辨析的时候，就不能按图索骥，削足适履，只能因势利导，顺其自然，通过具体实验，还普通话韵律的本来面目，认可这些客观存在的语音特征。又由于韵律具有易变性，每一个人的发音不可能是完全相同的，因而在认可一个具有普遍性正确模式的前提下，应该具体情况具体分析，允许有其他正确的韵律模式存在。这应是普通话韵律正误辨析的基本原则。只有这样，才能探求语音韵律的具体模式和数据，正确进行普通话水平测试评判。

Speech Analyzer 1.5 Version 语音分析软件具有示波器、语图仪、音高计的功能，同时克服了只能分析 2.56 秒时段的局限，既能进行长达 30 分钟的语流的语音分析，又能观察到几毫秒的语音现象。该软件在韵律分析方面有较强的优势，可以使得较长语流的音高、音强、音长的分析得以实现，有关图形数据一目了然。由于该软件的良好功能，要直接从音波图、音强图、音高图、语图分析出它们的声学特征并不困难。难的是语音的韵律特征千变万化，正确的发音可以有多种模式，常常因人因音而异。因而最好的普通话韵律正误辨析的方法是：让不同的人读相同的语音材料，从中确定一个具有共同特征的语音标准，其他的发音则以这个标准作为尺度，分别确定是发音正确、发音缺陷、发音错误，方言语调不明显、方言语调明显等。这样可以从繁杂的韵律中迅速理出头绪，正确进行评判。

二　普通话单音节字词韵律的声学特征与正误辨析

（一）普通话单音节字词的韵律主要体现在声调上

声调是某些语言中每一个音节所固有的能区别意义的相对音高。声调最能体现韵律的相对性。人耳对声调的感知也主要是音高的相对差别，而不是绝对差别。只要在发音时音高的相对差别大体相同，人们就能得到相同的声调感知。某一个声调的绝对音高，也只有位于一定的声调系统中，在与别的声调的比较中，才能体现出自己音高的相对差别，也才具有区别意义的价值。当然绝对音高的变化可以体现调形，是声调客观数据的具体体现，在单独分析时也有一定的意义。

音节的相对音高及其变化的实际情况是调值。调值一般采用“5 度标记法”来表示。由于调值的确定和调值的变化是相对的，不是绝对的，所以只有通过比较才能确定调值。又由于人耳对音高差别的感知是呈对数性的，所以要准确地测定调值，首先要用语图仪、音高计或示波器等，测出各个音高变化的频率值并把这些频率值换算成对数值，然后把最高频率的对数值与最低频率的对数值的差五等分，得出每 1 度的对数值范围，最后将各频率的对数值换为 5 度值。较早的语音分析软件 Speech Analyzer 在显示音高的时候采用的频率尺度是算术级数，新版的 Speech Analyzer 1.5 Version 语音分析软件注意到了这个问题，采用对数显示频率尺度，这使得 5 度调值在音高图上可以一目了然。

（二）普通话声调的调值

汉语普通话阴平、阳平、上声、去声 4 个调类，其调值常因人和语音环境的不同而有一定的变化。阴平可以是［55］、［44］，阳平可以是［35］、［25］、［325］、［425］，上声可以是［214］、［213］、［212］，去声一般是［51］。在实际的音高测量中，普通话4个调类的调值与传统语音学的标称调值常有一定的区别。图3－21为某女性测评员在发普通话单元音韵母i时的4声音高显示。经过多次实验，其他人的4声调形的相对变化也基本是这样的。

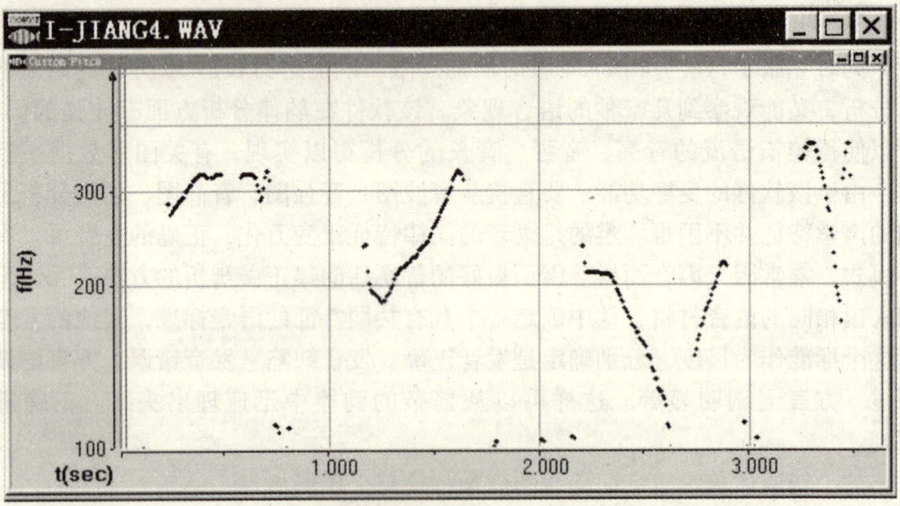

图3－21　某女性测评员普通话单元音韵母i的4声音高图

根据图3－21，普通话4个声调的调值可以描写为：阴平55，阳平35，上声313，去声52。在单音节字词的评判中，只要声调的调形和相对高低体现出图3－21的总体模式，即可判为正确，而不宜过分强调调值的起点与终点是否到位。

三　普通话双音节字词语韵律的声学特征与正误辨析

双音节词语由于前后音节的相互影响及相互比较，相对性较单音节词语更为明显。汉语普通话双音节词语的韵律在原声调的基础上，主要体现在变调、轻声上，轻重音的问题并不明显。

（一）变调

变调是前后音节相互影响而发生的相对音高的变化。实际上，变调是普遍存在的，只是上声变调更为明显。图3－2为同一女性测评员在读普通话4声不同组合的双音节词语时，相对音高变化的实际情况，具体的词语是：阴平——诗歌，诗词，诗海，诗句；阳平——实施，实词，十五，实际；上声——好诗，好词，好美，好处；去声——誓师，事实，事理，事例。

从图3－22可以看到普通话双音节词语除了人们熟知的上声变调外，还有这样一些变调特征：

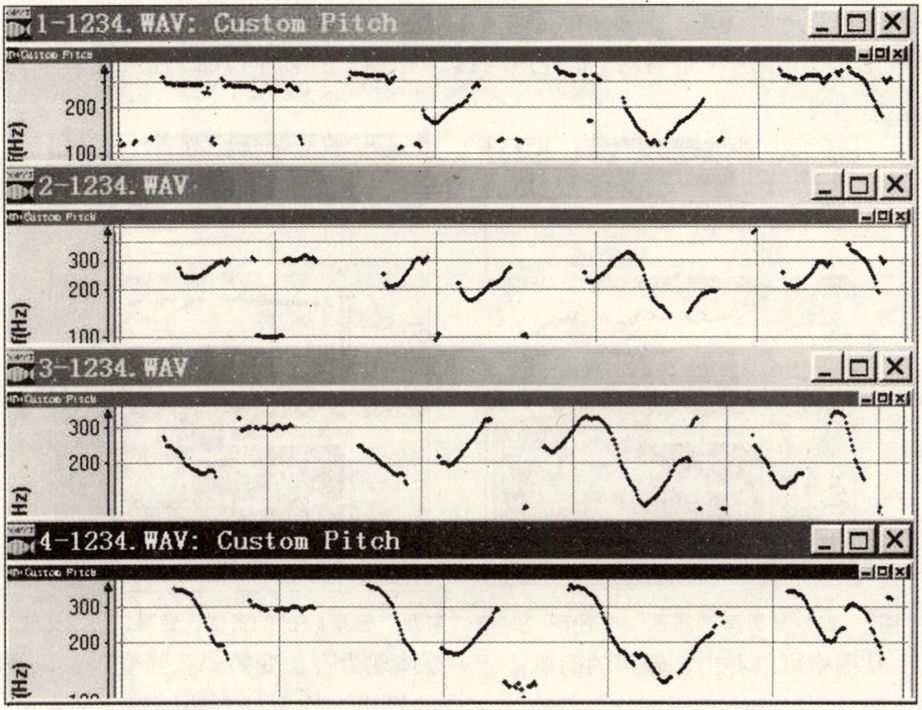

图 3－22　某女性测评员普通话双音节词语 4 声组合的音高图

1. 前一音节的阴平，调值均为最高，调形为平略降；后一音节的阴平，实际调值均普遍比单念调值偏低一点，特别是去声后的阴平，相对较低。

2. 前一音节的阳平，实际调值的起点均比单念调值的起点高一些，终点则低一些，调形为升势；后一音节的阳平，实际调值的起点均比单念调值的起点偏低一些，终点则不尽相同，调形为升势。

3. 前一音节的上声，实际调值的起点均比单念调值的起点高一些，终点也高一些，调形为降或降升势；后一音节的上声，实际调值与单念基本相同，中部为相对音高的最低点，调形为降升。

4. 前一音节的去声，实际调值的起点均为最高，终点为半低，与单念调值相同，只是去去相连时终点较高，调形为降势；后一音节的去声，实际调值与单念基本相同，只是去去相连时起点较低，调形为降势。

从以上分析不难看出，双音节词语声调的判定不同于单音节字词，只要相对音高的位置和调形大体正确，就可以判为正确。实际测试的结果也证实了这一点——读词语的得分一般均比读单字的得分高。

（二）轻声

汉语普通话的轻声，不仅表现为短而轻，音高、音质也有变化，是语音 4 个言语声学要素相互影响的集中体现。汉语普通话轻声的调值，一般认为与轻声前一个音节的声调有关，实际情况较为复杂，应具体音节具体分析。图 3 – 23 是某男声在读“东西”（东与西）非轻声与读“东西”（某种物品）轻声的音强、音高、语图比较。

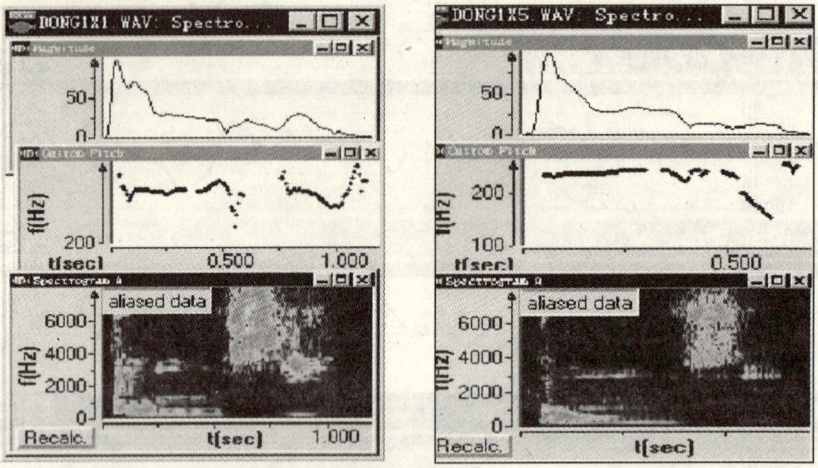

图 3 – 23　某男声“东西”非轻声(左)与“东西”轻声(右)的音强、音高、语图比较

从图中可以看出，轻声的韵律特征主要体现为音长变短，音强变弱，音高顺势下降，同时音质有所变化。符合这 4 点的轻声，均可评判为正确。如有 1、2 点不符，可判为缺陷。3 点以上不符，就应算是错误。

汉语普通话双音节词语的轻重音格式，有人提出过一些模式，但无可靠的言语声学数据支持。音强是形成轻重音的重要因素，音高、音长、音质对轻重音也有影响。由于汉语普通话的轻重音一般并不具有区别意义的作用，在普通话测评中，应具体情况具体分析，不宜过分强调。图 3 – 24 是“引进”一词男(左)女(右)声的波形、音高图。

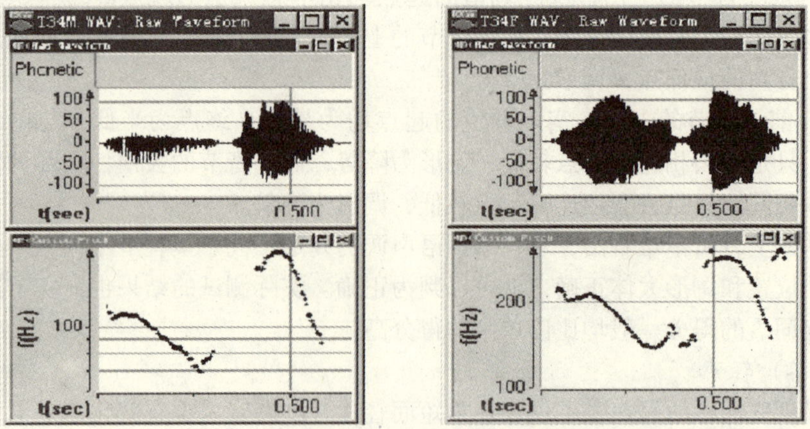

图 3 – 24　“引进”一词男(左)女(右)声的波形、音高图

图3－24显示“引进”一词男女声的相对音高大体相同，但二者的音强格式不同。男声是“轻重”格式，女声是“重重”格式，两种格式都应该是正确的，都应该评判为正确。

四　普通话语调的声学特征与正误辨析

（一）语调

语调是一个人在说话、朗读时的韵律。由于是较长语流、朗读、说话的韵律变化尤其明显。在连续的语流中，一个音因受其前后语音环境的影响而发生的变化叫语流音变。由于语流音变的存在，每一个音素及其韵律在具体语流中的读音与单独念时的读音很不一样，一般是相互衔接，顺势简化。

语调是一句话或一个语言片段语音上的韵律，是说话人的语气和腔调。语调反映了说话人的思想感情和主观态度。同一句话用不同的语调说出来，会在表达内容和表达效果上产生很大的差异。适当的语调能更加有效地表达和沟通交际双方的思想感情，取得良好的交际效果。语调由音高、音强、音长等非音质语音要素构成，有时也会影响到音质，主要有句调、句重音、强调重音、语速、停连等内容。任何语言的每一个句子都有语调。

句调是语调的主要内容，是全句音高变化的总体趋势。句调在句尾表现得最为明显，一般情况是升调表示疑问，降调表示陈述。

汉语是有声调的语言。当一句话的句调与该句话中各个音节的声调结合在一起时，音高、音强、音长的变化错综复杂。从具体的音节来看，各音节的调值会因前后音节的声调和全句的句调的影响而发生一定的变化。一般的情况是以双音节词为语调的基础，调型顺势简化，前后音节调值的过渡尽可能平滑，并有宁低毋高的趋势。各个音节的调值变化仍能区别意义。从整句话来看，音高变化的总体趋势仍很明显，句尾升降调的音阶会高一些或低一些。

句重音又叫“节律重音”、“结构重音”，是在一句话或一个音节群中，某个或某几个音节发音突出而形成的重音。句重音往往与句子、词组的结构有关。强调重音又叫逻辑重音，是为了强调句子中的某一内容而把某个或某几个音节说得较明显的重音。强调重音与表达的内容密切相关，提供的是说话者需要强调的意义信息，视不同的具体情况而定。

语速是说话的快慢，主要包括各个发音的长短、停顿时间的长短等。语速受语言音节结构的类型、使用该语言民族的言语交际习惯、个人言语的风格以及表达的思想内容等多方面的因素影响，常因语言因人而异。

在语调中，还有一个与强弱、长短、快慢均有关的节奏问题。节奏是语调中，各音节之间的强弱、长短、快慢的关系。说话时的节奏要求，虽不像歌唱时那样鲜明和严格，但也应自然明晰。一句话节奏掌握得好，说起来自然流畅，听起来舒服顺耳。如果节奏不对，则说话人和听话人都会感到别扭。

语调在表达句子意义和思想感情方面起着重要的作用。

（二）普通话语调的特点

普通话语调的声学特征千变万化、错综复杂，更应该具体语句具体分析。图3－25是某男声用陈述语气与疑问语气读“咱们现在就回家”的音强、音高和语图比较。

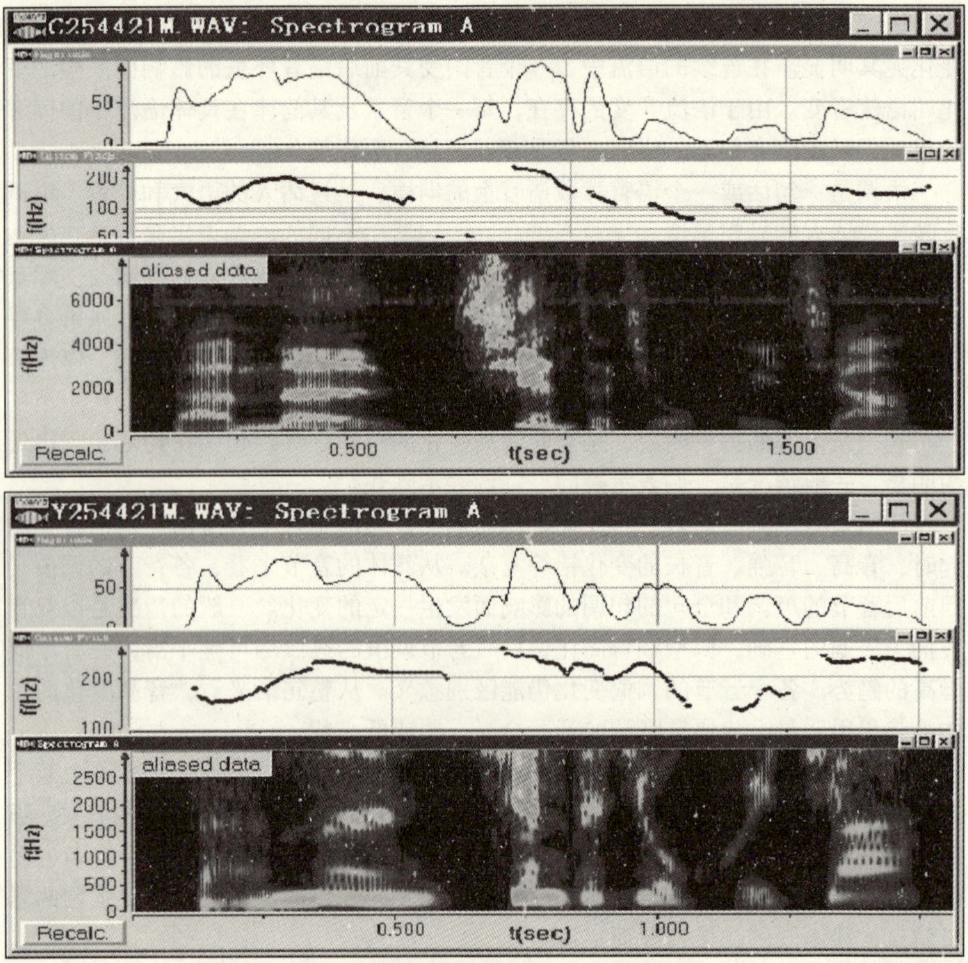

图3－25　某男声“咱们现在就回家”陈述语气(上)与疑问语气(下)的音强、音高和语图比较

从图中我们可以看到该例句的语调有这样一些特点：

1. 从音强的变化来看，陈述句、疑问句的总体趋势都是由强到弱。但陈述句减弱的相对较多。“咱们”由于位于句首，均为“重重”格式，轻声音节“们”的实际音强较强。“现在”分别为“重重”和“重中”格式。“就回家”由于在句末，分别为“轻轻中”格式和“中中轻”格式。轻重格式总的服从由强到弱的变化。

2. 从音高的变化来看，陈述句的总体趋势是下降，调域为70—220Hz，各音节在自己原调的基础上顺势简化，特别是“现在就”3个去声依次降低，顺势变化的特征尤其明显。疑问句的总体趋势较平，并且有整体抬高的情况，调域为120—300Hz，各音节在自己原调的基础上整体抬高的情况较为明显。特别是句末的“家”比陈述句升高了100Hz。

3. 从音长来看，“们”的音长最长，“家”的音长次之。形成“咱们”、“现在就”、“回家”3个音节群，其长短格式为：中长，中短短，短长。

另外，从音质的变化来看，各音节基本保持了自己的元辅音特征，但有一定的简化。显然，这句话的陈述语气和疑问语气还可以有其他正确的发音模式。只要音节群停顿得当，音强、音高的总体走势正确，自然流畅都可以评判为正确。

总之，在普通话韵律的评判当中，只要注意韵律出现的语音环境，注意韵律变化的趋势，把握住韵律的总体模式，在以一个具有普遍性特征的正确模式为主的前提下，允许有其他正确的模式存在，具体情况具体分析，就能对千变万化的韵律特征，作出正确的评判，提高普通话水平测试的测评质量。

第四章 普通话水平测试的教育统计与教育测量研究

教育统计与教育测量是采用定量分析的方法，对各种教育现象和教育问题进行客观的科学的研究的一门应用科学。普通话水平测试是一个新兴的较为复杂的语言测试系统工程，同样需要教育统计与教育测量的理论和方法的指导。《普通话水平测试大纲》作为我国普通话水平测试的总纲，它在测试理论、测试内容、测试数量和测试方法等许多方面均需要教育统计与教育测量相关理论数据的支持。普通话水平测试作为一种语言测试，本身具有测试对象的广泛性和测试实施的特殊性的特点，只有通过教育统计和教育测量的理论和方法，才能得出确切而非经验的各项量化指标，才能进行精确的测试，才能进行科学的、更大领域的判断和预测，提高普通话水平测试的科学性、准确性。普通话水平测试的是被试者的语言能力，它是被试者的语言知识、智力、才能及其大脑活动等等复杂的心理外现，应该以传统的经典测量理论为基础，进一步吸收适应普通话水平测试的新的测量理论，并根据被试者的话语行为和反映，对被试者的普通话能力水平作出科学、客观的测定。

第一节 教育测量学的基本原理和方法

一种良好的测试应该具备这样一些条件：试题的类型应与测量的目的相适应；所拟试题应具有代表性；试题要有合适的难度和区分度；试题的结果要明晰、准确，不会引起误解；测试的结果要具有可靠性和有效性；测试要宜于实施，易于评分，便于统计检验，在人力、物力和时间方面，符合经济性原则。测试应该具有可“重复实验”性，在相同或相近条件下进行的多次测试其结果应该是大致相同的。由于普通话水平测试口语测试的特点，要达到这样的要求有一定的难度。

任何一种测试，都离不开统计和测量的问题。教育统计与教育测量是普通话水平测试的基础，是普通话水平测试研究中的重要问题。教育统计是教育测量的重要前提，教育测量是教育统计取得数据的过程，也是教育统计的延续。在进行测量后，将得到大量的原始数据资料，对这些数据资料进行科学的统计分析，从纷繁复杂的原始数据中，发现一般的规律，进而对教育工作作出评价，以便改进提高，这是教育测量的目的。教育统计与教育测量是相互联系、密不可分的辩证统一体。教育统计与教育测量是普通话水平测试的重要理论基础。没有科学的统计手段，语言测量是无法进行的。目前，随着电子计算机技术的发展和普及，为定性与定量相结合的分析研究提供了可能，可以满足对普通话水平测试愈来愈高的精确化、科学化、规范化的要求。

一　教育统计的一些基本概念

教育统计学，是把数理统计学的原理及其方法应用于研究教育问题的一门应用科学。它对教育调查和教育实践中所获得的数据，进行整理、计算、分析与解释，并以此为依据，进行科学推断，从而揭示教育现象所蕴涵的客观规律。统计学使得我们可以分析复杂的数值型数据，并从中作出推断。

统计一般分为描述统计和推断统计。

描述统计又叫描写统计。人们对描写统计中的平均数、标准差、相关系数等统计数据加以整理，使之有序化、明晰化，制作成次数分布表或分布图来反映对教育现象进行的全面观测和调查，并从这些数据的分布特征，如集中趋势、离中趋势、相关程度等计算出平均数、标准差、相关系数等概括性的统计量数，以便从杂乱的原始数据中获得有意义的信息，进行比较，把握现象的本质，作出结论。

推断统计又叫抽样统计，推论统计。推断统计以描述统计为基础，用从总体中抽取出有代表性的样本的方法，根据样本数据推断总体的特性，并标明可能发生的误差。推论统计可以通过有限的人力物力，对统计的现象的总体给予科学的、量化的判断。推断统计对样本得出的统计量进行推断，从而得出总体的有关特征。统计检验，就是对样本的特征量能否反映总体特征的问题，或两种不同样本数量标志的参数的差异性问题，作出定量分析与推断。在推断过程中，必须进行相应的“显著性检验”等统计分析工作，即利用U检验、T检验、X2检验和非参数检验等，进行统计分析检验，对所研究的问题做出解释、预测或评估。

教育统计的描述数据有集中量数、差异量数、相对位置数、相关系数等。

集中量数是描述集中趋势的统计量。常用的集中量数有算术平均数、中(位)数和众数。算术平均数，简称平均数、均数或均值。中数，是依一定顺序排列的一组数据居中间位置的一个点的数值，所以又叫中位数。众数是指一组数据中出现次数最多的那个数值。在众数甚至没有的情况下，一般可看众数段，即哪个分数段的次数多，就以该段中点值作众数。平均数是反映数据的集中趋势最普遍、应用最广泛的一种集中量数。平均数最能体现集中量数的客观量，是一种易于理解和计算的集中量数。算术平均数最为严密、可靠，较少受抽样变动的影响。作为最基本的教育统计数据，平均数有较高的可靠性，不足之处是有时易受高低两极的极端数值的影响。在实际操作时，如出现极端数据，可去掉一个最高分，去掉一个最低分，再求平均数。根据具体情况，平均数还可以加权。

差异量数是描述次数分布中离中趋势的统计量，简称差异量。一组数据，仅统计集中量数是不够的，相同的集中量可能有不同的差异量。差异量小，集中量的代表性就大；差异量大，集中量的代表性就小。要了解两组数据分布的全貌，不仅要比较两组数据的集中量，还必须比较两个组数据的差异量。最常用的差异量有全距、平均差和标准差。

全距，指一组数据中由最大量数到最小量数的距离。全距小说明数据离散程度小，比较整齐。

平均差，指一组数据内的每个数与均数差的绝对值的算术平均数，通常用 A. D. 表示。

标准差是由各个测量数据与平均数的差的平方的和除以总次数而得到的方差的算术平方根。其符号为“S”（样本标准差）、“σ”（总体标准差）。其计算公式为：

$$S = \sqrt{\frac{1}{n-1}\sum_{i=1}^{n}(x_i - \bar{x})^2}$$

或

$$\sigma = \sqrt{\frac{\sum_{i=1}^{N} x_i^2}{N\left(\frac{\sum_{i=1}^{N} x_i}{N}\right)^2}} = \sqrt{\frac{N\sum_{i=1}^{N} x_i^{\ 2} - \left(\sum_{i=1}^{N} x_i\right)^2}{N^2}}$$

S 越大表明离散程度越大，数据不均匀，集中量的代表性小。

标准差是教育统计学中较基础且最常用的统计数据之一。它是一个比较重要的、比较完善的差异量数，反映的是离中趋势，是用各数值与平均数的平均距离（离均差）来表示离中趋势。标准差是根据全部数据计算的，除了计算过程稍微复杂外，具有能反映总体数据的差异情况，受抽样变动的影响较小等特点，适用于代数方法的计算，用途较广。

相对位置数是表示某一个数值在多个群体数值中的相对位置的统计量。相对位置数便于进行不同质的测试比较。相对位置数有标准分数等。标准分数，又称 Z 分数，它是一种以平均数为参照点，以标准差为单位的，表示一个分数在团体分数中所处位置的量数，其计算方法为：由原始分数与平均分数的离差除以标准差所得的量数，其符号为“Z”。

正态分布是一种两头小中间大的数据分布，是最为常见的一种概率分布形态，正态分布符合绝大多数教育统计的情况。正态曲线直观地反映正态分布的形态。正态分布曲线如发生正偏斜或负偏斜，就应该有足够的理由说明其为什么会产生这样的情况。

相关系数是从数量上描述两个变量之间的相关程度的量数。变量之间往往存在一定程度的联系和关联，变量之间这种规律性的或系统性的关系就是相关。相关实质上就是变量之间的协变或共变，或者说是变量之间的一致性程度。相关程度可以用相关系数来表示。相关系数有三种类型。一个变量增加或减少时，另一个变量也相应增加或减少是正相关。一个变量增加或减少时，另一个变量却相反的减少或增加是负相关。两个变量的变化相互间毫无关系是无相关。相关系数用符号“r”来表示，取值范围为 -1 到 +1。r 为正数时为正相关，r 为负数时为负相关，r 为零时为无相关。相关系数因测量的数据不同而有不同的计算公式。

相关系数的计算公式是由英国统计学家皮尔逊提出的积差相关系数。

$$r = \frac{\sum (X - X)(Y - Y)}{\sqrt{\sum (X - X)^2 \cdot \sum (Y - Y)^2}} = \frac{\sum XY - \frac{\sum X \cdot \sum Y}{n}}{\sqrt{\left[\sum X^2 - \frac{(\sum X)^2}{n}\right]\left[\sum Y^2 - \frac{(\sum Y)^2}{n}\right]}}$$

积差相关公式不适宜等级评分法，而要用英国统计学家斯皮尔曼提出的等级相关系数。斯皮尔曼等级相关系数，又称为二列等级相关系数，是根据等级数据研究两个变量间相关关系的方法，是依据两列成对等级的各对等级数之差来进行计算的。斯皮尔曼等级相关系数与相关系数 r 一样，不同之处在于计算数据是等级。

$$rR = 1 - \frac{6\sum D^2}{N(N^2 - 1)}$$

式中，rR = 斯皮尔曼等级相关系数；D = 各对 X 与 Y 的差数，N = 总对数。

统计检验依据是概率论中的“小概率事件实际上的不可能性”原理，由于某个事件在实验中出现的概率很小，因而判定在一次实验中，该事件实际上是不会出现的。统计检验先对总体的分布规律作出某种假说，然后，根据不同条件和样本提供的信息即数据，从零假设出发，代入相应的公式，计算出零假设的概率。最后根据“小概率事件实际上不可能性”原理，判定零假设的概率是否是小概率事件。如零假设的概率不是小概率事件，则零假设成立；如零假设的概率是小概率事件，则零假设不成立，而备择假设成立。

统计检验有 Z 检验、t 检验、$\chi 2$ 检验等。Z 检验与 t 检验，通常用于计量资料的分析。$\chi 2$ 检验用于计数资料的分析。

Z 检验是用于样本容量大于 30 的平均值差异性检验的方法。它是用标准正态分布的理论来推断差异发生的概率，从而比较两个平均数的差异是否显著。

t 检验是用于样本容量小于 30 的平均值差异程度检验方法。它是用 t 分布理论来推断差异发生的概率，从而比较两个平均数的差异是否显著。

$\chi 2$ 检验，通常把 $\chi 2$ 读作“卡方”。$\chi 2$ 检验是通过对所得的计数资料与依据某种假设而确定的理论次数二者之间的差异来进行检验的。χ^2 值是检验实测次数与理论次数之间差异程度的指标。两者相差越大，χ^2 值就越大；两者越接近，则 χ^2 值就越小；如果两者完全相同，那么 χ^2 值就等于零，χ^2 值永远是非负值。

二　教育测量的一些基本概念

测量是为了达到某一目的，按照一定的法则给事物的特性赋予客观的数值。测量根据测量目的，对测量对象有明确的规定。测量以某种具体的形式对测量对象加以数量化。教育测量，根据不同的标准，可以有多种不同的类型。不同的测量目的，可以有与之相适应的测量方式。

教育测量对学生的学习能力、学业成绩、兴趣爱好、思想品德以及教育措施上许多问题进行数量化的测定。测量作为检查教学效果，评定学生能力水平的工具具有反馈功能、激励功能、导向功能和评价功能。良好的国家级测量，对教学具有强大的导向作用。测量是评价教育教学水平与学生成绩的主要依据。教育测量一般是通过效度、信度、难度、区分度等几个指标来实现的。好的测试，必须保证有较高的效度、信度，适当的难度和区分度。

效度是指测量的准确性和有效性，即测验实际测量出所要测量特性的程度，也就是测量的结果与所要达到的测量目的二者之间的符合程度。根据测量目的，效度分为内容效度、结构效度和效标效度。内容效度是指题目内容的代表性，测试题的内容与学科内容一致性程度越高，内容效度也就越高。结构效度是指测量结果能够说明某种理论的特征或结构的程度。效标效度，又称效标关联效度，是指测验结果与效标的相关程度。效标，就是借以参照的效度标准，一般以大纲与教材为效标。效度只有程度上的差异，要多方面、多角度地加以验证。要提高效度，必须注意控制系统误差，精心编制测题，分析测试目标，编制双向细目表，题目表述清晰明白和有较好的覆盖面，妥善组织测验等。内容效度、结构效度一般没有适当的计算方法，可采用定性的方法判定。效标关联效度一般用积差相关系数表示。

信度是指测验结果的可靠性程度，指实际测试分数与该生真实水平相关的程度。数量较多的试题，难度适中的试题，客观的评分都能有效地提高测试的信度。信度的统计可以根据具体情况采用相应的方法。信度的类型有重测信度、复本信度、同质性信度。重测信度是用同一试题对相同学生在不同时间内两次施测结果一致性程度的相关系数，重测信度的不足在于重测的成绩可能高于初测的成绩。复本信度是用两个等值(题型、题量、难度、区分度等方面都大致相同)而具体内容不同的试题，对相同的应试者两次施测结果一致性程度的相关系数，又称等值性系数。复本信度的困难在于等值的试题不容易命制。同质性信度是测试内部所有题目间的一致性程度的相关系数，又称内部一致性系数、分半信度，内部一致性系数是求同一次测验的奇数测题与偶数测题这两部分得分的相关系数。分半信度先用皮尔逊积差相关公式计算出相关系数，然后再用斯尔曼—布朗公式予以校正。

信度系数还可以用库得—理查森的点二列相关系数计算。根据各人总分的平均数和标准差求信度。该法最适用于求客观性试题的信度。

$$r_p b = \frac{\bar{X}_p - \bar{X}_q}{\sigma_t}\sqrt{pq}$$

式中，r_pb 为整个测验的信度系数；p 为各题正确反应人数占总人数的百分数；q 为各题错误反应人数占总人数的百分数；σt 为各应试者各题的得分和方差。

影响信度的因素很多，要多大的信度系数才合适，要看测量的内容而定。一般认为，标准学业成绩测试要求信度系数在 0.90 以上，智力测验的信度系数要求达到 0.85 以上，而个性测验和兴趣测验的信度系数只需达到 0.7 至 0.8 之间就可以了。

难度是指测试项目的难易程度。在客观性试题中，难度是用答对该题人数与参加测试总人数的比值来表示的。在主观性试题中，难度是用该题的平均分与该题的总分之比来表示的。难度的值在 0 至 1 之间，当所有被试者都答对时，该试题(项目)的难度为 1；当所有被试者都答错时，该题的难度值就是 0。难度值愈接近 0，测试的难度就愈大。

区分度是指试题对被试者实际水平的区分程度。区分度是评价试题质量、组题制卷的主要指标和依据。区分度的取值范围在 -1 至 +1 之间。区分度值愈大，说明该题的区分能力越大。区分度值为 0，表示该项目没有区分能力。区分度为负值，则表示该题不仅没有区分能力，反而起了干扰正常区分的作用，这样的题目坚决不能要。区分度采用相关法计算题目得分与总分的相关，有多种计算方法。积差相关系数适用于多值计分题目(如简答,论述)，点二列相关系数适用于二值计分题目(如选择,填空,判断)。高低分组法以高分组和低分组在特定题目上得分率之差作为衡量区分度的指标。27% 的高分组的平均分减去 27% 的低分组的平均分的差与题目满分之比即为高低分组法得出的区分度。高低分组法的区分度易于理解和解释，适应面较广，但计算较为烦琐。

测试试卷的信度、效度、难度、区分度之间的关系错综复杂，视不同类型的测试而定。测试中题目的总体难度过高或过低，都会导致测验的总体区分能力降低。从测试理论上看，中等难度的题目有较好的区分度，故一般的情况下，中等难度的题目应占 40%—60%。

三　普通话水平测试的教育统计与教育测量

普通话水平测试的特点决定了普通话水平测试比其他测试更需要教育统计和教育测量的数据支持。目前采用的主要测试形式是直接面试的评分和间接面试复审，这样的方式具有诸多优点：面试时有一定的交际真实性，测评员能直接观察到考生的面部表情和体态语言；测评员可以根据实际情况，在测评中对被试者适当进行调控；复审可以由经过训练的专业人员在方便的时间地点进行；测试时的同步录音可以反复审听，同时保证了测试的准确性与公正性。但也存在被试者的水平发挥受测试员的水平及情绪的影响，大批被试者在某一模式中进行考试，缺乏交际的真实性等问题。

（一）普通话水平测试的教育统计研究

在普通话水平测试中，需要解决的教育统计的问题有不同地区、民族、被试者、测评员的基本的平均数、标准差等这样的集中量数和差异量数。在普通话水平测试中，可以通过教育统计中的这些量数和指标，就所关心的问题进行全面的调查和观测，然后将所得的大量原始数据加以整理、减缩、制成图表，并就这些数据的分布特征，计算出一些具有概括性的统计数字。借助这些数字资料，就可以从杂乱无章的信息中取得具有参考借鉴价值的资料，进而利用推断统计对未知的情况作出预测，以利于对普通话水平测试进行科学的管理和实施。

（二）普通话水平测试的教育测量研究

教育测量学是研究如何测量应试者的学业成绩、学习能力以及教育上许多措施的实际效果等问题的一门科学。普通话水平测试作为一种标准化考试，从教育测量学的理论来看，首先明确的是以什么样的教育测量理论作为普通话水平测试的理论基础，即采用什么样的教学模型来进行普通话水平测试。其中，难度、区分度、信度、效度是教育测量的几个基本数据指标。用它们作为指导在命题、组织实施和评分三个环节中推行标准化、科学化，尽量减少各种无关因素诸如测评员、受试者的个体差异及测评操作政策性调整等主观因素对考试目的的影响，使测试结果准确可靠，使不同的考试分数具有可比性，并用来比较其他的测试。为了能更准确地测量出每个不同的个体的实际水平，就应该从教育测量学的角度将信度和效度在普通话水平测试中就得到体现。这对维护普通话水平测试的公平性意义重大。需要解决的教育测量学中的问题有不同测试内容、手段、方法的信度、效度、区分度、测试难度等最基本的教育测量数据解释，并且应用教育统计和教育测量中的推论和预测去把握更大更多的普通话水平测试的宏观和微观的问题。开展大规模的普通话水平测试，测试之前必须有较高的测试题目或项目的信度指标，这些指标应从实验中得出，从而保证试卷信度的科学性、客观性。

第二节 普通话水平测试的教育测量理论

一 普通话水平测试的类型

（一）普通话水平测试的语言测试的类型

普通话水平测试是一种语言测试。按照国外语言学界的划分方法，语言测试在其发展的过程中一般分为三个阶段。20世纪50年代前的语言测试，以经验主义为其理论基础，对社会文化的发展曾起到了一定的积极作用，但是，这种测试是主观性的题量少，覆盖面窄，评分标准不一，没有科学的定量分析，很难保证测试的准确性、科学性，因而这一阶段称为前科学阶段。第二阶段（20世纪50年代至70年代）的语言测试称为心理—结构主义测试。它以结构主义语言学和教育测量学为理论基础，以心理实验为手段，利用数理统计的原理，进行定量分析。由于注重测试的精确性和测试标准，心理—结构主义语言测试逐步排除了试题编制的片面性和评分的主观经验性，使语言测试进入了客观测试的新阶段，以后又进一步发展为标准化考试。机械性是心理—结构主义测试的最大弱点，它违反了语言使用的社会性、灵活性。在20世纪70年代后期，出现了综合—社会语言学的测试方法，从而使语言测试进入到第三阶段。综合—社会语言学的测试方法以现代语言学中的社会语言学、应用语言学、语用学等为理论基础，以测试语言的使用能力为目的，以尽可能真实的语言环境和交际活动为测试手段，强调语言的整体综合测试，注重语言的客观的统一标准，对心理—结构主义测试作了较大的修正和补充，使语言的测试又前进了一大步。但是，语言测试毕竟不是语言交际本身，综合—社会语言学的测试方法也还需要不断完善。目前在国外享有盛名的"TOEFL"和"GRE"考试主要仍沿用心理—结构主义测试的方法。在我国，经过多年的研究实验，比较成功的语言测试有出国人员外语水平考试WSK，各级大学英语水平考试CET，外国人学汉语的汉语水平考试HSK等。

作为语言测试的普通话水平测试，应该遵循有关的语言测试的理论和方法，但它与国外的TOEFL（托福），国内的WSK（外语水平考试）、HSK（汉语水平考试）等第二语言的测试又不大一样。普通话水平测试在测试的性质、内容、重点、难点、对象、方法等方面都有自己的特点。

目前国内通行的语言水平测试大多是外语水平测试，而普通话水平测试对大多数中国人来说，是第一语言的测试，这一特性使普通话水平测试区别于把汉语作为第二语言的HSK考试。

（二）普通话水平测试的教育测量类型

从教育测量学的角度来看，普通话水平测试属于学业成就考试，它是在一个比较明确的、相对限定的范围内对学习结果的测试，其功能主要属于证书考试，达到不同的标准，发给不同的等级证书。学业成就考试有两种检测方式，衡量应试者相对水平的“常模”参照性测试和衡量应试者实际水平的“目标”参照性测试。“常模”检测每一个应试者个体在集体中的相对位置，采用标准分等形式，使考试成绩的评定达到高度的数量化、客观性和可比性。这种测试有“两头小中间大”的正态分布原则，不能检测应试者实际水平的提高，也不能起到诊断学习的缺点、难点，调节努力方向的作用。“目标”参照性测试，也称“水平测试”、“标准测试”。它能准确地衡量应试者对某种知识和能力掌握数量的多少，应试者的成绩是以各个体对预定的各项学习目标完成的数量来确定的。目标参照性测试有助于提高应试者学习的目的性，能充分发挥测试对教学的反馈作用，从而使考试成绩成为实现教学目的的强大动力。《普通话水平测试大纲》指出：普通话水平测试测查应试人的普通话规范程度、熟练程度，认定其普通话水平等级，属于标准参照性考试。这就清晰地表明，普通话水平测试是一种目标参照性测试，它是在一个比较明确的相对限定的范围内对应试人员进行的普通话所达到的标准程度的考试。它注意的是目标完成数量的百分比，而不是检测应试者在团体中的相对位置。

（三）普通话水平测试的测试方式

《普通话水平测试大纲》规定：普通话水平测试以口试方式进行。TOEFL，WSK，HSK 等考试，大多是以书面形式为主，辅之以听力的第二语言的测试。普通话水平测试对大部分中国人而言，它是第一语言的测试，同时又是完全的口语测试，是对以汉语为第一语言的使用汉语方言的人们进行的一种对汉语标准语——普通话掌握程度的口语测试。普通话水平测试不同于其他语言测试的主要之处在于它是完全的口语测试。口语检测的易变性，成绩评定的主观性，测试形式的个别性对普通话水平测试提出了很高的要求。只有针对这些特点，拿出具体有效的措施，辅之以高科技手段，把可能产生的各种误差减小到最低限度，普通话水平测试才有科学的前提，测试的严肃性、公平性才有保证。

二　普通话水平测试的教育测量理论

要实施普通话水平测试，建立普通话水平测试题库，从教育测量学的角度来看，首要的一点就是要明确以什么样的教育测量理论作为普通话水平测试的理论基础，即采用什么样的数学模型来进行普通话水平测试。普通话水平测试教育测量理论研究的目的是促使普通话水平测试进一步地规范化、标准化，使普通话水平测试具有较强的公平性、可比性、适用性和可操作性，同时对普通话教学有良好的反馈和指导作用。

目前，国内外比较流行的教育测量理论有“经典测量理论”（CTT）和“项目反应理论”（IRT）和较新的概化理论（GT）。

（一）经典测量理论（CTT）

经典测量理论在测试的编制和应用中有着非常重要的地位。经典测量理论认为考生的能力水平是一个真分数，把考生的成绩作为真分数的估计值，把考生在团体中的相对位置看做其能力水平的函数，并以此来确定题目的难度、区分度等数值，其数学模型的主要参数是样本的平均数、标准差、相关系数等。经典测量理论的数据解释容易为人们理解，有着广泛的社会基础。这种理论的最大局限在于，各种数据的获得有赖于考生团体样本的选取，抽样不当，就会严重影响数据的准确性。同时经典测量理论的理论框架本身就有着先天的缺陷：它的真分数理论假设的可靠性存在已经受到人们的质疑，它的信度估计较为笼统，不能分解，而且精度不高。

（二）项目反应理论（IRT）

项目反应理论认为，考生对一个项目的反应，是项目的难度水平和其能力水平的函数。可以通过测试成绩（对项目的反应）去确定考生的能力（特征、倾向），并估计出具有此能力的考生的分数；然后又可以用分数去预测和解释项目和测试的成绩。项目反应理论以考生对题目的作答概率为媒介，把考生对项目的反应看作其能力水平的函数，并以此来确定题目的难度、区分度等数值，其数学模型的主要参数是题目反应曲线的特征参数。项目反应理论不受团体样本的影响，具有线性变换下参数估计的不变性，测试具有很高的精确性。但这种理论的计算甚为复杂，有关数据的理解较为困难。

（三）概化理论（GT）

概化理论是在经典测量理论的基础上发展起来的以标准方差分析为基础的一种新的教育测量理论。概化理论把由测验环境引起的误差从总的误差中分离出来，补充和避免了经典测量理论中由于理论和方法的局限而导致的不足。

概化理论认为，测量的根本目的并不是为了获得特定条件下可能得到的结果，而是要以此来推断更为广泛的条件下的测量结果。真正应该关心的并不是考生的得分或等级，而是考生的实际能力。测试应该研究对考生能力推断的准确性。概化理论有两大部分—G 研究和 D 研究，即概化研究和决策研究。第一步 G 研究，根据研究的目的，明确观测全域和测试的实际结构，运用 ANOVA（单因素分析法）技术将测试的总变异分解成多种变异分量。这里的观测全域是指测试中的题目、题量，测试方法，测试人员（包括考生和测试员），测试环境等与测试有关的各种因素。第二步 D 研究，明确概化全域和设计结构，使用 G 研究中估计出来的各种变异分量，计算样本均值的变异分量，求出测量的相对误差和绝对误差以及概化系数和依存指标，并以此为依据评价测验质量。

三　概化理论与普通话水平测试

普通话水平测试是口语测试，具有较多的相关侧面。概化理论更能适应普通话水平测试的特点。

概化理论是基于标准差分析来研究信度的测试理论。在普通话水平测试中，需要考虑的题目因素是多个的，单字、词语、朗读、说话都要作一一的统计和分析，而且每个题目的测评打分又有多个层次。究竟哪些因素是与被试的真实成绩最有关联，最有影响的因素？各个题目和层次之间究竟有多大的相互作用？解决这类问题就需要统计学中的多因素标准差分析。

就普通话水平测试而言，采用不同的题目题量测评得到了考生的不同分数。导致这种不同分数的差异的基本来源有两个：随机误差和实验条件。随机误差（如测评员的评判误差）造成的差异，称为组内差异；实验条件（如不同的测试题目）造成的误差称为组间差异。组内差异和组间差异除以各自的自由度得到组内均方和组间均方。这时会有两种情况：一种情况是组内差异和组间差异相等。此情况说明各种测试成绩都来源于同一总体，实验研究的各种题目没有差别，可以选用任意的题目（以及题量）来施测；另一种情况是组间均方远远大于组内均方。由于组间均方是由误差和不同的测试题目共同作用的结果，所以此种情况说明各种测试成绩来自不同的总体。然后研究组间均方和组内均方的比值 F 分布，用 F 值与其临界值比较，推断样本是否来自相同的总体。

概化理论使用标准差分析来分解和估计标准差成分，从而进一步考察测量的信度。经典测量理论的标准差分析方法，它只能得到一个笼统、模糊的测量误差。而概化理论作为一种“新的技术”，可以弥补它的不足之处。对于组间均方远远大于组内均方的情况，需要进行检验。如果检验的 P 值 0.05，则推翻原假设，说明测试成绩来自正态总体，说明用各种测试题目（和题量）测试造成的平均数值有统计意义，测试如果选用不同的题目及题量来进行施测，将得出不同的分数和等级。P0.05 则承认原假设，测评来自相同的总体，各种题目和题量无须考虑，任选即可。

概化理论是一套基于心理测试上的标准差信度分析普通话水平测试的测评信度除了与测评员有关系外，还会受到诸如测试项目、受测者的水平、试卷的种类以及它们的相互作用等诸多因素的影响。概化理论所具有的可以将测试总误差分解为多种变异分量的特点，使之能够很好地适应普通话水平测试。

测评员自身对于测评项目的标准度的把握和认识不同，各自对语音的可察觉感受性不同，以及心态、注意力、情绪等的不同都会引起不同的判分，产生给分不一致的现象，导致测评信度降低。通过统计分析，可以对测评员的测评信度有一个总体上的了解，还能够指出某些测评员在测评上存在问题，辅以相关的其他手段还能知道造成信度偏低的原因。标准差信度分析能够在一定程度上解决测评员的信度偏低和不稳定的某些问题。

普通话水平测试有读单音节词、读多音节词语、读文章、说话等四个测试项目。测试项目的不同，也会对测评信度产生影响。测试项目的难易度、区分度，测试项目标准的把握度，测试项目之间的一致度(包括不同试卷的相同项目之间的一致度和同一种试卷内部各项目之间的一致度)，以及测试项目的概括度(也即覆盖面)等都会对测评信度造成影响。在不同的测试项目上，会有不同的测评信度，这是能够容许的，也是不可避免的，这是因项目自身的不一致性所造成。一般而言，测评员对字、词等的对错问题把握得比较清楚，给分也会相对客观，而对于说话部分的评分标准(自身就比较模糊)的把握会很不一致，给分就会相对主观。需要做的是，首先找出在不同的项目上，测评员给分的差异程度，这种差异包括两个方面，1. 每个测评员对于不同的测试项目在判分上的差异性；2. 不同的测评员对于同一个测试项目在判分上的差异性。也即组内标准差和组间标准差。接着，找出各种降低测评信度的因素，并确定方法、落实解决。某一个测评项目上的标准误差若偏大，则表明该项目有问题，最显著也最可能的问题是该项目的评分标准难以把握，解决的方法是做到尽可能的评分标准量化。如这一点做起来难度较大，另一种解决的办法是，尽量少出现那些容易产生测评差异的项目。

受测者的不同水平会对测评信度产生影响。一般的说，测评员测评时，对于那些等级偏高的受测者会格外谨慎，注意力也较集中，给分也就相对准确客观，而对于那些中间或差一些的受测者，如完全用等级高的标准去评判，那可能就会一无是处。首先要做的事是找出不同等级水平的受测者对于测评信度的影响。如果影响很低，可以不管它。如果较高，就需要想办法来解决或采用一定的方法来加以平衡，比方说，采用复查的方法。这样才能有效地降低测评误差。

试卷的种类不同，其测评信度也可能会不同，这是题库的信度问题，如果题库的信度很高，则各类试卷之间的可比较性就很高，试卷之间的一致性也就很高，则它们对测评信度的影响就相对稳定，不会发生很大的偏离。如果试卷之间很不稳定，测评员对于不同的试卷的测评信度之间有很大的差异，则说明有些试卷出得较好而有些试卷得的较差，由题库生成的试卷在项目上不稳定，也就说明题库的信度有问题。

认识和实践，都不可能超越技术和理论的局限。语言测试也一样，特定的时期，有着特定的测试方法和测试理论。有着较长研究历史、较深研究实践和诸多研究成果的外语水平测试尚且如此，起步较晚的普通话水平测试就更是这样。随着科学发展要求的不断提高，随着实践认识的不断深入，普通话水平测试将越来越面临着比以往更加广泛、更加复杂的问题，需要更多更新的理论和方法来指导。

第三节　普通话水平测试的教育测量标准

普通话水平测试的教育测量标准问题，实际上也就是普通话水平测试的信度、效度、难度、区分度、相关度等的确定问题。其中，最重要的是根据具体实验数据研制普通话水平测试标准试卷。

教育测量一般是通过信度、效度、难度、区分度和相关度等几个指标来实现的。好的测试，必须保证有较高的信度、效度、难度、区分度和相关度。信度是良好测试的必要条件，也是效度的必要条件。影响信度的因素很多，多大的信度系数才合适，要视测量内容、试题性质而定，同时与信度的计算方法也有关系。普通话水平测试这样主观性较强的测试，信度系数可以低一些。

普通话水平测试应该有一个全国统一的稳定的教育测量标准。这个标准必须有客观的科学依据，能用具体的数量反映出来。这个依据必须来源于客观的语言实际和语言测试实验。这样测试才有准确性、科学性、可比性和客观公正性。要实施普通话测试标准，就必须对普通话的三级六等标准进行科学的量化。量化本身又有一个绝对量化和相对量化的问题。绝对的量化可以明确规定在使用多少个句子、多少个词中，在说多少段话中，各等级标准的评分尺度和错误率分别是多少。但是，要做到绝对量化是有一定困难的，因为这些词、句、语段的测试量必须足够大，否则就不能反映出语言的全貌。另外，绝对量化除了考虑理论上的可行性外，还必须考虑技术上的可操作性，考虑到人力物力的可行性。

在上述困难还不可能完全解决的情况下，可以采用相对量化的方法来解决普通话测试标准的确定问题。在这方面，可以利用统计语言学的理论和研究方法，对普通话各语言单位进行定量研究。运用统计原理得出的普通话语音、词汇的频度数据，可以使人们用相对少的时间和材料，事半功倍地学习普通话和检测普通话的教学效果。根据普通话各语言要素（主要是语音要素）的出现概率组配出来的试卷，将是普通话测试的最佳样本，对这个样本实施的统一的公正的评分和评级标准，就是普通话测试的教育测量标准。由于这个标准是以普通话的语言概率为基础制定的，因而它是科学的、客观的、统一的。它能够较为准确地反映人们在说普通话时的实际情况，不存在试题偏难偏易的问题。可以说，合理的取样是解决普通话测试标准的关键，而根据分数制定等级标准则主要是一个政策性问题。

一份普通话测试试卷，如果取样合理，覆盖面广，代表性强，评分客观，那么它对不同方言区的人而言，标准就是统一的，即它是全国统一的标准。这个标准，对不同方言区的人员个体来说，难度当然是不一样的。例如，对某个石家庄人可能只有 8% 的难点，对某个上海人就可能有 15% 的难点，对某个广东人则可能有 20% 的难点。但总的来说，标准是统一的，是全国统一的标准。难点的多少反映了不同方言区的人员个体在向标准看齐时的客观差距。问题的关键在于，用同一标准的不同试卷在相同的情况下对同一个体的测试成绩应该是稳定的。当然，可以有允许范围内的误差。成绩的稳定证明了标准的稳定。根据概率标准制定的各套试卷具有测试标准统一、题目难度比例合理、语言出现概率及试题有关数据相同或相近的特点，因而是等值的。从实验来看，强调对不同的方言区的人采用不同的试卷，针对性虽然强了，却产生了难度偏大、标准多变等负面效应。普通话教学针对方言区的特点、难点，普通话测试则采用全国统一的标准，这一观点在实践中得到越来越多的专家和教师的认同。从教育测量学的角度来看，各种语言材料、各道试题、各套试卷的数据，取样范围越广，取样人数越多，就越具有代表性。同时，没有必要也不可能把全国各地的测试情况都做了取样统计分析才形成全国性的代表数据和试题。只要试题的命制符合《普通话水平测试大纲》的要求，不同试卷在相同情况下对同一个体测试的误差很小，这样一批等值的试卷就具有标准试卷的意义。测试区域、测试人数的扩大将进一步强化这个意义。

普通话水平测试是语言交际能力的标准参照性测试，其目的是通过口试获取考生的有代表性的语言样式，并按照国家标准中列出的等级对这些语言样式进行评估。由于受考试时间和有关人力物力的限制，它不可能像笔试那样考两三个小时，而必须在相对有限的时间内，尽可能准确地测出受试者的实际水平，因而，命制若干份大体等值的覆盖面广而又很少重复的普通话水平测试的标准卷，极为重要。

题量的多少，覆盖面的大小，对标准卷的制定有直接的影响。从理论上看，题目的数量越多，题目的覆盖面越广，每个题目上的随机误差将相互抵消，测试的可靠性也就越高。但是，题量的增大会延长测试时间，给测试的可操作性带来一定的困难，从中选择一个适度的量是必要的。《普通话水平测试大纲》规定了测试的各项内容和目的要求，确定了测试时间和题目数量。这些均可以通过不断的实践来进一步完善，以找到最佳的量化标准。

普通话水平测试的内容，除了在题型、题量、覆盖面等方面有具体明确的要求外，更重要的是它必须在教育测量学方面有具体明确的要求，同一标准的不同试卷必须是等值的。这些相互等值的不同试卷，在相同的条件下对同一个体的测试成绩应当是稳定的，成绩的稳定证明了标准的稳定。所谓试卷等值，主要是指若干份不同的试卷具有测试标准统一、言语出现概率相近、题目难度相等、试卷和试题的有关测量数据相同或相近等特点。

普通话水平测试难度标准的确立与难度的控制，对维护普通话水平测试的公平性意义重大。普通话水平测试的标准难度，取决于客观的语言测试实践。在取得每一个字词、每一篇朗读材料、每一个话题的难度、区分度等数据，取得每一套试卷的覆盖面、语言材料出现概率和有关的教育测量学数据之后，普通话水平测试标准难度的确定也就成为可能。普通话的等级标准，《普通话水平测试大纲》已做了明确的文字说明，规定了具体的分数量化标准。普通话水平测试的难度标准，必须反映和体现这些文字说明的内容和分数量化的尺度。选择难度较大的题目，可以使应试者低于实际的等级标准，选择难度较小的题目，又可以使应试者高于实际的等级标准。标准卷在符合言语出现概率要求的情况下，应该是难易适中、难度稳定的试卷。多大的难度才是难易适中的试卷，这个问题不取决于主观的推断，而取决于客观的语言测试实践。

普通话水平测试的成绩应与各等级标准相符并有较好的稳定性。普通话水平测试的内容对于普通话水平测试的各个等级标准，应有较强的鉴别力。普通话水平测试大纲的分数解释体系采用的是以 60 分为及格分，100 分为满分的传统习惯模式。这个模式符合我国绝大部分考生对成绩水平衡量的心理标准，易于为人接受。《普通话水平测试大纲》在等级标准上明确了 97 分(一级甲等)、92 分(一级乙等)、87 分(二级甲等)、80 分(二级乙等)、70 分(三级甲等)、60 分(三级乙等)等几个关键的分数线。在命制和组配规范卷时，应根据有关数据，适当控制全卷的各题难度比例，并在这几个分数线上，选用档次拉得开(即区分度值较大)的题目，以求获得稳定的、鉴别性较强同时又符合我国传统习惯的标准试卷，尽量避免考生因零点零几分的差别而出现等级上的差别，以维护普通话水平测试的权威性、严肃性。

普通话水平测试的内容、难度应该有相对的稳定性。普通话水平测试因受测评员、受试者的个体差异及测评操作政策性调整等主客观因素的影响，每一次测试的试卷样本不可能完全一致。几次测试的总体成绩会产生误差。为解决这一问题，可以确定某一次规模较大、相对较为合理的测试成绩作为具有代表性、稳定性的标准参照样本，其余的几次考试则根据有关连接项目反映出的情况，以标准参照样本为基础，适当进行分数及数据的校正和调整，以维护测试成绩的稳定性、可比性。

普通话水平测试制定教育测量标准的目的，是通过试题、试卷的质量分析和抽样研究，筛选、组配出能够反映普通话语音在口语中的实际出现概率又相互等值的符合国家统一标准的质量较高、数量相当的试题、试卷，以适应社会各行各业人员参加普通话水平测试的需要。

从教育测量学的角度来看，各语言材料、各个试题、各套试卷的数据，取样范围越广，取样人数越多，就越具有代表性。同时，没有必要也不可能把全国各地的测试情况都做了取样统计分析才形成全国性的代表数据和试题。只要试题的命制符合《普通话水平测试大纲》的要求，不同试卷在相同情况下对同一个体测试的误差很小，这样一批等值的试卷就具有标准试卷的意义。测试区域、测试人数的扩大将进一步强化这个意义。

总之，若干套在统计语言学和教育测量学上等值的标准试卷的产生，将是普通话水平测试教育测量标准确定的标志。这些标准卷将同时具有试卷覆盖面广，内容取样合理，语言材料的出现率与实际的语言出现概率大体相符，试卷的各项教育测量指标相同或相近，试卷各等级人数分布比例合理并在各等级的区分上有较高的鉴别能力，各测试项目难度比例合理，全卷信度、各分项环境信度和各分项内容信度合乎标准化水平考试的要求等特点。

第五章　普通话水平测试数据库建设

第一节　数据库与数据库设计

要进行普通话水平测试的语言信息处理，离不开数据库技术。开展新世纪的普通话审音工作，完善普通话语音的基本规范，制定普通话的声学参数标准，建立“普通话口语标本库”、“普通话口语语料库”、“普通话审音用知识库”、“语言资源有声数据库”，建立、改进、完善测试信息管理系统和测试题库系统，推进普通话水平测试信息化建设和计算机辅助测试试点工作，加强测试员队伍建设、确保测试质量，推动测试手段自动化的研究和实施，这些都需要我们在普通话水平测试的各有关方面建立完善的数据库系统。

一　数据与数据库

信息是事物运动的状态与方式，是物质的一种属性。信息是观念性的，要通过具体的物质形态表现出来。信息可以有多种物质形态。信息是可以度量的，并能够进行编码、转换、传输、解码、存储、分析等处理。数据是对客观事物的符号表示，是通过物理观察得来的事实和概念，是对客观事物的数字描述，是对具有一定意义的数字、字母、符号和模拟量等的通称。数据有多种类型，可以是定性数据，也可以是定量数据。数据按表现形式可以分为体现各种度量或统计的数字数据和由连续函数组成的模拟数据。数据库是依照某种数据模型组织起来的数据集合。数据库的数据结构独立于使用数据的应用程序。数据库技术是随着计算机技术的发展而发展起来的新兴的数据管理技术。

数据库由于实现了数据共享，同传统的文件管理系统相比，极大地减少了重复数据，减少了数据的冗余性。数据库具有数据的独立性、数据的一致性、数据的可维护性，数据库通过集中控制和管理，以确保数据的安全性和可靠性。

数据库产生前的数据管理，是通过对大量的穿孔卡片进行物理的储存和处理完成的。近50年来，随着计算机技术的不断进步，数据库技术也不断进步，得到了充分的发展和完善，具有广泛的应用领域。目前，随着信息管理内容的不断扩展，数据库的研究领域也不断拓展和深化，出现了丰富多样的数据模型，数据库的数量和规模越来越大，几乎覆盖到了人类社会生活的各个方面。

普通话水平测试各有关领域的数据库建设，是语言信息处理的一项十分重要的内容。

二　多媒体数据库建设是普通话水平测试的基础性工作

近十年来，教育部、国家语委先后下发了一系列加强普通话水平测试管理的文件，目的在于确保测试质量，维护测试权威，使测试工作有序、健康地发展。各有关机构和部门也在对普通话水平测试工作的战略地位，管理模式的优化与创新，测试队伍的建设与管理，测试的指标体系、质量监控体系、焦虑因素等方面作了许多有益的研究探讨。

在众多的普通话水平测试的政策与规范中，评分规范是最主要的规范，只有分数评对了，评准确了，评规范了，其他的政策与规范才有意义。评分不规范，程序再规范也没有实际意义。普通话水平测试本身存在的主客观因素使得评分规范的可操作性具有较大难度。

根据普通话水平测试的性质和测试形式，影响评分规范的客观因素主要有评分标准的多重性，评分标准的不确定性和评分标准的模糊性；影响评分规范的主观因素主要是由测试员本人条件所决定的成绩评判的主观性。

评分标准的多重性是指普通话水平测试的规范标准可以有多个，而这个标准常常因人而异。

从语音学的角度来看，每一个人的发音不可能是完全相同的。这不仅在于每一个人的发音器官不可能完全相同，而且还在于每一个人的每一次发音也不可能是完全相同的，常常因为各种语言环境的影响而发生变化。因而在认可一个具有普遍性正确模式的前提下，应该具体情况具体分析，应该允许有其他正确模式的存在，只有这样，才能正确进行普通话水平测试评判。

由于社会成员的个体不同，他们的发音也就会有差异。这种差异不仅取决于个人的生理条件，而且也取决于个人的社会角色、语言习惯。社会语言学的研究成果对评分规范有着极大的影响。不同的阶层、行业、性别、职业、年龄的社会成员在对同一语言的使用时会产生不同的语言变异。不仅他们使用的词语不会完全相同，他们的发音也不尽相同。例如，对 üan 韵母韵腹的发音有着许多不同的标音情况，有关研究的看法也不尽统一。在社会的实际调查中，个人本身的发音也不尽一致。在确定评判标准的时候，就不能不考虑社会个体的发音特色。

实验语音学的研究成果也为评分标准的多重性提供了依据。

在实际交际中，听话者并不是从元音的生理描写而是从元音的声学特征去感知不同的元音的，因而元音的声学分析极为重要。元音的声学特征主要表现为元音的共振峰模式。不同的元音有着不同的共振峰模式，其中第一共振峰 F_1 和第二共振峰 F_2 对区分不同的元音有着重要作用。需要注意的是，同一元音每个人 F_1、F_2 的绝对频率是不一样的。一般来看，男声的共振峰绝对频率偏低，女声的共振峰绝对频率偏高，但 F_1 与 F_2 形成的共振峰总体模式是相同的，F_1 与 F_2 的相互关系不变，这个模式随着共振峰绝对频率的变化而上下移动，这与声调调值的相对音高情况相似。

评分标准的不确定性是指由于对普通话本身的研究不够而使评分标准不确定，不明晰。

充分采用现代语音学的研究成果和研究方法，进行定量研究，对传统语音学加以改进和完善，是解决评分标准不确定性的根本途径。

影响普通话水平测试评分标准的主观因素是由测试员本人条件所决定的成绩评判的主观性。

语音处于听觉区域中的最佳位置。这使得人耳对语音的音高、音强、音长和音质有较强的差别感受性，即人耳有较强的语音分辨能力。通过训练，这种分辨能力还可以提高。同时，我们也应看到，由于受母语语音的发音习惯及某些心理定式的影响，人们对自己语言中有区别意义的音有较强的敏感性，对自己语言中没有区别意义的音敏感性就较差，并且常用自己熟悉的音去感受和区分自己不熟悉的音。这样在对语音信息进行评判时就会产生一定的失误。这是由语音的社会性质所决定的。

尽管《普通话水平测试等级标准》明确规定了评判尺度，但在实际测评中，由于个人主观因素的影响，不同的测评员对这些尺度的理解和掌握也不尽完全相同，这些都会产生测评误差。

正是这些主客观因素的存在，使得普通话水平测试评分规范的可操作性具有较大的难度。

为解决影响评分规范的各种主客观因素，有关职能部门采取了多人测评、复查并宏观调整成绩、进行各种培训等措施。在普通话水平测试的规范工作中，普通话各等级标准多媒体数据库的建设无疑是一项十分重要的基础性工作。

普通话水平测试各等级标准，有大量的多媒体数据需要分析处理，只有建立一个大容量的多媒体数据库，才能将这些数据分门别类地存储起来，显现出来，供普通话水平测试和普通话教学，才能为《普通话水平测试等级标准》的评分规范提供科学、客观的多媒体数据支持。

多媒体能够解决评分标准的多重性问题。把各种正确的模式均输入数据库，直接供测试员查询、比较、分析，可以最大限度地减少评分标准多重性形成的误差。

多媒体能够解决评分标准的不确定性问题。多媒体数据库可以客观、科学地展现普通话的实际情况，纠正和避免一些不准确的评判认识和以误传误，影响普通话水平测试的准确性、客观性。

多媒体能够解决评分标准的模糊性问题。该库通过大量直观的和可感知的不同等级的声音文件和语图图形文件，客观地展现普通话水平测试不同等级的语言面貌和各种数据，为《普通话水平测试等级标准》提供言语声学的数据支撑，使有声语言与可视语言一语图相互印证，从而最大限度地避免普通话水平测试的评分标准的模糊性问题。

多媒体能够解决评分标准的主观性问题。一些测试员常为某一语音现象各抒己见，争论不休。该库能够展现出某一语音现象的客观实际，避免了许多无原则的看法和争论。

总之，多媒体数据库的建设是普通话水平测试评分规范的一项十分重要的基础性工作。

三　数据库设计

要使普通话水平测试进一步地规范化、标准化，使普通话水平测试具有较强的公平性、可比性、适用性和可操作性，同时对普通话教学和推广普通话，对落实国家语言文字政策有良好的反馈和指导作用，必须根据需要，大力加强各种类型的数据库建设。

这里以普通话水平测试各等级标准语言特征数据库系统为例，分析研究数据库的设计问题。

普通话水平测试各等级标准语言特征数据库系统是一个综合的大型多媒体数据库系统。它包含三个多媒体数据库：(1)普通话语音系统数据库；(2)普通话语音比较数据库；(3)普通话各等级标准数据库。

(一) 普通话语音系统数据库设计

普通话语音系统数据库是为了解普通话语音系统，认清语音特征，增强语图的识别与分析能力而设计的。可以有效地运用于普通话测试和普通话教学。普通话语音系统数据库下含普通话语音系统总库、普通话声母库、普通话单元音韵母库、普通话韵母库、普通话声调库、普通话音节库、普通话语调库。其中声母库、韵母库、覆盖所有的声母、韵母。声调库覆盖所有的声调和双音节词声调的组合类型。音节库覆盖普通话常用的音节。语调库覆盖陈述、疑问、祈使、感叹等四种基本语调的类型。各库均分别有较为清晰的男女声发音和多媒体语图。

1. 普通话语音系统总库

普通话语音系统总库将汉语普通话声母表、韵母表、声调表、音节表等分别以四条记录的方式客观展现出来。各表均有男女声分别发音的声音数据文件和以备注文件形式出现的普通话声母表、韵母表、声调表、音节表全部内容。

2. 普通话辅音声母库

普通话辅音声母库含21个汉语普通话声母的各项言语声学数据和教育测量数据。该库设计为发音说明、声学特征(一)男声语图、声学特征(二)女声语图三个选项卡。

普通话辅音声母库的设计含页框(窗体)设计、页面(选项卡)设计，具体设计如下：

页框(窗体)设计

字段名	字段类型	字段宽度	小数点后位数
声母	字符型	2	
男声发音	通用型		
女声发音	通用型		
声母例字	字符型	2	
例字声母	字符型	2	
例字韵母	字符型	4	
例字声调	字符型	1	
声母难度值	数值型	4	3
声母区分度值	数值型	4	3

本页框上部为以上字段的显示。中部为三个选项卡：1“发音说明”选项卡，2“声学特征(一)男声语图”选项卡，3“声学特征(二)女声语图”选项卡。下部为标准导航操作按钮组。

(1)“发音说明”选项卡

字段名	字段类型	字段宽度
例字 1	字符型	10
例字 1 男声发音	通用型	
例字 1 女声发音	通用型	
例字 2	字符型	10
例字 2 男声发音	通用型	
例字 2 女声发音	通用型	
例字 3	字符型	10
例字 3 男声发音	通用型	
例字 3 女声发音	通用型	
发音说明	备注型	memo

(2)“声学特征(一)男声语图”选项卡

字段名	字段类型	字段宽度
声母波形图、语图	通用型	
男声音长(毫秒)	数值型	4
男声噪音起始时间(毫秒)	数值型	4
男声强频区中心频率(赫兹)	字符型	10

字段名	字段类型	字段宽度
男声强频区下限频率(赫兹)	字符型	10
男声过渡音征长度(毫秒)	数值型	4
男声过渡音征走势	字符型	4
男声过渡音征指向频率——音轨(赫兹)	数值型	4
男声第一共振峰频率(赫兹)	数值型	4
男声第二共振峰频率(赫兹)	数值型	4
男声第三共振峰频率(赫兹)	数值型	4
声母波形图、语图分析	备注型	memo

(3)“声学特征(二)女声语图”选项卡，具体设计同(2)，但改为女声。

3. 普通话单元音韵母库

普通话单元音韵母库含 ɑ、o、e、i、u、ü、ê 等 7 个汉语普通话单元音韵母的各项言语声学数据和教育测量数据。单元音韵母 er 的发音实际有一个动程，zhi、chi、shi、ri 中的 -i 与 zi、ci、si 中的 -i 因与声母结合紧密，已在声母库中与声母一道分析，所以该表单只含上述 7 个单元音韵母。之所以把单元音韵母单列出来，是因为单元音韵母原则上没有口形变化，便于从二维的角度清晰地展现出单元音韵母的频谱图。语图虽然能够展示三维频谱图，但不够清晰。

普通话单元音韵母库含发音说明、声学特征(一)男声语图、声学特征(二)女声语图三个选项卡。具体设计如下：

页框(窗体)设计含韵母、男声发音、女声发音、韵母例字、例字声母、例字韵母、例字声调、韵母难度值、韵母区分度值等字段。

本页框上部为以上字段的显示。中部为三个选项卡：1“发音说明”选项卡，2“声学特征(一)男声语图”选项卡，3“声学特征(二)女声语图”选项卡。下部为标准导航操作按钮组。

(1)“发音说明”选项卡含例字 1、例字 1 男声发音、例字 1 女声发音，例字 2、例字 2 男声发音，例字 2 女声发音、例字 3，例字 3 男声发音、例字 3 女声发音，发音说明等字段。

(2)“声学特征(一)男声语图”选项卡含韵母波形图、频谱图、语图，男声第一共振峰频率(赫兹)、男声第二共振峰频率(赫兹)、男声第三共振峰频率(赫兹)，男声第一、二共振峰相对频率(赫兹)，男声第二、三共振峰相对频率(赫兹)，韵母波形图、频谱图、语图分析等字段。

(3)“声学特征(二)女声语图”选项卡(略)。

4. 普通话韵母库

普通话韵母库含 37 个汉语普通话韵母和鼻化 ɑ 韵母的各项言语声学数据和

教育测量的测量数据。其中有单元音韵母8个，复元音韵母13个，前鼻尾音韵母8个，后鼻尾音韵母8个。因为复元音韵母、鼻韵母发音有口形和舌位的变化，故无法从二维的角度清晰地展现出频谱图，所以各韵母一律采用三维的大画面语图来表示。

普通话韵母库含发音说明、声学特征(一)男声语图、声学特征(二)女声语图三个选项卡。具体设计如下：

页框(窗体)设计含韵母、男声发音、女声发音、韵母例字、例字声母、例字韵母、例字声调、韵母难度值、韵母区分度值等字段。

本页框上部为以上字段的显示。中部为三个选项卡：1“发音说明”选项卡，2“声学特征(一)男声语图”选项卡，3“声学特征(二)女声语图”选项卡。下部为标准导航操作按钮组。

(1)“发音说明”选项卡含例字1、例字1男声发音、例字1女声发音、例字2，例字2男声发音、例字2女声发音、例字3，例字3男声发音、例字3女声发音，发音说明等字段。

(2)“声学特征(一)男声语图”选项卡含男声韵母语图，男声第一共振峰频率变化值(赫兹)、男声第一共振峰频率变化速率(赫兹/毫秒)，男声第二共振峰频率变化值(赫兹)、男声第二共振峰频率变化速率(赫兹/毫秒)，男声第三共振峰频率变化值(赫兹)，男声第一、二共振峰相对变化频率值(赫兹)，男声第二、三共振峰相对变化频率值(赫兹)，最小辨别时间阈(毫秒)、男声韵母语图分析等字段。

(3)“声学特征(二)女声语图”选项卡(略)。

5. 普通话声调库

由于声调是相对音高，单独看一个声调只能看出其调形，无法判定其调值，故普通话声调库的内容主要是不同声调在一起的相对音高的比较。

普通话声调库含声学特征(一)综合语图、声学特征(二)数据分析二个选项卡。“声学特征(一)综合语图”选项卡提供了该声调模式的音高图、语图等客观的图形数据和根据这些图形数据进行的综合语图分析。“声学特征(二)数据分析”选项卡分析根据综合语图分析出来的基频时长、基频主调形时长、基频主调形变化走势、基频主调形变化速率、基频最大相对变化频率值等字段的数据。

普通话声调库的具体设计(略)。

6. 普通话常用音节库

由于声母、韵母与声调的结合是相互联系在一起的，单独分析一个声母、一个韵母或一个声调，并不能完全代表它们在音节中的具体情况，所以普通话音节的分析十分重要。音节分析可以使我们看到同样的音素在不同音节中具体的实际情况。

普通话常用音节库设计为“综合语图、声学特征(一)声母分析、声学特征(二)韵母分析、声学特征(三)声调分析”等四个选项卡。

普通话常用音节库的具体设计如下:

页框(窗体)设计含普通话音节、发音人性别、发音、音节例字、例字声母、例字韵母、例字声调、音节难度值、音节区分度值等字段。

本页框上部为以上字段的显示。中部为四个选项卡:1“综合语图”选项卡,2“声学特征(一)声母分析”选项卡,3“声学特征(二)韵母分析”,4“声学特征(三)声调分析”选项卡。下部为标准导航操作按钮组。

(1)“综合语图”选项卡含综合语图、发音分析等字段。

(2)“声学特征(一)声母分析”选项卡含音长(毫秒)、嗓音起始时间(毫秒)、强频区中心频率(赫兹)、强频区下限频率(赫兹)、过渡音征长度(毫秒)、过渡音征走势、过渡音征指向频率——音轨(赫兹)、第一共振峰频率(赫兹)、第二共振峰频率(赫兹)、第三共振峰频率(赫兹)、声母语图分析等字段。

(3)“声学特征(二)韵母分析”选项卡含第一共振峰频率变化值(赫兹)、第一共振峰频率变化速率(赫兹/毫秒),第二共振峰频率变化值(赫兹)、第二共振峰频率变化速率(赫兹/毫秒),第三共振峰频率变化值(赫兹),第一、二共振峰相对变化频率值(赫兹),第二、三共振峰相对变化频率值(赫兹),最小辨别时间阈(毫秒)、韵母语图分析等字段。

(4)“声学特征(三)声调分析”选项卡含基频时长(毫秒)、基频(主调形)时长(毫秒)、基频(主调形)变化值(赫兹)、基频(主调形)变化走势、基频(主调形)变化速率(赫兹/毫秒)、基频(开始段)时长(毫秒)、基频(开始段)变化值(赫兹)、基频(开始段)变化走势、基频(开始段)变化速率(赫兹/毫秒)、基频(结束段)时长(毫秒)、基频(结束段)变化值(赫兹)、基频(结束段)变化走势、基频(结束段)变化速率(赫兹/毫秒)、基频最大相对变化频率值、音高图分析等字段。

7. 普通话语调库

在普通话语句中,各音节间的相互结合是由该音节所处的语音环境决定的,单独分析一个音节,并不能完全代表它们在语流中的实际情况,所以普通话语调的分析十分重要。语调分析可以使我们看到同样的音节在不同语音环境中的具体情况。

普通话语调库设计为“声学特征(一)语图、声学特征(二)音高数据分析、声学特征(三)音强数据分析”等三个选项卡。

普通话语调库的具体设计含页框(窗体)设计、页面(选项卡)设计。

页框(窗体)设计含语调类型、例句、例句汉语拼音、例句声调组合、发音、发音人代码、发音人性别等字段。

本页框上部为以上字段的显示。中部为三个选项卡：1“声学特征(一)语图”选项卡，2“声学特征(二)音高数据分析”选项卡，3“声学特征(三)音强数据分析”选项卡。

(1)“声学特征(一)语图”含综合语图、语图分析等段。

(2)“声学特征(二)音高数据分析”含全句各音节调类组合、全句起调基频(赫兹)、全句基频主调形模式、全句基音最高音点频率(赫兹)、全句基音最低音点频率(赫兹)、全句基频相对最大变化频率值、全句基频结束段调类、全句基频结束段变化走势、全句基频结束段时长(毫秒)、全句基频结束段变化值(赫兹)、波形、音高图分析等字段。

3“声学特征(三)音强数据分析图”含全句音强模式、全句音强走势，全句最强音点、全句次强音点，全句次弱音点、全句最弱音点，全句结束段音强变化走势、波形、音强图及节奏、停连、长短分析等字段。

(二) 普通话语音比较数据库设计

普通话水平测试中有发音正确、发音缺陷和发音错误的描述。普通话语音比较数据库是为区分普通话各语音要素，区分发音正确、发音缺陷和发音错误而设计的，是把比较的方法运用于普通话测试和普通话教学的重要数据库。

1. 普通话声母比较库

普通话声母比较库比较汉语普通话声母的各项言语声学数据。

普通话声母比较库没设选项卡，直接比较的字段有：比较的目的、比较的细目，发音比较1、比较字词1、发音1、发音人性别1、发音人姓名1、波形图1、语图1，发音比较2、比较字词2、发音2、发音人性别2、发音人姓名2、波形图2、语图2，比较分析等。

2. 普通话韵母比较库

普通话韵母比较库比较汉语普通话韵母的各项言语声学数据。

同普通话声母比较库一样，普通话韵母比较库没设选项卡，直接比较的字段有：比较的目的、比较的细目，发音比较1、比较字词1、发音1、发音人性别1、发音人姓名1、波形图1、语图1，发音比较2、比较字词2、发音2、发音人性别2、发音人姓名2、波形图2、语图2，比较分析等。

3. 普通话声调比较库

普通话声调比较库比较汉语普通话声调的各项言语声学数据。

普通话声调比较库的设计与普通话声母比较库相同。

4. 普通话常用音节比较库

普通话常用音节比较库比较汉语普通话音节的各项言语声学数据。

普通话常用音节比较库的设计与普通话声母比较库相同。

5. 普通话轻声比较库

普通话轻声比较库属于普通话双音节词语库的一种类型。专门比较普通话轻声词与非轻声词的特点。

普通话轻声比较库直接比较的字段有：比较的目的、比较的细目，发音比较1、比较字词1、发音1、发音人性别1、发音人姓名1、音强图1、音高图1、语图1，发音比较2、比较字词2、发音2、发音人性别2、发音人姓名2、音强图2、音高图2、语图2，比较分析等。

6. 普通话儿化音节比较库

普通话儿化音节比较库的功能与轻声音节比较库的功能大体相当，属于普通话双音节词语库的一种类型。专门比较普通话儿化词与非儿化词的特点。

普通话儿化音节比较库直接比较的字段有：比较的目的、比较的细目，发音比较1、比较字词1、发音1、发音人性别1、发音人姓名1、语图1，发音比较2、比较字词2、发音2、发音人性别2、发音人姓名2、语图2，比较分析等。

7. 普通话双音节词语比较库

普通话双音节词语比较库专门比较普通话的双音节词语。

普通话双音节词语比较库直接比较的字段有：比较的目的、比较的细目，发音比较1、比较字词1、发音1、发音人性别1、发音人姓名1、语图1，发音比较2、比较字词2、发音2、发音人性别2、发音人姓名2、语图2，比较分析等。

8. 普通话语调比较库

普通话语调比较库，该库比较汉语普通话语调的各项言语声学数据。比较的范围包括：男女声对同一语调的发音比较、不同语调组合模式的比较。该库力图覆盖目前普通话水平测试中需要认真区分的各种语调及其组合模式。

普通话语调比较库直接比较的字段有：语调或语调组合模式的比较目的、比较的细目，两种不同的语调及语调组合模式的比较例句1、例句1声调组合，对应拼音1、发音1、发音人性别1、发音人姓名1、音强图1、音高图1，比较例句2、例句2声调组合、对应拼音2、发音2、发音人性别2、发音人姓名2、音强图2、音高图2，比较分析等。

（三）普通话水平测试各等级标准数据库设计

普通话水平测试各等级标准数据库是为解决普通话水平测试三级六等的具体评判而设计的。

普通话各等级标准数据库下含试卷单字库、试卷词语库、试卷朗读库、试卷说话库和试卷总库等。试卷单字库尽可能地选取了相同试卷的测试材料，便于进行不同等级的语音样本、相关数据和评判标准的分析研究。试卷词语库的试卷材料选取原则同单字库，包括普通话常用词语的不同音节组合、不同声调的组合、不同类型的轻声、儿化及变调的情况，以便进行不同等级的语音样本、相关数据和评判标准的分析研究。试卷朗读库的试卷材料选取原则同上，其目的也是为了进行不同等级的语音样本、相关数据和评判标准的分析研究。试卷说话库包括相关说话材料不同等级的有关数据、语音样本和评判标准。试卷总库含不同等级的语音样本和评判标准的总体数据。各库均含有客观反映各种语言信息的多媒体语图、声音文件和其他有关的语言信息。通过以上各库完整地展现普通话三级六等标准的总体面貌及其声学特征，为普通话各等级测评分析和普通话教学实践提供标准范例。

1. 试卷单字库

试卷单字库包含汉语普通话单音节字的语音切分文件、语图和评判记录。

试卷单字库直接比较的字段有：普通话等级、单音节字词的发音、发音人性别、发音人姓名、试卷编号、顺序号、5 个单音节字的音高图、语图、与语图相对应的具体的单音节字、该字正确的读音、评判结论、语图分析说明等。

2. 试卷词语库

试卷词语库包含汉语普通话双音节词语的语音切分文件、语图和评判记录。

试卷词语库直接比较的字段有：普通话等级、双音节词语的发音、发音人性别、发音人姓名、试卷编号、顺序号、5 个双音节词语的音高图、语图、与语图相对应的具体的双音节词语、该双音节词语正确的读音、评判结论、语图分析说明等。

3. 试卷朗读库

试卷朗读库含朗读文章语句的语音切分文件、语图和评判记录。

试卷朗读库含页框（窗体）设计、页面（选项卡）设计。

页框（窗体）设计含普通话等级、普通话试卷编号、朗读语句顺序号、朗读语句、语句汉语拼音、发音、发音人性别等字段。

本页框上部为以上字段的显示。中部为两个选项卡：1“声学特征（一）综合语图”选项卡，2“声学特征（二）语调数据分析”选项卡。下部为标准导航操作按钮组。

（1）“声学特征（一）语图”含综合语图、对应字词、评判结论、综合语图分析等字段。

（2）“声学特征（二）语调数据分析”含全句各音节调类组合、全句起调基频（赫兹）、全句基频主调形模式、全句基音最高音点频率（赫兹）、全句基音最低音点频率（赫兹）、全句基频相对最大变化频率值、全句基频结束段调类、全句基频结束段变化走势、全句基频结束段时长（毫秒）、全句基频结束段变化值（赫兹）、全句音强模式、全句最强音点、全句次强音点、全句次弱音点、全句最弱音点、全句结束段音强变化走势、音高、音强及节奏、停连、长短分析等字段。

4. 试卷说话库

试卷说话库含说话语句的语音切分文件、语图和评判记录。

试卷说话库含页框(窗体)设计、页面(选项卡)设计。

页框(窗体)设计含普通话等级、普通话试卷编号、说话语句顺序号、说话语句、语句汉语拼音、发音、发音人性别等字段。

本页框上部为以上字段的显示。中部为两个选项卡：1“声学特征(一)综合语图”选项卡，2“声学特征(二)语调数据分析”选项卡。下部为标准导航操作按钮组。

1“声学特征(一)语图”含综合语图、对应字词、评判结论、综合语图分析等字段。

2“声学特征(二)语调数据分析”含全句各音节调类组合、全句起调基频(赫兹)、全句基频主调形模式、全句基音最高音点频率(赫兹)、全句基音最低音点频率(赫兹)、全句基频相对最大变化频率值、全句基频结束段调类、全句基频结束段变化走势、全句基频结束段时长(毫秒)、全句基频结束段变化值(赫兹)、全句音强模式、全句最强音点、全句次强音点、全句次弱音点、全句最弱音点、全句结束段音强变化走势、音高、音强及节奏、停连、长短分析等字段。

5. 普通话水平测试试卷总库

普通话水平测试试卷总库有不同试卷，不同等级发音人的全部试卷内容、语音切分文件和评判记录。

普通话水平测试试卷总库含页框(窗体)设计、页面(选项卡)设计。

页框(窗体)设计含普通话试卷编号、普通话等级、全卷总分、单字得分、词语得分、朗读得分、说话得分、词汇语法得分、发音人性别、发音人姓名、发音人民族、发音人所在地区等字段。

本页框上部为以上字段的显示。中部为五个选项卡：1“全卷内容”选项卡，2“单字部分”选项卡，3“词语部分”选项卡，4“朗读部分”选项卡，5“说话部分”选项卡。下部为标准导航操作按钮组。

(1)“全卷内容”含全卷内容、全卷评判分析、发音等字段。

(2)“单字部分”含单字内容及评判、单字评判分析、单字发音等字段。

(3)“词语部分”含词语内容及评判、词语评判分析、词语发音等字段。

(4)“朗读部分”含朗读内容及评判、朗读评判分析、朗读发音等字段。

(5)“说话部分”含说话内容及评判、说话评判分析、说话发音等字段。

四　数据库制作有关注意事项

不同的数据库制作，有不同的制作注意事项。就普通话水平测试各等级标准数据库而言，数据库制作表单屏显应为800×600(或640×480)，显示器色彩以256色为宜，语图不需要过高的色彩显示，且可能与语音分析软件不兼容。录音采样数据为8位，22KHz，或更高。录音文件最大时长不得长于12分钟，语音分析软件采用 Speech Analyzer。语图制作显示最高频率上限：含辅音的分析到8 000KHz，只分析元音的不超过4 000KHz。音高图尺度范围为50Hz—400Hz，声音文件类型为 . wav，图形文件类型为 . bmp。

第二节　普通话水平测试各等级标准语言特征数据库系统

一　普通话水平测试各等级标准语言特征数据库系统建设概述

“普通话水平测试各等级标准语言特征数据库系统”是云南省普通话培训测试中心完成的国家语言文字工作委员会的科研项目。该项目1999年8月6日经国家语委科研规划领导小组批准立项，项目编号为99003。该项目2001年12月27日完成了科技查新，2002年6月17日通过了国家语委批准的专家鉴定委员会的鉴定、结题和验收。

“普通话水平测试各等级标准语言特征数据库系统”课题研究的主要内容是，以国家《普通话水平测试等级标准》为依据，以云南省的普通话水平测试实践为基础，针对普通话水平测试的需要解决各等级标准的语言特征和评判成绩的一致性、可比性问题，采用实验语音学的理论和研究方法，充分运用计算机技术，通过不同等级的取样和数据分析，探寻普通话水平测试各等级标准的语言特征，以多媒体数据的方式，有理有据地明确提出普通话水平测试各等级标准具体评判的意见，从而从理论与实践的结合上，进一步明确了普通话水平测试各等级标准的语言特征和客观评判标准，建立了符合《普通话水平测试等级标准》的“普通话水平测试各等级标准语言特征数据库系统”。为《普通话水平测试等级标准》的实施提供了有力的科学的实验语音学的数据支持。

2001年12月云南省科学技术情报研究所对“普通话水平测试各等级标准语言特征数据库系统”进行了科技查新，查新报告结论为：本课题通过对普通话水平测试不同等级标准语言特征的实验语音学研究，建立了普通话水平测试各等级标准语言特征数据库，在国内尚属首次。

受国家语言文字工作委员会委托，2002年6月，在云南省教育厅主持下，鉴定委员会在仔细阅读了所有的技术文件及数据材料，认真听取了课题组成员的汇报，并进行了现场测试后，提出了鉴定意见：1. 课题对提高现行的普通话水平测试的评判质量具有明显的指导意义和应用价值。2. 本课题是一项语言学的基础研究与应用研究有机结合的创新成果。3. 本课题通过大量直观的多媒体数据为国家颁布的《普通话水平测试等级标准》提供了实验语音学、音位学的理论和数据支持，充实、细化了《普通话水平测试等级标准》的描述性内容，维护、加强了国家部颁标准《普通话水平测试等级标准》的客观性、准确性和权威性。

4. 计算机测试专家组对该课题的计算机系统进行了测试，认为系统功能齐全，采用了先进的数字语音分析技术，界面友好，操作方便，运行稳定。系统及功能均符合要求。5. 专家组认为，本课题的主要创新点在于：(1)理论研究与实践创新。将实验语音学的理论与普通话水平测试的具体实践相结合，提出了根据相关模式走向辨析正误的原则方法，使得普通话水平测试的理论与实践均有创新。(2)技术创新。精心设计并建立了“普通话水平测试各等级标准语言特征数据库系统”，将计算机数据库技术与普通话水平测试的等级标准及正误评判有机地结合成一个整体，在普通话水平测试的实验技术上有较大的创新。

专家组一致认为，该项应用技术成果，指导理论正确，研究角度新颖，研究方法科学。理论具有前沿性，实践应用具有科学性、准确性和可操作性。成果为国内首创，达到国内领先水平。

普通话水平测试各等级标准语言特征数据库系统是一个综合的大型多媒体数据库系统。该数据库系统允许修改原有数据和添加新数据，对一些有争议的语音现象，只展现客观语图，并不忙于下结论，具有开放性的特点。该数据库系统可以指导具体的普通话测试和普通话教学，具有实践性的特点。该数据库系统允许使用者将自己的声音和分析研究成果录入，进行比较，具有参与性的特点。它包含三个多媒体数据库：(1)普通话语音系统数据库；(2)普通话语音比较数据库；(3)普通话各等级标准数据库。各分库下还含有数量不等的子数据库。

该系统在点击运行时有一个欢迎页面。用鼠标左键单击开始按钮，即可进入系统菜单。系统菜单栏分别有“文件”、“普通话语音系统”、“普通话语音比较”、“普通话水平测试各等级标准”等主菜单，点击“文件”，出现下拉菜单，可以关闭窗口文件，退出普通话水平测试各等级标准语言特征数据库系统。点击“普通话语音系统”，出现下拉菜单，点击相关内容，即可选定并进入普通话语音系统数据库的各个表单。点击“普通话语音比较”，出现下拉菜单，点击相关内容，即可选定并进入普通话语音比较数据库普通话水平测试各等级标准数据库的各个表单。点击“普通话水平测试各等级标准”，出现下拉菜单，点击相关内容，即可选定并进入普通话水平测试各等级标准数据库的各个表单。

下面分别介绍各数据库的内容。

二　普通话语音系统数据库内容与功能

普通话语音系统数据库下含普通话语音系统总库、普通话声母库、普通话单元音韵母库、普通话韵母库、普通话声调库、普通话音节库、普通话语调库等七个子数据库，通过两个标准男声、女声的发音，客观展现多媒体语图，系统覆盖了所有的声母、韵母、声调和双音节词声调的组合类型，覆盖了普通话 396 个常用的音节，覆盖了陈述、疑问、祈使、感叹等四种基本语调。通过各子数据库，系统完整地展现了普通话语音系统的总体面貌及其声学特征，为普通话各等级测评分析和普通话教学实践奠定系统坚实的基础。

（一）普通话语音系统总库

该库以表单形式客观展现了汉语普通话声母表、韵母表、声调表、音节表的全部内容，其中含 21 个声母，37 个韵母，4 个声调，396 个音节。该库表单显示如右图：

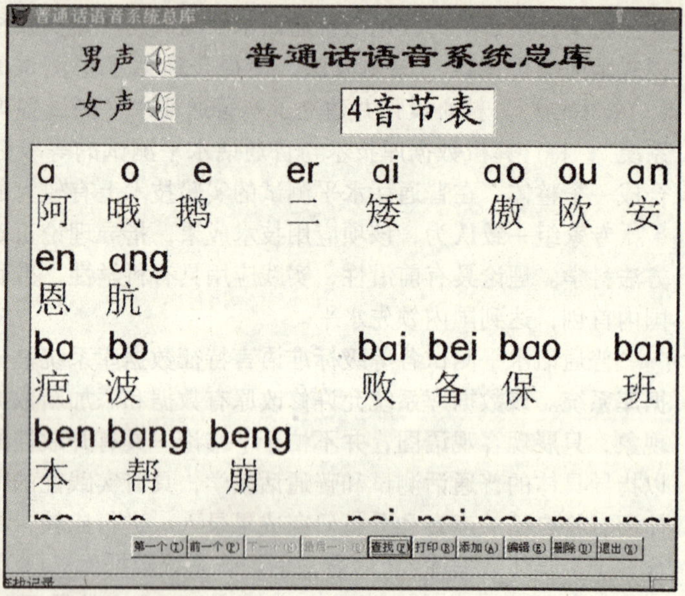

该库是宏观了解熟悉普通话语音系统的基本数据库。通过男、女声的分别发音和编辑框中有关内容的显示，可以凭语音形象直观地了解普通话语音系统，以利于宏观把握好普通话语音系统，同时也为微观分析普通话的各个语音要素打下基础。

（二）普通话声母库

该库以表单形式显示汉语普通话 21 个声母的各项言语声学数据和教育测量测量数据。表单左上方为该声母及其男、女声发音。右上方为该声母的难度、区分度等教育测量数据。表单正下方为数据库表单标准的导航命令按钮组，以利于数据库使用的各项操作。表单中部为发音说明、声学特征(一)男声语图、声学特征(二)女声语图三个选项卡。“发音说明”选项卡包括该声母的三个例字和例字的男女声发音，发音说明文本框对该声母的发音从发音语音学的角度加以说明。“声学特征(一)男声语图”选项卡提供了该声母男声的波形图、语图等客观的图形数据和根据语图分析出来的音长、嗓音起始时间、强频区中心频率、强频区下限频率、过渡音征长度、过渡音征走势、第一、二、三共振峰频率等字段的客观分析数据，语图下部为该声母声学特征的具体分析说明。“声学特征(二)女声语图”选项卡除发音人的数据取自女声外，其余的情况同“声学特征(一)男声语图”选项卡。该库表单显示如下图：

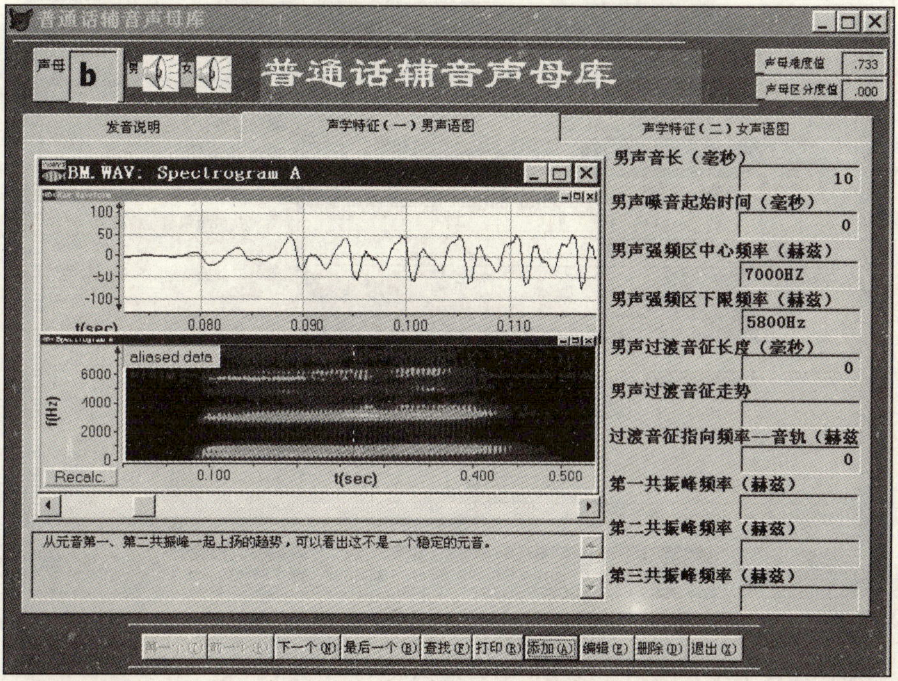

该表单以图形文件和声音文件的方式客观地展现出了普通话各个声母男女声的语音声学特征，可以凭直观的语图形象和声音形象直接地认识了解普通话的声母系统和每一个具体的声母，既利于宏观把握好普通话声母系统，同时也利于从微观上把握、识别好每一个声母具体的语图形象和声音形象，为普通话水平测试中声母发音正误的评判和普通话声母系统的教学打下基础。

（三）普通话单元音韵母库

该库以表单形式显示 a、o、e、i、u、ü、[e] 等 7 个汉语普通话单元音韵母的各项言语声学数据和教育测量数据。表单左上方为该单元音韵母及其男、女声发音。右上方为该单元音韵母的难度、区分度等教育测量数据。表单正下方为数据库表单标准的导航命令按钮组，以利于数据库使用的各项操作。表单中部为发音说明、声学特征(一)男声语图、声学特征(二)女声语图三个选项卡。该库表单显示如 P96 第一幅图。

该表单以图形文件和声音文件的方式客观地展现出了普通话各个单元音韵母男女声的语音声学特征，可以凭直观的语图形象和声音形象直接地认识了解普通话的元音系统和每一个具体的单元音，既利于宏观把握好普通话元音系统，同时也利于从微观上把握、识别好每一个单元音韵母具体的语图形象和声音形象，为普通话水平测试中单元音韵母发音正误的评判和普通话单元音韵母的教学打下基础。

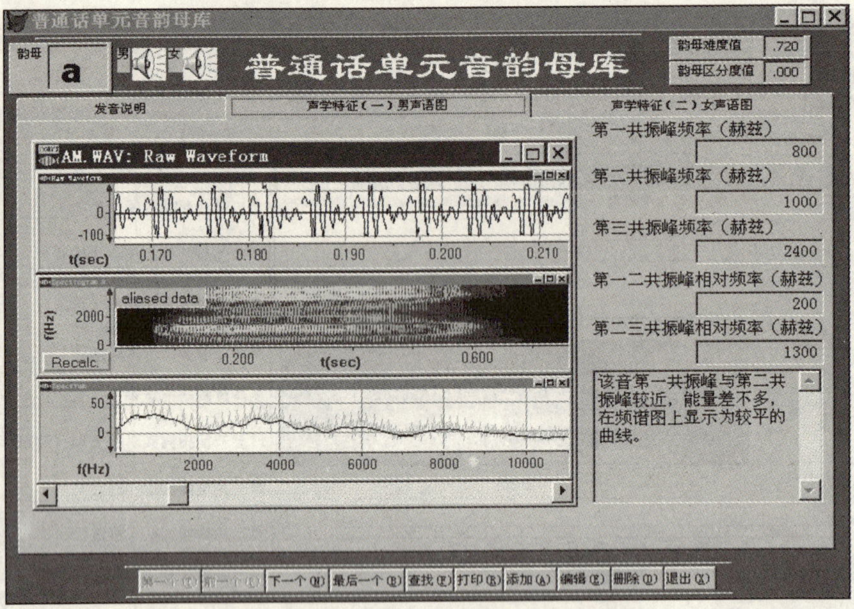

（四）普通话韵母库

该库以表单形式显示 a、o、e、i、u、ü、ê、er、ai、ei、ao、ou、ia、ie、iao、iou、ua、uo、uai、uei、üe、an、en、ang、eng、ong、ian、in、iang、ing、iong、uan、uen、uang、ueng、üan、ün 等 37 个汉语普通话韵母和鼻化 a 韵母的各项言语声学数据和教育测量测量数据。该库表单显示如下图：

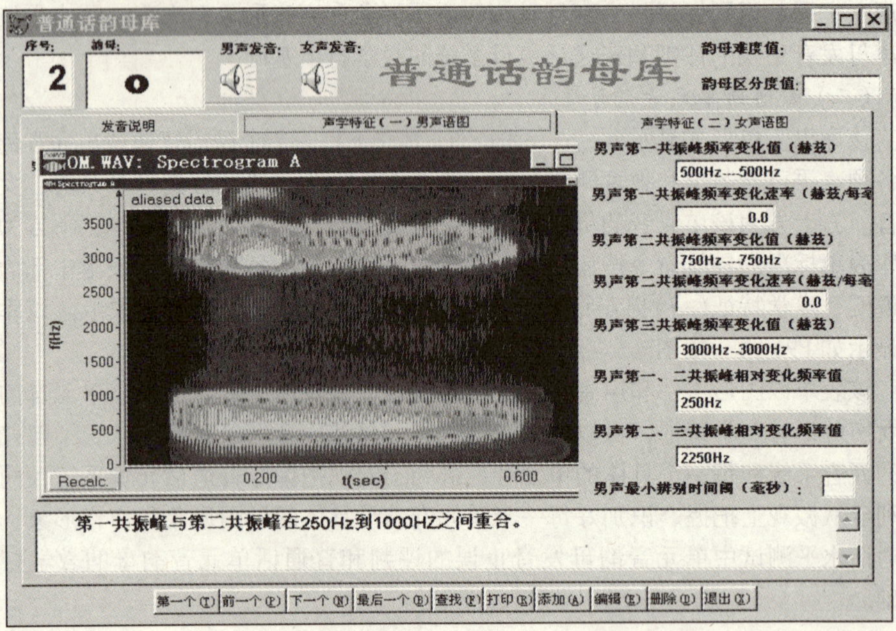

表单左上方为该韵母及其男、女声发音。右上方为该韵母的难度、区分度等教育测量数据。表单正下方为数据库表单标准的导航命令按钮组，以利于数据库使用的各项操作。表单中部为发音说明、声学特征(一)男声语图、声学特征(二)女声语图三个选项卡。“发音说明”选项卡包括该韵母的三个例字和例字的男、女声发音，发音说明文本框对该韵母的发音从发音语音学的角度加以分析说明。“声学特征(一)男声语图”选项卡提供了该韵母男声的波形图、语图、频谱图等客观的图形数据和根据这些图形数据分析出来的第一共振峰频率，第二共振峰频率，第三共振峰频率，第一、二共振峰相对频率，第二、三共振峰相对频率，最小辨别时间阈等字段的客观分析数据，语图下部为该韵母声学特征的具体分析说明。“声学特征(二)女声语图”选项卡除发音人的数据取自女声外，其余的情况同“声学特征(一)男声语图”选项卡。该表单以图形文件和声音文件的方式客观地展现出了普通话各个韵母男、女声的语音声学特征，可以凭直观的语图形象和声音形象直接地认识了解普通话的韵母系统和每一个具体的韵母，为普通话水平测试中韵母发音正误的评判和普通话韵母的教学打下基础。

（五）普通话声调库

该库以表单形式显示单读普通话韵母 ɑ 的 4 声、合读 ɑ、bɑ、hɑn、ju、ke、mɑ、po、wu、yi 的 4 声、合读音节 shi 的声调 11－12－13－14、21－22－23－24、31－32－33－34、41－42－43－44 等组合模式显示汉语声调的各项言语声学数据。主要采用大画面的音高图来表示。该库表单显示如下图：

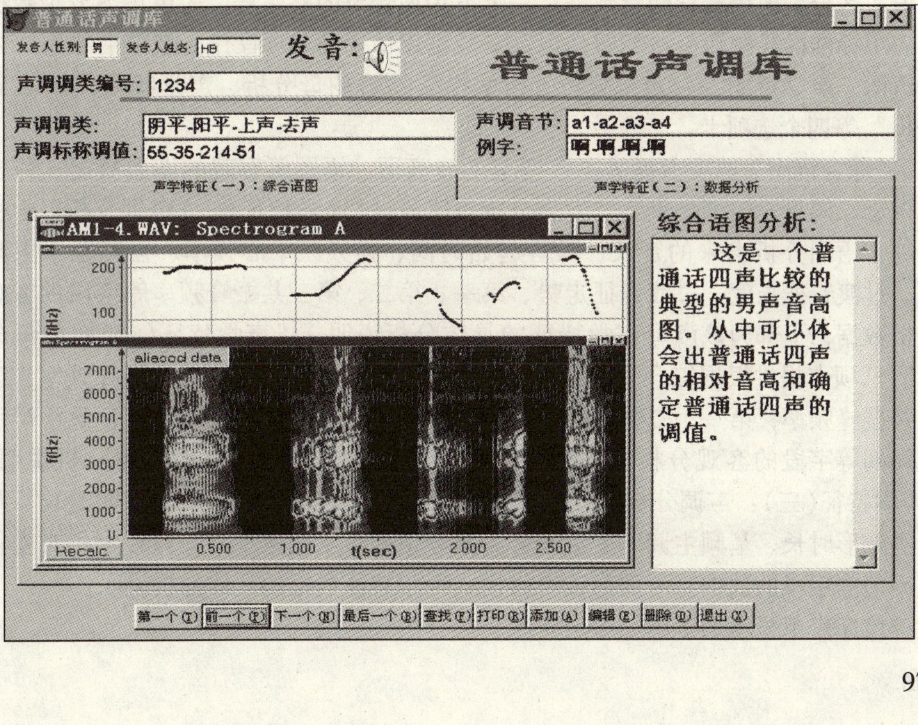

表单以声调调类编号升序为编排索引。左上方为该声调模式的发音人性别、姓名和发音。另有声调调类编号、声调调类、声调标称调值等字段数据。右上方为该声调模式的声调音节和例字字段。表单正下方为数据库表单标准的导航命令按钮组，以利于数据库使用的各项操作。表单中部为声学特征(一)：综合语图、声学特征(二)：数据分析二选项卡。“声学特征(一)：综合语图”选项卡提供了该声调模式的音高图、语图等客观的图形数据和根据这些图形数据进行的综合语图分析。“声学特征(二)：数据分析”选项卡分析根据综合语图分析出来的基频时长、基频主调形时长、基频主调形变化走势、基频主调形变化速率、基频最大相对变化频率值等字段的数据。下部为该声调模式声学特征数据的具体分析说明。

该表单以图形文件和声音文件的方式客观地展现出了普通话各个声调和不同声调组合模式的声学特征，可以凭直观的语图形象和声音形象直接地认识了解普通话的声调系统和每一个具体的声调在不同语音环境里的相互关系和变化，为普通话水平测试中音节声调发音正误的评判和普通话声调的教学打下基础。

(六) 普通话常用音节库

该库以表单形式显示普通话常用的396个音节，并分为男、女声单独发音共计792个记录。该表单提供普通话396个音节的男、女声的各项言语声学数据。

表单按开口呼、齐齿呼、合口呼、撮口呼的顺序排序。左上方为该音节的发音人性别、姓名和发音。有该音节的声韵母、声调等数据。中上方为该音节的难度值、区分度值等教育测量数据。右上方为该音节的顺序号。表单正下方为数据库表单标准的导航命令按钮组，以利于数据库使用的各项操作。表单中部为“综合语图、声学特征(一)声母分析、声学特征(二)韵母分析、声学特征(三)声调分析”等四个选项卡。

“综合语图”选项卡提供了该音节的音高图、语图等客观的图形数据，并含有声母、韵母、声调、例字、发音分析等字段。“声学特征(一)声母分析”含根据综合语图分析出来的音长、嗓音起始时间、强频区中心频率、强频区下限频率、过渡音征长度、过渡音征走势、第一、第二、第三共振峰频率等字段的客观分析数据，下部为该声母声学特征的具体分析说明。“声学特征(二)：韵母分析”选项卡提供根据综合语图分析出来的第一共振峰频率，第二共振峰频率，第三共振峰频率，第一、二共振峰相对频率，第二、三共振峰相对频率，最小辨别时间阈等字段的客观分析数据，语图下部为该韵母声学特征的具体分析说明。“声学特征(三)：声调分析”选项卡提供根据综合语图分析出来的基频时长、基频主调形时长、基频主调形变化走势、基频主调形变化速率、基频最大相对变化频率值等字段的数据。下部为该声调模式声学特征数据的具体分析说明。

该库表单显示如下图：

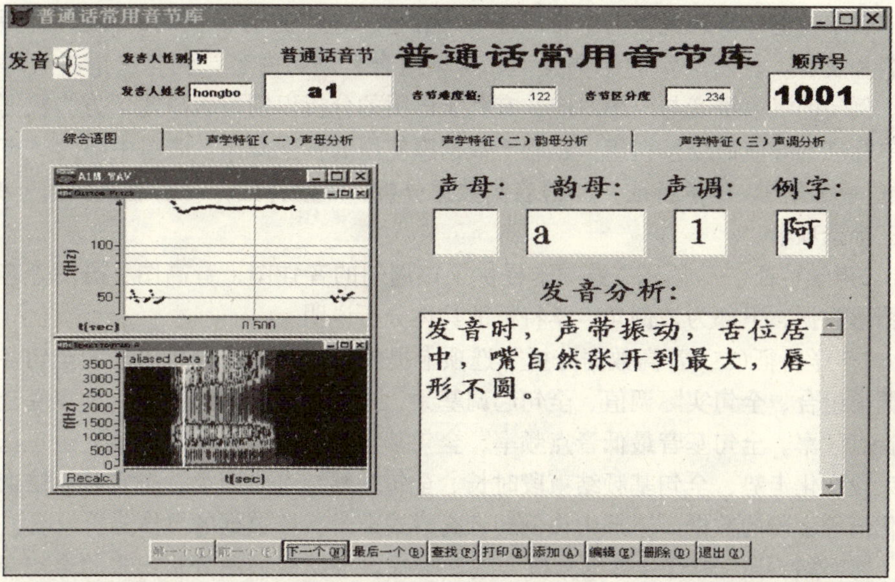

该表单以图形文件和声音文件的方式客观地展现出了普通话各个声母、韵母、声调在组合成音节的不同的声学特征，为普通话水平测试中每个音节发音正误的评判和普通话音节的教学打下基础。

（七）普通话语调库

普通话语调库以表单形式显示普通话常用的陈述句、疑问句、祈使句、感叹句语调的男、女声的各项言语声学数据。该库表单显示如下图：

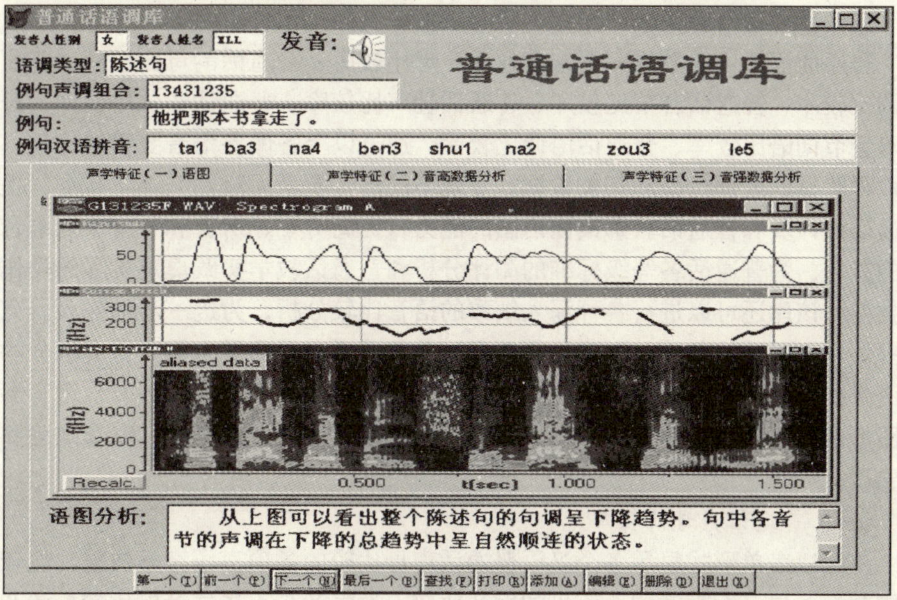

表单按例句声调调类的组合顺序升序排序。左上方为该例句的发音人性别、姓名和发音。有该例句的语调类型、声调组合、例句内容、例句汉语拼音等数据。例句的汉语拼音与语图对应，有利于语图的分析识别。表单正下方为数据库表单标准的导航命令按钮组，以利于数据库使用的各项操作。表单中部为“声学特征(一)语图、声学特征，(二)音高数据分析、声学特征，(三)音强数据分析”等三个选项卡。

“声学特征(一)语图”选项卡提供了该例句的音强图、音高图、语图等客观的图形数据，下部为该例句声学特征的具体分析说明。

“声学特征(二)音高数据分析”选项卡提供根据音高图分析出来的全句各音节调类组合、全句实际调值、全句起调基频、全句基频主调形模式、全句基音最高音点频率、全句基音最低音点频率、全句基频相对最大变化频率值、全句基频结束段变化走势、全句基频结束段时长、全句基频结束段调类、全句基频结束段变化值等字段的数据。下部为该例句音高模式声学特征数据的具体分析说明。

“声学特征(三)音强数据分析”选项卡提供根据音强图分析出来的全句音强模式、全句音强走势、全句最强音点、全句次强音点、全句次弱音点、全句最弱音点、全句结束段音强变化走势等字段的数据。下部为该例句波形、音强及节奏、停连、长短的声学特征数据的具体分析说明。

该表单以图形文件和声音文件的方式客观地展现出了普通话各音节在组合成不同语调时的不同的声学特征，为普通话水平测试中语句发音正误的评判和普通话语句的教学打下基础。

三　普通话语音比较数据库内容与功能

普通话语音比较数据库下含普通话声母比较库、普通话韵母比较库、普通话声调比较库、普通话音节比较库、普通话轻声比较库、普通话儿化比较库、普通话双音节词语比较库、普通话语调比较库。通过以上各库各语音要素的比较，以求取得明显的区别特征和相关数据，展现不同语音要素面貌及其声学特征，提高普通话测评员和普通话教师读懂语图的能力，提高听音、辨音和分析不同语音特点的能力，为普通话各等级标准的测评分析和普通话教学实践奠定实际的操作使用技能。该库还可以进行各种深入细致的语音比较分析，为进一步地深入研究语音提供良好的比较条件。各库均覆盖了目前普通话水平测试中需要认真区分的各种语音要素。各库均分别有较为清晰的发音和多媒体语图，便于同时从声音形象和图形形象角度进行比较、分析、识别，以便有效区分发音正确、发音缺陷和发音错误。

(一) 普通话声母比较库

该库以表单形式显示各个汉语普通话声母比较的各项言语声学数据。比较的范围包括：男、女声对同一声母的发音比较、送气音与不送气音的比较、清音与浊音的比较、平舌音与翘舌音的比较、舌面音与翘舌音的比较、舌面音与舌根音的比较等，该库覆盖了目前普通话水平测试中需要认真区分的各种声母。该库表单显示如下图：

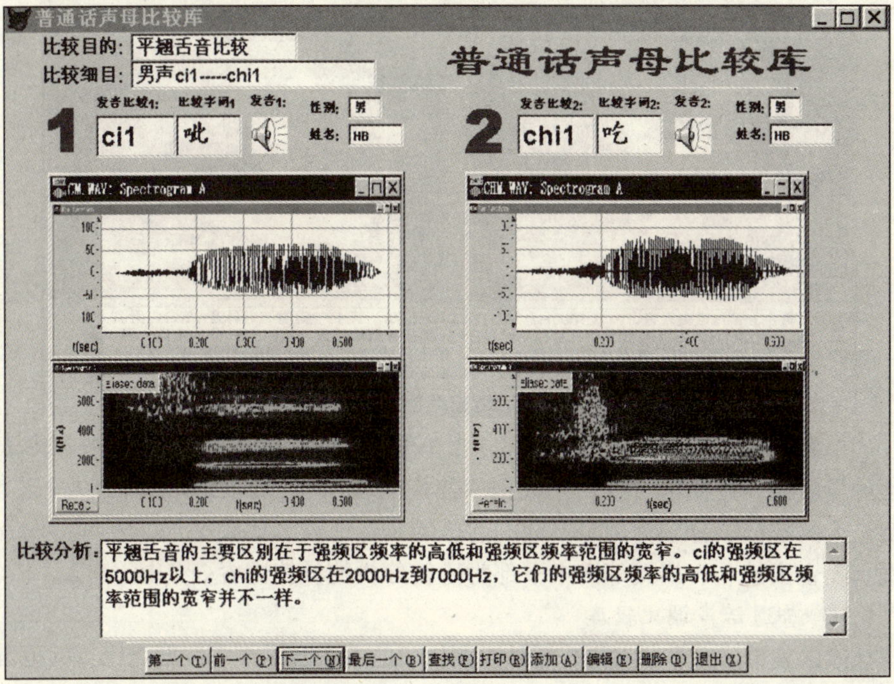

表单左上方为该声母比较的目的、比较的细目等。表单正下方为数据库表单标准的导航命令按钮组，以利于数据库使用的各项操作。表单中部分为 1 左、2 右两个大的部分，分别为两个不同的声母的发音比较、比较字词、发音、发音人性别、发音人姓名、波形图、语图等。中下部为比较分析的具体内容。

（二）普通话韵母比较库

该库以表单形式显示汉语普通话韵母比较的各项言语声学数据。比较的范围包括：男、女声对同一韵母的发音比较、前后鼻尾音韵母的比较、圆唇音与不圆唇音的比较、高元音与低元音的比较、前元音与后元音的比较、单元音与复元音的比较、舌面元音与鼻化元音的比较等，该库均覆盖了目前普通话水平测试中需要认真区分的各种韵母。该库表单显示如下图：

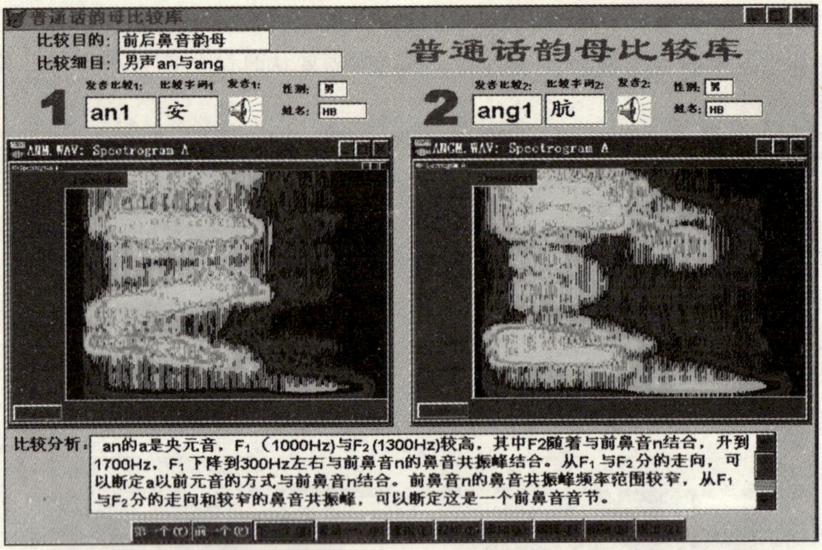

表单左上方为该韵母比较的目的、比较的细目等。表单正下方为数据库表单标准的导航命令按钮组，以利于数据库使用的各项操作。表单中部分为1左、2右两个大的部分，分别为两个不同的韵母的发音比较、比较字词、发音、发音人性别、发音人姓名、语图等。中下部为比较分析的具体内容。

（三）普通话声调比较库

该库以表单形式显示汉语普通话声调比较的各项言语声学数据。比较的范围包括：男、女声对同一声调的发音比较，不同声调组合模式的比较。该库覆盖了目前普通话水平测试中需要认真区分的各种声调及其组合模式。该库表单显示如下图：

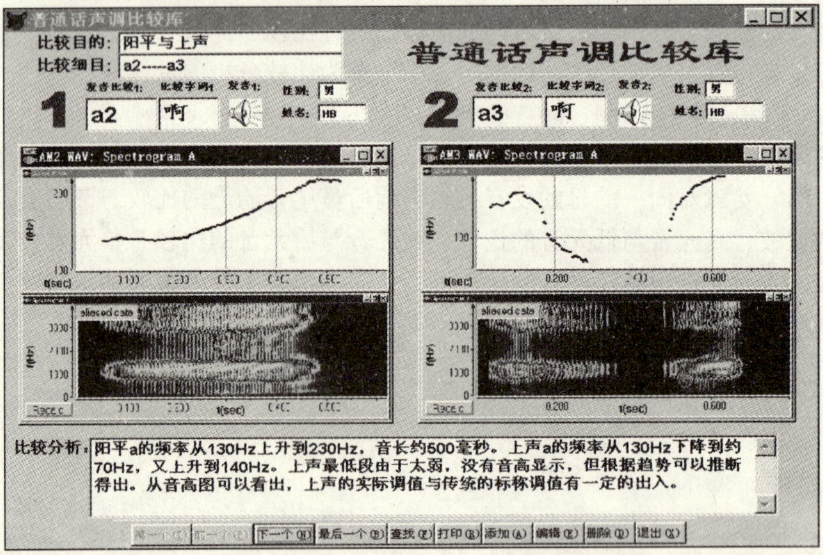

表单左上方为该声调或声调组合模式比较的目的、比较的细目等。表单正下方为数据库表单标准的导航命令按钮组，以利于数据库使用的各项操作。表单中部分为1左、2右两个大的部分，分别为两个不同的声调及声调组合模式的发音比较、比较字词、发音、发音人性别、发音人姓名、语图等。中下部为比较分析的具体内容。

（四）普通话常用音节比较库

普通话常用音节比较库以表单形式显示汉语普通话音节比较的各项言语声学数据。比较的范围包括：男、女声对同一音节的发音比较，不同声母、韵母、声调组合成不同音节的比较。该库覆盖了目前普通话水平测试中需要认真区分的各种音节形式。

表单左上方为音节比较的目的、比较的细目等。表单正下方为数据库表单标准的导航命令按钮组，以利于数据库使用的各项操作。表单中部分为1左、2右两个大的部分，分别为两个不同音节声韵调组合模式的发音比较、比较字词、发音、发音人性别、发音人姓名、语图等。中下部为比较分析的具体内容。该库表单显示如下图：

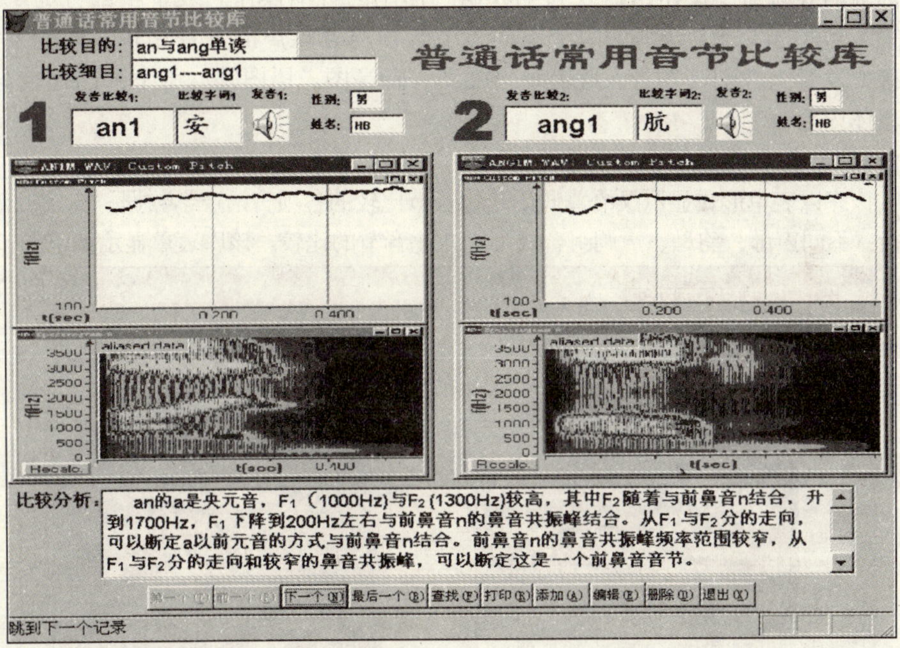

（五）普通话轻声比较库

普通话轻声比较库以表单形式显示汉语普通话轻声音节比较的各项言语声学数据。比较的范围包括：男、女声对同一音节的轻声的发音比较，不同声母、韵母、声调组合成不同轻声音节的比较。该库提供了目前普通话水平测试中需要认真区分的各种轻声形式。该库表单显示如下图：

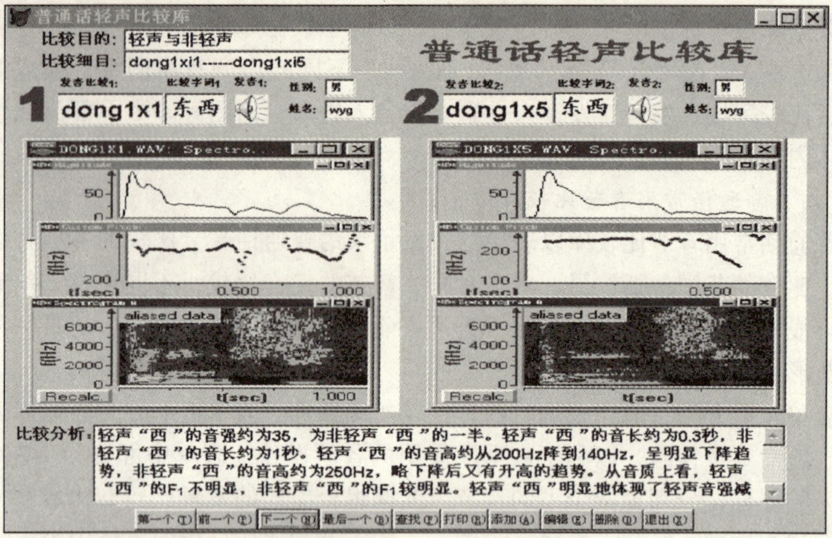

表单左上方为轻声音节比较的目的、比较的细目等。表单正下方为数据库表单标准的导航命令按钮组，以利于数据库使用的各项操作。表单中部分为 1 左、2 右两个大的部分，分别为两个不同音节轻声与非轻声的发音比较、比较字词、发音、发音人性别、发音人姓名、音强图、音高图、语图等。中下部为比较分析的具体内容。

（六）普通话儿化音节比较库

该库以表单形式显示汉语普通话儿化音节比较的各项言语声学数据。比较的范围包括：不同声母、韵母、声调组合成不同儿化音节的比较。该库表单显示如下图：

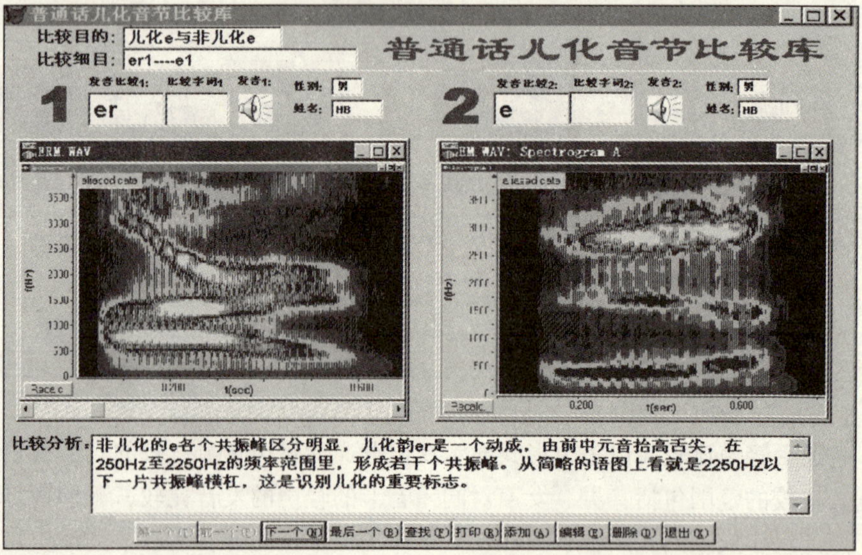

表单左上方为儿化音节比较的目的、比较的细目等。表单正下方为数据库表单标准的导航命令按钮组，以利于数据库使用的各项操作。表单中部分为1左、2右两个大的部分，分别为两个不同音节儿化与非儿化的发音比较、比较字词、发音、发音人性别、发音人姓名、语图等。中下部为比较分析的具体内容。

（七）普通话双音节词语比较库

该库以表单形式显示汉语普通话双音节词语比较的各项言语声学数据。比较的范围包括：男、女声对同一双音节词语的发音比较，不同声母、韵母、声调组合成不同双音节词语的比较。该库提供了目前普通话水平测试中需要认真区分的各种双音节词语模式。该库表单显示如下图：

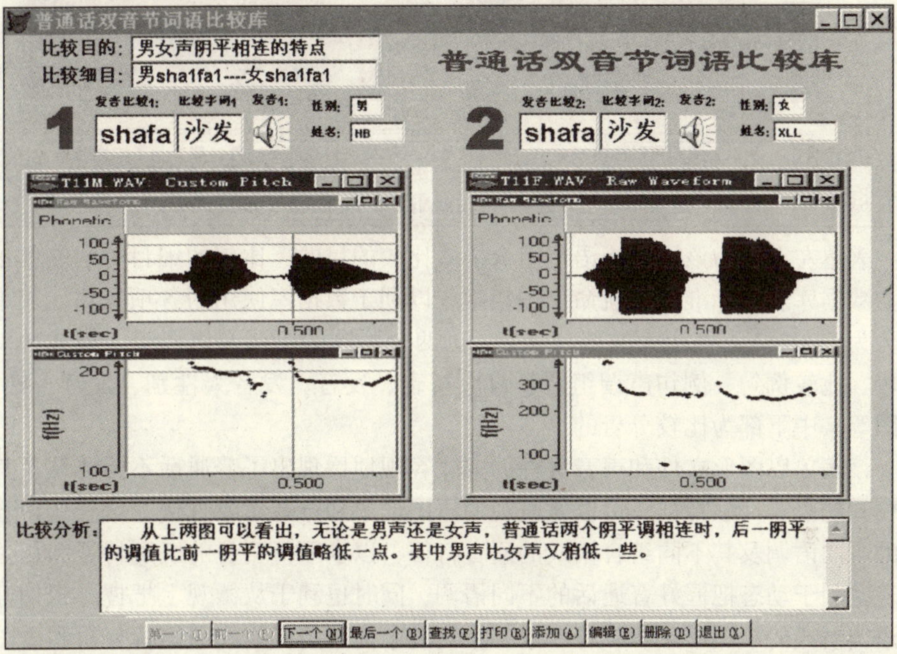

表单左上方为双音节词语比较的目的及比较的细目等。表单正下方为数据库表单标准的导航命令按钮组，以利于数据库使用的各项操作。表单中部分为1左、2右两个大的部分，分别为两个不同双音节词语的发音比较、比较字词、发音、发音人性别、发音人姓名、波形图、音高图等。中下部为比较分析的具体内容。

（八）普通话语调比较库

该库以表单形式显示汉语普通话语调比较的各项言语声学数据。比较的范围包括：男、女声对同一语调的发音比较、不同语调组合模式的比较。该库覆盖了目前普通话水平测试中需要认真区分的各种语调及其组合模式。该库表单显示如下图：

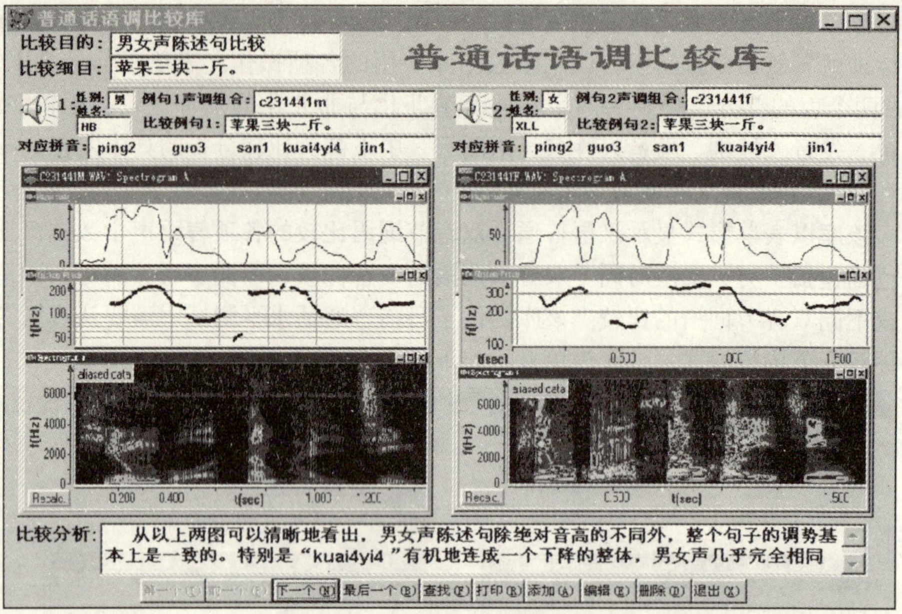

表单左上方为该语调或语调组合模式比较的目的、比较的细目等。表单正下方为数据库表单标准的导航命令按钮组，以利于数据库使用的各项操作。表单中部分为1左、2右两个大的部分，分别为两个不同的语调及语调组合模式的发音比较、比较例句、例句声调组合、对应拼音、发音、发音人性别、发音人姓名、语图等。中下部为比较分析的具体内容。

该表单以图形文件和声音文件的方式客观地展现出了普通话不同语调及其组合模式的语音声学特征，可以凭直观的语图形象和声音形象直接地比较认识普通话的不同语调及其不同组合模式的语音特征，以求取得明显的区别特征和相关数据，既利于动态把握好普通话的不同语调，同时也利于从微观上把握、识别好每一语调模式的语图形象和声音形象，在比较中提高语调模式的语音分析和语图识别的能力，提高听辨和分析不同语调语音特点的能力，为普通话水平测试中语调发音正误的评判和普通话语调的教学培养实际的操作能力。

四　普通话水平测试各等级标准数据库内容与功能

普通话水平测试各等级标准数据库通过大量直观的和可感知的不同等级的声音文件和语图图形文件，客观地展现普通话水平测试不同等级的语言面貌和各种数据，为《普通话水平测试等级标准》提供言语声学的数据支撑，使有声语言与可视语言—语图相互印证，从而最大限度地避免普通话水平测试的主观性，维护、加强普通话水平测试国家法定标准《普通话水平测试等级标准》的客观性、准确性和权威性，有效地提高普通话测评质量，同时也为普通话的教学和研究提供科学的客观依据和现代化的教学、研究手段，促进推广普通话工作的深入开展。该库可以作为普通话测评员给应试人员评分定级的依据，是普通话测评员提高自己测试水平的重要参照材料，同时也是广大教师教授普通话，应试人员学习普通话，预测自己普通话水平所达到的等级标准的学习指导材料，可以有效地运用于普通话测试和普通话教学。

普通话各等级标准数据库下含试卷单字库、试卷词语库、试卷朗读库、试卷说话库和试卷总库等。

（一）试卷单字库

该库以表单形式显示了90条汉语普通话单音节字的语音切分文件、语图和评判记录。试卷材料取自国家《普通话水平测试大纲》样题。每条记录含5个单音节字，包括了一级乙等、二级甲等、二级乙等、三级乙等单字部分语音样本的发音和语图显示。该库覆盖了目前普通话水平测试中需要认真评判的各种音节，普通话各个声母的出现频率不少于3次，各个韵母的出现频率不少于2次。根据需要，还可以进一步进行扩充和比较。该库表单显示如下图：

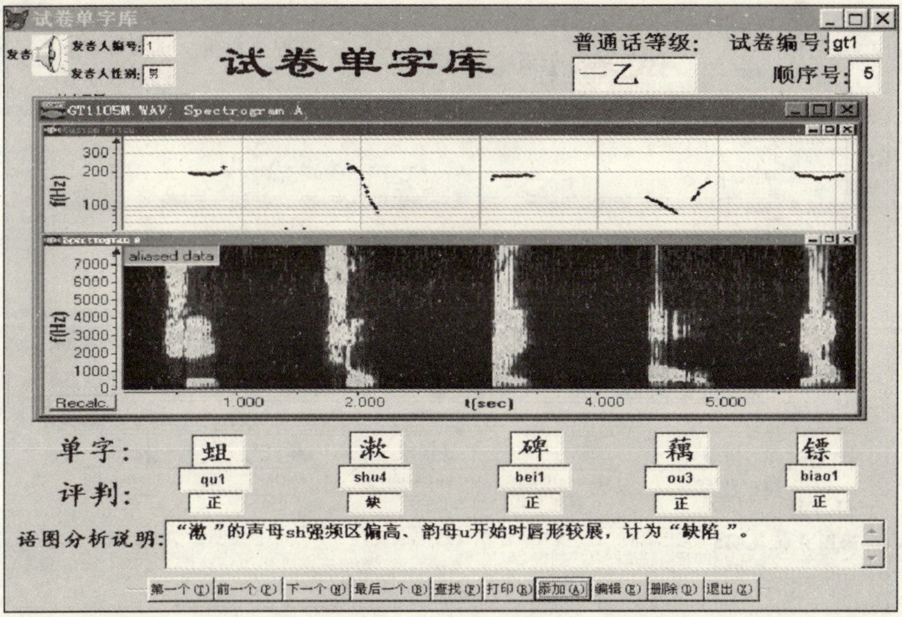

表单左上方为单音节字词的发音、发音人性别、发音人姓名。右上方为普通话等级、试卷编号和顺序号。表单正下方为数据库表单标准的导航命令按钮组，以利于数据库使用的各项操作。表单中部分为5个单音节字的音高图、语图等。中下部为与语图相对应的具体的单音节字、该字正确的读音、评判结论。对应字词下面是语图分析说明，主要对这5个字的评判进行分析说明。评判为错误的字词说明为什么评为错误。评判为缺陷的字词说明为什么评为缺陷。评判的理论依据为国家《普通话水平测试标准》和《云南省普通话水平测试评分标准正误界定及实施细则》，具体地通过音高图、语图加以数据化，评判为正确的字词不再说明理由。

该表单以图形文件和声音文件的方式客观地展现出了普通话水平测试单音节字词部分不同等级标准的语音样本的发音和评判情况，为普通话水平测试中各单音节字词发音正误的评判提供客观的标准和奠定实际的操作技能。

（二）试卷词语库表单

该库以表单形式显示50条汉语普通话双音节词语的语音切分文件、语图和评判记录。试卷材料取自国家《普通话水平测试大纲》样题。每条记录含5个双音节字词，包括了一级乙等、二级甲等、二级乙等、三级乙等词语部分语音样本的发音和语图显示。该库覆盖了目前普通话水平测试中需要认真评判的各种双音节词语，其中普通话各个声母的出现频率不少于3次，各个韵母的出现频率不少于2次，上声与上声相连的词语不少于2次，轻声词语不少于3次，儿化词语不少于4次。根据需要，试卷词语库还可以进一步进行扩充和比较。

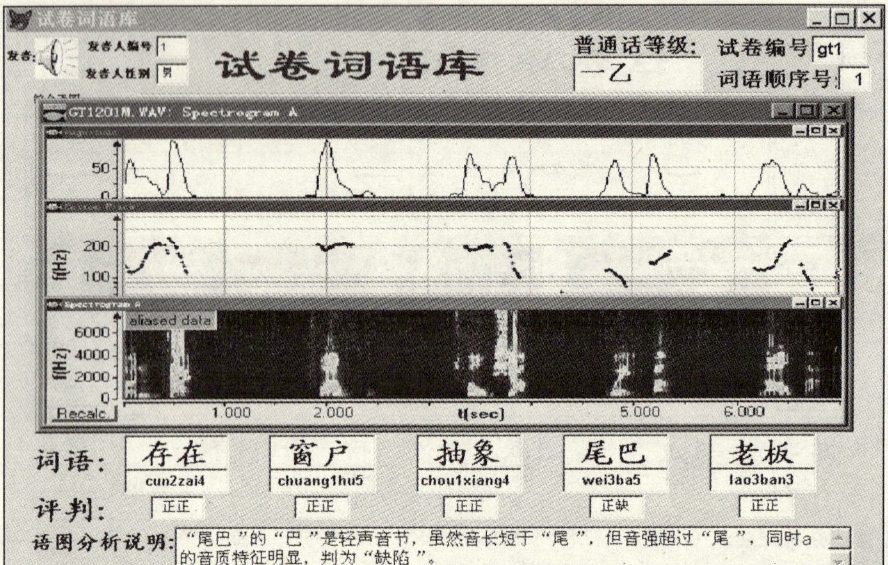

表单左上方为双音节词语的发音、发音人性别、发音人姓名。右上方为普通话等级、试卷编号和词语顺序号。表单正下方为数据库表单标准的导航命令按钮组，以利于数据库使用的各项操作。表单中部分为5个双音节字词的音强图、音高图、语图等。中下部为与语图相对应的具体的双音节字词、该词正确的读音和评判结论。对应字词下面是语图分析说明，主要对这5个词的评判进行分析说明。评判为错误的词语说明为什么评为错误。评判为缺陷的词语说明为什么评为缺陷。评判的理论依据为《普通话水平测试标准》和《云南省普通话水平测试评分标准正误界定及实施细则》，具体地通过音高图、语图加以数据化，评判为正确的字词不再说明理由。

该表单以图形文件和声音文件的方式客观地展现出了普通话水平测试双音节词语部分不同等级标准的语音样本的发音和评判情况，为普通话水平测试中各双音节词语发音正误的评判提供客观的标准和奠定实际的操作技能。

（三）试卷朗读库

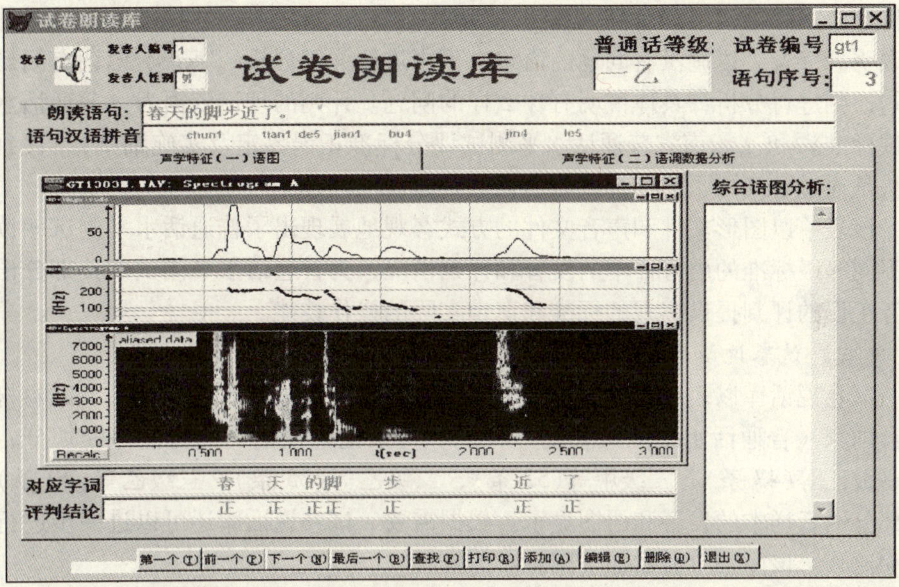

试卷朗读库以表单形式显示了151条朗读文章语句的语音切分文件、语图和评判记录。试卷材料取自国家《普通话水平测试大纲》样题。每条记录一般按语句的自然停顿切分，包括了一级乙等（39条）、二级甲等（31条）、二级乙等（31条）、三级乙等（50条）朗读部分语音样本的发音和语图显示。该库的朗读篇目为朱自清《春》（《普通话水平测试大纲》作品5号）、司徒一凡《悉尼歌剧院建设轶事》（《普通话水平测试大纲》作品22号）、《小服务员》（《普通话水平测试指南》朗读篇目69号）。根据需要，试卷朗读库还可以进一步进行扩充和比较。

表单左上方为朗读篇目语句的发音、发音人性别、发音人姓名。右上方为普通话等级、试卷编号和语句序号。正上方为朗读语句、语句汉语拼音（与下面的语图相对应）。表单正下方为数据库表单标准的导航命令按钮组，以利于数据库使用的各项操作。表单中部为“声学特征（一）语图、声学特征（二）语调数据分析”等两个选项卡。

“声学特征（一）语图”选项卡提供了该朗读语句的音强图、音高图、语图等客观的图形数据，综合语图下部为与该语图相对应的语句字词和评判结论，便于语图的分析识别。左侧为该语句综合语图声学特征的具体分析说明。

“声学特征(二)语调数据分析”选项卡提供根据音强图、音高图分析出来的全句各音节调类组合、全句起调基频、全句基频主调形模式、全句基音最高音点频率、全句基音最低音点频率、全句基频相对最大变化频率值、全句基频结束段变化走势、全句基频结束段时长、全句基频结束段调类、全句基频结束段变化值，全句音强模式、全句结束段音强变化走势、全句最强音点、全句次强音点、全句次弱音点、全句最弱音点等字段的数据。这些数据能很好地展现出语句的语调特征。下部为该语句音高、音强、节奏、停连、长短等声学特征数据的具体分析说明。字音、语调没有问题的语句，不再进行详细分析。字音、语调有问题的语句，则进行分析，具体说明有什么样的问题。评判的理论依据为《普通话水平测试标准》和《云南省普通话水平测试评分标准正误界定及实施细则》，评判的方法是通过音高图、语图加以数据化后具体说明问题。

该表单以图形文件和声音文件的方式客观地展现出了普通话水平测试朗读部分不同等级标准的语音样本的发音和评判情况，为普通话水平测试朗读部分语句发音正误的评判提供客观的标准和奠定实际的操作技能。

(四) 试卷说话库

试卷说话库以表单形式显示了174条说话语句的语图和评判记录。试卷材料取自国家《普通话水平测试大纲》样题。每条记录按语句的自然停顿切分，包括一级乙等(47条)、二级甲等(52条)、二级乙等(35条)、三级乙等(40条)说话部分语音样本的发音和语图显示。根据需要，试卷说话库还可以进一步进行扩充和比较。该库表单显示如下图：

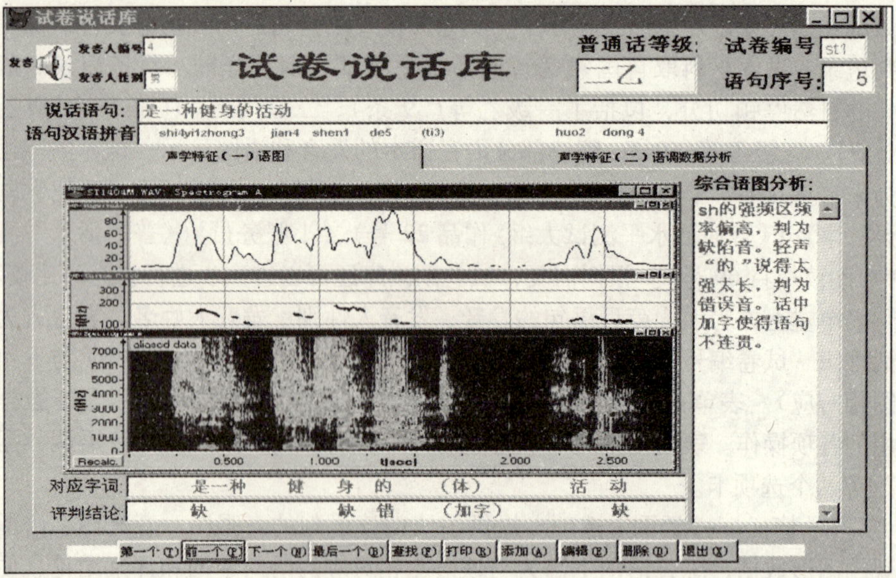

（五）普通话水平测试试卷总库

普通话水平测试试卷总库以表单形式显示 3 套试卷，4 个不同等级发音人的全部试卷内容、语音切分文件和评判记录。试卷材料取自国家《普通话水平测试大纲》样题和云南省普通话水平测试题库的实验题。每条记录系一个发音人。包括了一级乙等（1 人）、二级甲等（1 人）、二级乙等（1 人）、三级乙等（1 人）的语音样本的发音和试卷内容。根据需要，试卷总库还可以进一步进行扩充和比较。该库表单显示如下图：

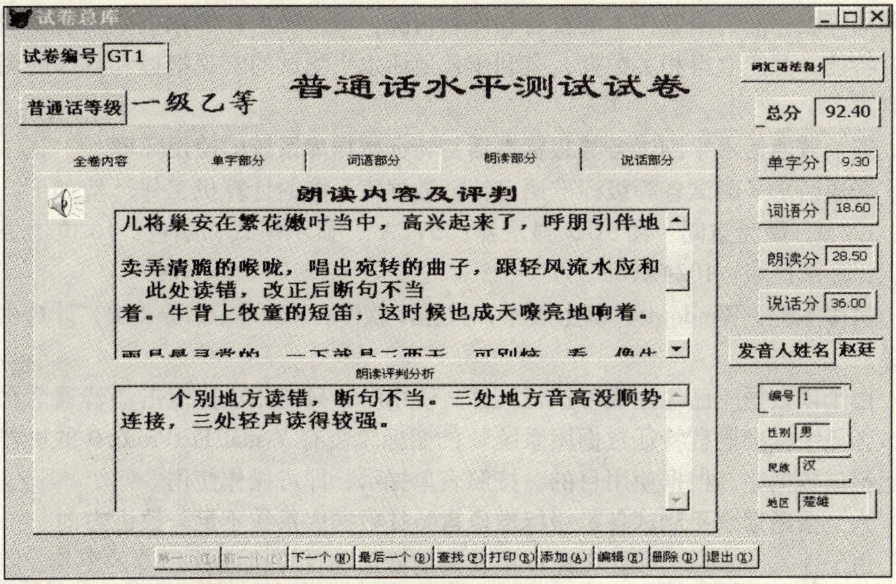

表单左上方为试卷的编号、普通话等级，右方为总分、单字分、词语分、朗读分、说话分和发音人姓名、发音人编号、发音人性别、发音人民族、发音人所在地区等普通话水平测试的语言环境数据，便于对试卷和发音人的情况有一个宏观的了解。

表单正下方为数据库表单标准的导航命令按钮组，以利于数据库使用的各项操作。

表单中部为“全卷内容、单字部分、词语部分、朗读部分、说话部分”等 5 个选项卡。

“全卷内容”选项卡提供了对该发音人测试的试卷的全部内容和具体发音、全卷的评判分析。有利于宏观把握发音人的语音样本的普通话等级。“单字部分”选项卡提供了对该发音人测试的单字部分的内容和具体发音、单字部分的评判分析。有利于宏观把握发音人的语音样本的单字部分的评判情况。“词语部分”选项卡提供了对该发音人测试的词语部分的内容和具体发音、词语部分的评判分析。有利于宏观把握发音人的语音样本的词语部分的评判情况。“朗读部分”选项卡提供了对该发音人测试的朗读部分的内容和具体发音、朗读部分的评判分析。有利于宏观把握发音人的语音样本的朗读部分的评判情况。“说话部分”选项卡提供了该发音人测试的说话部分的内容和具体发音、说话部分的评判分析。有利于宏观把握发音人的语音样本的说话部分的评判情况。

至于各部分的微观分析，则分别见前面所述的试卷单字库、试卷词语库、试卷朗读库、试卷说话库。

该表单以文本文件和声音文件的方式客观地展现出了普通话水平测试试卷全卷不同等级标准的语音样本的发音和评判情况，可以凭声音形象辨认发音正误的语音特征，并能取得相关数据，有利于普通话水平测试的宏观把握和具体的测试评判。

五　普通话水平测试各等级标准语言特征数据库系统的使用环境

普通话水平测试各等级标准语言特征数据库系统的计算机工作环境如下：内存：128M，硬盘空间：约5G，显示器：SVGA，显示模式、颜色：16位增强色以上，显示区域：1024X768。

操作系统：Windows98以上版本，数据库软件：Visual FoxPro 6.0，计算机用音箱。

由于该数据库已经生成可执行文件，使用时，只需用鼠标双击“普通话水平测试各等级标准语言特征数据库系统”的图标，装有Visual FoxPro 6.0的机器即可运行该数据库，根据使用目的，按照表单提示，即可操作使用。

六　普通话水平测试各等级标准语言特征数据库系统不足与改进方向

由于Visual Studio可视化计算机软件的推出和计算机硬件环境的更新，使普通话水平测试各等级标准语言特征数据库系统的建设得以完成，普通话水平测试的质量和水平也将上升到一个新的台阶。但该系统仍有很多不足，需要以后改进。

从数据量来看，根据普通话水平测试大纲，测试的总体内容、类型虽已基本确定，但具体的内容和范围仍需进一步明确和补充。目前该数据库的试卷数据仍嫌少了一点，最好能够每一个等级都有一个男、女声的语音样本。从数据内容来看，数据库选取的测试内容，并不完全令人满意。如何选取思想性艺术性都好，同时统计语言学、教育测量学数据也比较平衡的试卷来做言语声学分析，仍有大量的工作要做。

从数据分析来看，如何提高广大测评员语音分析和语图识别的能力，并将其用于具体的测评实践，仍有一段较长的路要走。我们清楚地认识到普通话水平测试各等级标准语言特征数据库的改进、完善，是一个长期而艰巨的任务，只有把数据库建成一个开放的动态的系统，才能适应不断发展变化了的普通话水平测试的需要，才能进一步提高普通话水平测试的质量。

第三节 普通话水平测试题库系统

一 题库与普通话水平测试题库建设

“题库”是由英语 item bank 一词意译而来的。一个题库当然必须有能够组配出几十套甚至几百套试卷的成千道甚至上万道的题目，但它并不是简单的许多题集合起来的题目仓库，也不是一般的计算机题目检索、组合系统。题库是由许多标准化测试所构成的一个整体网络系统，它具有一套完整的建库理论和题目分析的指标体系及评价标准。每一道题（就普通话水平测试而言，可以是一个说话题目，一篇朗读材料，一个词，一个字）的入库组卷，必须包括题目编号、测试目的、测试对象、测试时间、题目难度、题目区分度、使用情况等几十个项目分析的定性定量数据。一道题目从命制到入库，往往需要几个月甚至更长的时间，投入相当的人力、物力才能完成。简单的题目组合，并不是科学的教育测量学意义上的题库。

普通话水平测试题库建设是一种综合教育测量学与应用语言学研究成果的多学科综合应用技术。它涉及教育测量学、计算机科学、实验语音学、言语声学、统计语言学、语言教学与测试等许多新兴学科，是一个开放性的系统工程，不是一种短期行为。其基本内容和实施步骤包括：确定题库建设的理论基础；根据普通话水平测试大纲确定测试的范围、题型、题量及测试方法来拟定编题计划、确立测试标准、命制题目、审定题目、拼组试卷、实施测试、评定并复查成绩；分析试题、试卷质量；搜集、整理、分析有关数据；确立标准卷规范并根据需要组配命制若干套等值的规范试卷；检测教学效果，进行信息反馈，指导教学等。题库建设的关键环节，是标准卷的研制。题库建立后，也还需要在理论与实践的结合中不断修正、补充和完善。

普通话题库建设的目的是促使普通话水平测试走上规范化、标准化的轨道，使普通话水平测试的试题具有较强的公平性、可比性、适用性和可操作性，同时对普通话教学有良好的反馈和指导作用。

要建立普通话水平测试题库，首要的一点就是要明确以什么样的教育测量理论作为题库建设的理论基础，即采用什么样的数学模型建造题库。目前，国内外比较流行的题库建设理论有“经典测量理论”（CTT）、“项目反应理论”（IRT）和“概化理论”（GT）。

普通话水平测试题库建设遵循普通话水平测试总的研究试验方法和技术路线，即以现代语言学和现代教育测量学理论为基础，以语言概率为依据，以实验语音学、音位学的理论和成果为评判正误尺度，研究制定普通话水平测试标准，建立、修正、完善普通话水平测试题库，实施规模性的普通话水平考试。

首先，为了使普通话测试标准的评判客观公正，在如何判别发音正确与错误的界限方面注意采用实验语音学的研究方法和成果，并充分考虑音位学的研究理论和描写方法，以客观、科学的理论和方法，制定判别普通话发音正确、缺陷、错误的界限，为题库建立在准确客观的数据上奠定了基础。

在命制试卷时，还应充分注意语言单位的出现概率，注意试题的覆盖面与代表性。各项测试均努力做到测试目的明确，测试标准统一，测试评分客观公正。力求在尽可能短的时间内，尽可能多地考查应试者的语言能力。普通话水平测试标准卷数据的样本选取，应有一定的数量和代表性。

普通话水平测试题库建设的具体研制方法为：

1. 通过单字的测试，对测试试卷单字部分的内容进行科学的数理统计分析，根据 P=R/N 公式和点二列相关系数公式求出每一个常用汉字和普通话每一个音节的难度值、区分度值等有关数据，建立普通话试题质量分析卡(除部分硬拷贝外,主要以计算机数据库形式出现)，并通过普通话试题质量分析卡建立普通话常用字测试信息数据库、普通话音节测试信息数据库，合理组配单字，提高单字部分题目的总体质量。

2. 通过词语部分的测试，对现代汉语常用词进行科学的数理统计分析，根据 P=R/N 公式和点二列相关系数公式求出每一个常用词及其组成汉字的难度值、区分度值，建立现代汉语常用词语测试信息数据库。其中测试统计的重点为常用多音字的读音，上声和“一、不”的变调，常用轻声词、儿化词以及云南人容易读错的词语，合理组配词语，提高词语部分题目的总体质量。

3. 通过朗读部分的测试，检测应试者掌握和运用普通话字词的准确度和熟练程度，取得朗读篇目的有关数据，建立朗读篇目测试信息数据库，提高朗读部分题目的质量。

4. 通过说话部分的测试，检验应试者的普通话整体面貌、词汇语法规范程度和语调自然流畅程度，取得话题的有关数据，建立说话测试信息库，提高说话题目的质量。

5. 通过测试，对试卷进行整体质量的分析，建立普通话水平试卷测试信息库，根据分析得出的试卷信度(用 KR—20 公式求出)、平均难度值(平均分可视为平均难度值)、平均区分度值(由于普通话水平测试工作量较大,目前尚没有理想的参照数据,故普通话水平测试以平均区分度作为效度指标)等有关数据，补充、修正普通话水平测试试卷，提高试卷质量。

6. 通过试题、试卷的质量分析和抽样研究，筛选、组配出能够反映普通话语音在口语中的实际出现概率又相互等值的符合国家统一标准的质量较高、数量相当的规范试卷，以适应社会各行各业人员参加普通话水平测试的需要。

作为规范卷的覆盖面，应该尽可能地广。从试卷的外观形式来看，单字、词语部分不应出现相同的字词，多音字应尽量避免在单字部分出现，某些字词在朗读篇目中不应过分集中，两个任选话题应有较大差别，朗读材料不应对话题有提示作用，以保证试卷有足够广的覆盖面，保证在相对较少的时间内考查到尽可能多的内容。《普通话水平测试大纲》规定：单音节词考100个，双音节词考50个，朗读考400个音节的短文。在有文字凭借的材料中，总共考了600个音节，基本可以折算为600个字。最理想的标准卷是在这600个字中，覆盖了汉语普通话的400个音节，没有重出的字词。试卷的命制实际上达不到上述要求，单字、词语部分的字词可以避免重出，朗读部分却不可避免地会出现词语重复的情况。从按照《普通话水平测试大纲》的要求命制的50套试卷来看，覆盖面较好的试卷，覆盖了(398)个汉字；覆盖面较差的试卷，仅覆盖了330个汉字。从《普通话水平测试大纲》提供的朗读材料来看，400个音节的短文，汉字重出现象少的，重出了85个字，汉字重出现象多的，重出了95个。根据覆盖面应尽可能广的要求，按照《普通话水平测试大纲》规定的试卷命制方法，从实际操作的可行性来看，规范卷汉字的覆盖面应达到400个以上，重出的字应少于85个。

普通话水平测试的标准卷应该有较高的信度指标。信度是反映考试稳定性和可靠性的重要指标。作为标准化考试的笔试，试卷的信度要求高于0.9。普通话水平测试是口试，由于受主观因素的影响较大，不易取得较高的信度指标。通过以上所述的各项宏观、微观的控制措施，可以有效地提高信度。

总之，若干套在统计语言学和教育测量学上等值的标准试卷的产生，既是普通话水平测试标准确定的标志，也是普通话水平测试题库建立的标志。

二　普通话水平测试题库系统

(一) 普通话水平测试题库系统概述

普通话水平测试题库系统是云南省普通话水平测试中心成立以来的重点科研课题，1994年6月正式立项。1997年6月完成并通过专家鉴定。

普通话水平测试题库的研究，以国家发布的《普通话水平测试大纲》为指导，以云南省试行的普通话水平测试实践为基础，针对普通话水平测试的特点，采用经典测量理论CTT同时参照概化理论GT作为题库建设的理论基础，充分应用计算机技术，制定了在统计语言学和教育测量学方面等值的规范试卷，从理论与实践的结合上，建立普通话水平测试题库。

1994年底，国家有关部门作出了《关于开展普通话水平测试工作的决定》，发布了《普通话水平测试大纲》。《普通话水平测试大纲》的“总论”明确提出：“要选取编制较好的试卷，进行信度、区别度和难度分析，通过分析的试卷可以在测试机构内作为标准卷推广使用，并逐步建立测试题库。”

普通话水平测试题库研究课题组在上述思想的指导下，根据普通话水平测试的特点，先后输入计算机10万余汉字，命制试卷260套，分析取样23 314人次，分类取样 43 114 份，录入 230 余万数据，设计各种计算机程序 30 余个，进行了不同计算机语言的程序组合，建立了大小 400 余个有关测试信息的数据库。通过大量的测试和取样分析，从理论与实践的结合上确立了普通话水平测试的教育测量学标准，研制了一批在统计语言学和教育测量学上等值的试卷，建立了普通话水平测试题库系统 PSCTK。

从语言学的角度来看，普通话水平测试题库属于应用语言学分支学科中的语言教学与测试领域；从计算机科学的角度来看，普通话水平测试题库属于计算机辅助教学中的题目数据库领域，是符号化的有声语言人机交互式的考试系统，即计算机出题，人工作答的计算机测试系统。

普通话水平测试题库属于自然语言信息处理系统。语言信息处理系统一般包括两个主要方面：1. 信息本身，即具体的各个普通话水平测试题目数据库；2. 信息的使用，即如何使用这些信息的计算机程序与程序组合，最后产生出规范的试卷。

普通话水平测试数据的样本选取，应有一定的数量和代表性。采用 CTT 理论建立题库，制定规范卷，获取准确的教育测量学数据，关键是样本的选取一定要合乎规范，具有代表性试卷样本必须有一定的数量，并且在平均分、各分数段的比例等方面应与试卷的总体尽可能相近，符合正态分布的原则，这样统计分析出的数据也才有科学性、代表性。云南师范大学的学生来自全省各地，测评员评判标准较为统一，测评员信度较高，他们的试卷有较高的代表性和准确性。在教育测量分析中，分类取样的 43 114 份试卷，多以该校学生的试卷为主，这从根本上保证了测试数据的代表性和准确性。

云南省的普通话水平测试工作开展得较早，本着边实践边改进边提高的精神，云南省普通话水平测试中心题库建设课题组于 1993 年至 1994 年先后制定了 150 套试卷实施测试，并对其中基础较好的 80 套试卷进行了 18 714 人次的测试取样，输入计算机 150 万字次的发音正确、错误、缺陷数据，取得了 4 000 个字，3 200 个双音节词语，80 篇朗读材料，160 个话题，80 套试卷的教育测量学数据。总共覆盖了 3 327 个现代汉语常用字，2 000 个常用词语，建立了相互联系而又相互区别的“云南人学普通话语音信息数据库”和“云南省水平测试成绩管理数据库”。在国家《普通话水平测试大纲》发布后，1995 年至 1996 年又先后根据《普通话水平测试大纲》命制了 50 套试卷（Ⅰ型卷 10 套，Ⅱ型卷 40 套），在云南省实施测试。课题组对其中的 46 套试卷进行了 4 600 人次的测试取样，输入计算机 80 万个原始数据，取得了 4 600 个字，2 300 个双音节词语，46 篇朗读材料（含组合的篇目），92 个话题，46 套试卷的教育测量学数据。由于覆盖面广，受试人员多，样本数量大，这些统计分析的结果具有较强的科学性、准确性，普通话水平测试题库建设的有关数据也根据优化原则作了相应的调整。课题组现已建立了普通话水平测试单字库、词语库、朗读篇目库、话题库、整体试卷库等，基本上完成了普通话水平测试题库的建设。

普通话水平测试题库系统的计算机工作环境如下：内存：1M以上(包括常规内存和扩展内存)；硬盘空间：约5MB；显示器：VGA/SVGA；操作系统：MS-DOS5.0以上版本，后为Windows 2000；数据库软件：FOXBASE；计算机语言：TBASIC，后为Visual BASIC6.0。

普通话水平测试题库系统(PSCTK)由普通话水平测试题库查询系统(PTHTK)、普通话水平测试题库自动出题系统(PZT)、云南人学普通话语音信息数据系统(XPTHK)等三个子系统组成。该系统主要的数据库有DZD、CYK、LDK、SHK、SJK、ZBJK等六个数据库，计算机主程序有PTHTK、ZDCY、ZCHAXUN等三个，分别为普通话水平测试题库查询系统(PTHTK)、普通话水平测试题库自动出题系统(PZT)、云南人学普通话语音信息数据库系统(XPTHK)三个子系统的主程序。

(二) 普通话水平测试题库查询系统(PTHTK)

该系统是普通话水平测试题库系统的主要部分，采用Foxbase(后为Visual Foxpro 6.0)数据库语言编制而成，由单字库DZK、词语库CYK、朗读库LDK、说话库SHK、试卷库SJK等五个数据库组成。普通话水平测试题库建设以经典测量理论CTT为理论基础，经过大量的取样和数据理论统计分析完成，可以提供普通话水平测试题库的有关应用语言学、教育测量学、语音学等方面的有关数据。这些数据包括普通话水平测试题库每个单字的声母、韵母、声调、难度、区分度，每一朗读篇目的难度、区分度、汉字覆盖面，每组说话题目的难度、区分度等数据。该库还提供每一试卷的平均分、标准分、平均难度、试卷信度等各项数据，提供的每一试卷单字部分和词语部分的平均分、标准差、平均难度、试卷信度各项数据。该库可以从字、词、朗读篇目、说话题目、声母、韵母、声调、汉字覆盖面、难度、区分度、信度等不同的角度查询各有关数据，从而为普通话水平测试试卷的命制提供了大量的、翔实的、可靠的单字、词语、朗读、话题的有关材料和数据。该系统是普通话水平测试命题的依据。该系统的建立使普通话水平测试试卷的命制有了科学和准确的基础，对维护普通话水平测试的公平性、可靠性和权威性具有极为重要的意义。

1. 普通话水平测试单字库DZK

DZK库共含有2 765条单字的数据记录，库结构由单字、读错率、难度值、区分度、韵母、声调、备注、频率等九个字段组成。2 765条单字中的每一个单字都经过实际测试和数理统计分析。DZK库经优化处理，2 765个单字中，没有重复的汉字，而且均在3 500常用汉字以内，并最大限度地避免了常用多音字的出现。

(1) DZK 库的统计语言学评析。

DZK 库普通话声母出现的记录频数如下：

b	141	p	87	m	121	f	88
d	133	t	122	n	61	l	172
g	121	k	80	h	131		
j	203	q	104	x	180		
zh	176	ch	110	sh	146	r	49
z	64	c	69	s	71		
y	152	yu	70	w	84		

DZK 库普通话声母出现频率(%)：

b	p	m	f	d	t	n	l	g	k	h	j
5.10	3.15	4.38	3.18	4.81	4.41	2.21	6.22	4.38	2.89	4.74	7.34
q	x	zh	ch	sh	r	z	c	s	y	yu	w
3.76	6.51	6.34	3.98	5.28	1.77	2.31	2.50	2.57	5.50	2.53	3.04

与汉语声母出现频率比较，除 p(3.15%)和 d (4.81%) 的频率与客观语言概率相差有点大外，DZK 库其他声母频率与客观语言概率基本吻合。DZK 库中频率低于 3.0% 的声母(n、k、r、z、c、s、yu)个数也与客观语言概率情况大体相当。b、p、m、f、d、t、l、g、h、j、q、x、zh、ch、sh、y、w 等出现频率均超过《普通话水平测试大纲》要求。

DZK 库普通话韵母出现的记录频数如下：

-i (前)		35		-i(后)		96		er		6			
ɑ	80	o	42	e	85	ɑi	78	ei	56	ɑo	106	ou	73
ɑn	146	en	74	ɑng	99	eng	96	ong	90				
i	192	iɑ	44	ie	83	iɑo	89	iou	59				
iɑn	119	in	64	iɑng	54	ing	102	iong	20				
u	197	uɑ	27	uo	86	uɑi	18	uei	94				
uɑn	62	uen	57	uɑng	45	ueng	3						
ü	89	üe	29	üɑn	37	ün	29						

DZK 库普通话韵母出现频率(%)：

-i(前)	-i(后)	er	ɑ	o	e	ɑi	ei	ɑo	ou
1.27	3.47	0.22	2.89	1.52	3.07	2.82	2.03	3.83	2.64
ɑn	en	ɑng	eng	ong	i	iɑ	ie	iɑo	iou
5.28	2.68	3.58	3.47	3.29	6.94	0.04	3.00	3.22	2.13
ɑn	in	iɑng	ing	iong	u	uɑ	uo	uɑi	ei
4.30	2.31	1.95	3.69	0.72	7.12	0.98	3.11	0.65	3.40
uɑn	uen	uɑng	ueng	ü	üe	üɑn	ün		
2.24	2.06	1.63	0.11	3.22	1.05	1.34	1.05		

与汉语韵母出现频率比较，除 e(3.07%) 的频率与其客观语言概率(12.38%) 相差比较大外，其他基本一致。DZK 库各韵母除 o、er、iɑ、iɑng、iong、uɑ、uɑi、uɑng、ueng、üe、ün 外，其余频率均超过 2.0%。-i(后)、ɑ、e、ɑi、ei、ɑo、ou、ɑn、en、ɑng、eng、ong、i、ie、iɑo、iou、iɑn、in、ing、u、uo、uei、uɑn、uen、ü 等 25 个韵母的出现次数等均超过《普通话水平测试大纲》要求。

DZK 库普通话声调出现的记录频数如下：

阴平	681	阳平	676	上声	491	去声	913	轻声	2

DZK 库普通话声调出现频率(%)：

阴平	阳平	上声	去声	轻声
24.63	24.45	17.76	33.02	0.07

与汉语声调出现频率比较，除轻声频率(8.63%)略低外，DZK 库其他声调的频率情况正常。

通过以上对 DZK 库普通话声母、韵母和声调的出现频率情况分析，可以看到题库系统中单字部分试题声、韵、调的出现频率基本上符合客观语言概率，基本符合《普通话水平测试大纲》对单字测试所规定的要求。这些试题的命制是科学的、可行的。

(2) DZK 库的教育测量学评析。

DZK 库的教育测量学指标，详见表一“DZK 库难度值、区分度值频数表”。

表一　DZK 库难度值、区分度值频数表

难度值范围	单字记录频数	区分度值范围	单字记录频数
1—>0.95	164	<0	42
0.95—>0.90	309	=0	4
0.90—>0.85	388	>0—0.05	42
0.85—>0.80	351	>0.05—0.10	89

难度值范围	单字记录频数	区分度值范围	单字记录频数
0.80—>0.75	446	>0.10—0.15	161
0.75—>0.70	371	>0.15—0.20	243
0.70—>0.65	310	>0.20—0.25	349
0.65—>0.60	176	>0.25—0.30	404
0.60—>0.55	130	>0.30—0.35	467
0.55—>0.50	82	>0.35—0.40	379
<0.50	38	>0.40—0.45	286
		>0.45—0.50	178
		>0.50—0.55	90
		>0.55	31
DZK 库的平均难度值为 0.775		DZK 库的平均区分度值为 0.29	

该教育测量学数据显示，DZK 库绝大部分题目符合教育测量学的要求。

2. 普通话水平测试词语库 CYK

普通话水平测试词语库 CYK 由 CYK1、CYK2 两个子库构成。CYK1 是粗语料库，含有普通话水平测试大纲规定的"普通话词语表"中的全部双音节词语(约 2.2 万条)及其有关语言学数据。CYK2 是经过优化的精语料库，总共含有经过优选的 3 615 条词语的教育测量学和语言学的有关数据，其中的每一条双音节词语都经过实际测试和数理统计分析，下面的有关数据均为 CYK2 的情况。

CYK 库结构由双音节词语的前一字、前一字的难度、前一字的区分度、前一字的声母、前一字的韵母、前一字的声调、后一字、后一字的难度、后一字的区分度、后一字的声母、后一字的韵母、后一字的声调、后一字的标注字(主要指儿化字后的"儿"字)、词语的频率(主要指出现于词表一还是词表二)等十四个字段组成，可以提供这 3 615 双音节词语的上述十四个字段的有关数据。

(1) CYK 库的统计语言学评析。

CYK 库普通话声母出现的频数(含前后字)如下：

b	341	p	168	m	286	f	221
d	335	t	249	n	216	l	350
g	300	k	214	h	369		
j	473	q	295	x	446		
zh	315	ch	271	sh	346	r	139
z	252	c	188	s	223		
y	544	yu	109	w	246	零声母	106

CYK 库普通话声母出现的频率(含前后字)(%)：

b	p	m	f	d	t	n	l	g	k	h	j	q
4.72	2.32	3.96	3.06	4.63	3.44	2.99	4.84	4.15	2.96	5.10	6.54	4.08
x	zh	ch	sh	r	z	c	s	y	yu	w	零声母	
6.17	4.36	3.75	4.79	1.92	3.49	2.60	3.08	7.52	1.51	3.40	1.47	

与汉语声母出现频率比较，可以看出，除声母 d(4.63%)与客观语言概率(12.00%)相差较大，其他基本一致，且频率略低于3.0%的只有 p、n、k、r、c 等5个声母。b、m、f、d、t、l、g、h、j、q、x、zh、ch、sh、z、s、y、w 等18个声母的出现次数等均超过《普通话水平测试大纲》要求。说明题库试卷词语部分的声母频率基本符合客观语言概率，符合《普通话水平测试大纲》规定的要求。

CYK 库普通话韵母出现的频数(含前后字)如下：

-i(前)			154		-i(后)		183						
ɑ	170	o	94	e	203	ɑi	224	ei	140	ɑo	269	ou	179
ɑn	316	en	186	ɑng	237	eng	195	ong	224				
i	453	iɑ	96	ie	163	iɑo	177	iou	145				
iɑn	278	in	182	iɑng	178	ing	230	iong	77				
u	477	uɑ	99	uo	192	uɑi	87	uei	182				
uɑn	179	uen	170	uɑg	166	ueng	0						
ü	167	üe	131	üɑn	159	ün	137						

CYK 库普通话韵母出现的频率(含前后字)(%)

-i(前)	-i(后)	er	ɑ	o	e	ɑi	ei	ɑo	ou
2.13	2.53		2.35	1.30	2.81	3.10	1.94	3.72	2.48
ɑn	en	ɑng	eng	ong	i	iɑ	ie	iɑo	iou
4.37	2.59	3.28	2.70	3.10	6.27	1.33	2.25	2.45	2.01
ɑn	in	iɑng	ing	iong	u	uɑ	uo	uɑi	ei
3.85	2.52	2.46	3.18	1.07	6.60	1.37	2.66	1.20	1.82
uɑn	uen	uɑng	ueng	ü	üe	üɑn	ün		
2.28	2.35	2.30	0	2.31	1.81	2.20	1.87		

与汉语韵母出现频率比较，除 e 的频率2.81%与其客观语言概率(12.38%)相差较大外，其他韵母基本符合客观语言概率。低于2.0%的有 o、ei、iɑ、iong、uɑ、uɑi、ueng、üe、ün 等9个。-i、ɑ、e、ɑ、iɑo、ou、ɑn、en、ɑng、eng、ong、i、ie、iɑo、iou、iɑn、in、iɑng、ing、u、uo、uei、uɑn、uen、uɑng、ü、üɑn 等27个韵母的出现次数均超过《普通话水平测试大纲》要求。CYK 库基本符合汉语韵母客观语言概率，基本符合《普通话水平测试大纲》对声母规定的

测试次数要求。

CYK 库普通话前字声调出现的频数如下：

阴平	809	阳平	995	上声	828	去声	981	轻声	0

CYK 库普通话后字声调出现的频数如下：

阴平	539	阳平	802	上声	638	去声	1402	轻声	234

与汉语声母出现频率比较，声调情况也与汉语声调客观概率基本吻合。

CYK 库普通话上声与上声相连的词语出现的频数为 202 次，普通话轻声词语出现的频数为 234 次，普通话儿话词语出现的频数为 245 次。这三者在 3 615 个双音节词中的频率情况见下表：

	上声与上声相连	轻声词语	儿化词语
出现频率(%)	5.59	6.47	6.78

这三项指标完全符合《普通话水平测试大纲》规定的“上声和上声相连的词语不少于 2 次，轻声不少于 3 次，儿化韵不少于 4 次”的要求。

(2) CYK 库的教育测量学评析。

CYK 库的教育测量学指标，详见表三“CYK 库双音节词难度值频数表”，表四“CYK 库双音节词区分度值频数表”。

表三 CYK 双音节词难度值频数表

难度值范围	前字记录频数	后字记录频数
1—>0.95	712	406
0.95—>0.90	743	525
0.90—>0.85	680	596
0.85—>0.80	473	606
0.80—>0.75	388	525
0.75—>0.70	250	372
0.70—>0.65	174	258
0.65—>0.60	82	140
0.60—>0.55	63	87
0.55—>0.50	21	55
0.50—>0.45	10	25
0.45—>0.40	9	16
0.40—>0.35	7	7
0.35—>0.30	1	4
<0.30	1	3

CYK 库双音节词前字的平均难度值为 0.854，后字的平均难度值为 0.815。

表四 CYK 库双音节词区分度值频数表

区分度值范围	前字记录频数	后字记录频数
<0	149	125
=0	45	25
>0—0.05	172	131
>0.05—0.10	255	206
>0.10—0.15	356	325
>0.15—0.20	510	409
>0.20—0.25	504	447
>0.25—0.30	494	468
>0.30—0.35	454	481
>0.35—0.40	363	397
>0.40—0.45	214	319
>0.45—0.50	124	161
>0.50—0.55	55	79
>0.55	20	42

CYK 库双音节词前字的平均区分度值为 0.238，后字的平均区分度值为0.260。

词语库平均难度值和平均区分度值低于单字库，这是由语言环境决定的。这些教育测量学数据显示，CYK 库大部分题目符合教育测量学的要求。

3. 普通话水平测试朗读库 LDK

LDK 库结构由朗读篇目名称、篇目出处、篇目开头句子、篇目的汉字覆盖面、篇目的音节覆盖面、篇目的难度值、篇目的区分度值、篇目的测试卷号、篇目的使用情况、备注等十个字段构成，共含 400 字的朗读篇目 90 篇，300 字的朗读篇目 104 篇，共计 194 篇朗读篇目的数据记录。另有这些篇目全文的文本文件供调用。该库可以提供朗读篇目名称、篇目出处、篇目开头句子、篇目的汉字覆盖面、篇目的音节覆盖面、篇目的难度值、篇目的区分度值、篇目的测试卷号、篇目的使用情况等数据。

LDK 库朗读篇目难度数据如下：

	平均难度	最高难度	最低难度
400 字短文	0.840	0.798	0.862
300 字短文	0.859	0.832	0.891

LDK 库朗读篇目汉字覆盖面数据如下：

	平均覆盖面	最高覆盖面	最低覆盖面
400 字短文	212	266	153
300 字短文	169	208	132

根据覆盖面应尽可能广的要求，300 字的篇目字项低于 170 字的不采用。400 字的篇目字项低于 200 字的也不采用。对于字项较低的朗读篇目，可以进行重新组合和增删。这样 400 字的朗读篇目可以分成两部分，或为 200 字加 200 字的两个篇目，或为 300 字加 100 字的两个篇目。这样命制出来的朗读篇目才能保证有尽可能大的覆盖面。

4. 普通话水平测试说话库 SHK

SHK 库结构由话题名称 1、话题名称 2、该组话题的难度值、该组话题的区分度值、该组话题的测试卷号、该组话题得分的标准差、该组话题的使用情况、备注等字段构成，共含 93 组话题数据记录（其中国家《普通话水平测试大纲》的话题 43 组）。该库可以提供话题名称 1、话题名称 2、该组话题的难度值、该组话题的区分度值、该组话题的测试卷号、该组话题得分的标准差、该组话题的使用情况等数据。

SHK 库话题难度数据如下：

平均难度	最高难度	最低难度
0.787	0.757	0.809

5. 普通话水平测试试卷库 SJK

SJK 库结构由试卷号、试卷的汉字覆盖面、试卷的音节覆盖面、试卷单字部分的难度、试卷词语部分的难度、试卷朗读部分的难度、试卷说话部分的难度、试卷单字部分的区分度、试卷词语部分的区分度、试卷朗读部分的区分度、试卷说话部分的区分度、试卷单字部分的信度、试卷词语部分的信度、试卷的平均分、试卷平均分的标准差、全卷信度、备注等 17 个字段组成，共计 105 套试卷（其中含按照国家普通话水平测试大纲命制的 46 套试卷）的数据记录。该库可以提供上述各字段的具体数据。

（1）SJK 库的统计语言学评析

SJK 库试卷汉字覆盖面数据如下：

全卷平均覆盖面	最高覆盖面	最低覆盖面
414	432	330

题库按照《普通话水平测试大纲》的要求命制的 50 套试卷来看，覆盖面较好的试卷覆盖了 432 个汉字，覆盖了 253 个音节；覆盖面较差的仅覆盖了 330 个汉字，音节覆盖面不到 200 个，二者差距较大。400 个音节的短文，汉字重出现

象少的，重出了85个字，汉字重出现象多的，重出了95个。优选朗读短文，是解决问题的关键。根据覆盖面应尽可能广的要求，按照《普通话水平测试大纲》规定的试卷命制的方法，从实际操作的可行性来看，规范卷汉字的覆盖面应达到400个以上，音节覆盖面应达到230个以上。

（2）SJK库的教育测量学评析。

	单字部分	词语部分	朗读部分	说话部分	全卷
平均难度	0.767	0.841	0.843	0.789	81.39分
最高难度	0.734	0.809	0.798	0.764	79.17分
最低难度	0.800	0.866	0.862	0.809	82.70分
平均信度	0.975	0.959	–	–	0.818
最高信度	0.980	0.977	–	–	0.900
最低信度	0.969	0.938	–	–	0.627

SJK库中，按照国家《普通话水平测试大纲》命制的46套试卷的信度频数见下表。

表五　46套试卷信度频数表

试卷信度范围	1—0.90	0.90—0.85	0.85—0.80	0.80—0.75
试卷频数	1	24	12	4
试卷信度范围	0.75—0.70	0.70—0.65	0.65—0.60	
试卷频数	2	2	1	

上面数据反映，普通话水平测试单字部分、词语部分的信度系数较高，完全在标准化考试要求的范围内。大部分试卷的信度也在0.80以上，基本符合测试的要求。部分信度系数偏低的试卷，问题主要出在朗读与说话之间可比性较差上面，可考虑修改或不予采用。

6. 普通话水平测试题库查询系统（PTHTK）的计算机主程序PTHTK

该程序是普通话水平测试题库数据查询系统的计算机主控程序，包括单字库、词语库、朗读库、说话库、试卷库5个模块，分别进入单字库、词语库、朗读库、说话库、试卷库查询。每个模块下均有若干功能。

单字库模块的功能有：查询某一单字的全部数据、查询单字库某一声母的全部数据、查询单字库某一韵母的全部数据、查询单字库某一声调的全部数据、查询单字库某一普通话音节的全部数据、查询单字库某一难度值的全部数据、查询单字库某一区分度值的全部数据、浏览整个单字库。

词语库模块的功能有：查询某一词语的功能全部数据、查询词语库前后声母的全部数据、查询词语库前后韵母的全部数据、查询词语库前后声调的全部数据、查询词语库前后普通话音节的全部数据、查询词语库某一难度值范围的全部数据、查询词语库某一区分度值范围的全部数据、查询儿化词语库。

朗读库模块的功能有：从开头句子查询某一朗读篇目的全部数据、从篇目名称查询某一朗读篇目的全部数据、查询某一汉字覆盖面范围的朗读篇目及数据、查询某一音节覆盖面范围的朗读篇目及数据、查询某一测试卷号的朗读篇目及数据、查询某一难度值范围的朗读篇目及数据、查询某一区分度值范围的朗读篇目及数据、浏览整个朗读库。

说话库模块的功能有：查询话题名称(1)的数据、查询话题名称(2)的数据、查询说话库话题的使用情况、查询说话库话题的备注、查询说话库测试卷号的话题及数据、查询说话库某一难度值范围的话题及数据、查询说话库某一区分度值范围的话题及数据、浏览整个说话库。

试卷库模块的功能有：查询某一试卷的全部数据、查询某一汉字覆盖面范围的试卷及数据、查询某一音节覆盖面范围的试卷及数据、查询某一全卷平均分范围的试卷及数据、查询某一全卷信度范围的试卷及数据、查询某一单字信度范围的试卷及数据、查询某一词语信度范围的试卷及数据、浏览整个试卷库。

三　普通话水平测试题库自动出题系统(PZT)

该系统以对普通话水平测试题库查询系统(PTHTK)的调用为基础，初期用 True BASIC，后期采用 Visual BASIC 6.0 计算机语言编制而成，是经过编译方式生成为编译程序的计算机自动出题系统。该系统是利用计算机模拟命题者的思维方式而设计完成的计算机程序组合，主程序为 ZDCY。该系统能够根据国家《普通话水平测试大纲》的各项具体要求，灵活地自动命制普通话水平测试试卷，并提供试卷答案及每一单字、词语、朗读篇目、话题的有关教育测量学和统计语言学数据。这些数据有：组配成卷的 100 个单字的声母、韵母、声调、难度值、区分度值、频率、单字部分的平均难度、各声母、韵母的出现次数据；组配成卷的 50 个双音节词语的声母、韵母、声调、难度值、区分度值、频率、词语部分的平均难度、各声母、韵母的出现次数；朗读篇目的难度值、区分度值、汉字覆盖面；话题的难度值、区分度值；整套试卷的难度值、平均分等。

PZT 系统试卷命制均严格按照国家《普通话水平测试大纲》的要求进行。如：单字部分声母出现次数不得少于 3 次，韵母出现次数不得少于 2 次，排列时不得有双声叠韵现象；词语部分儿化韵必须出现 4 次，轻声出现 5 次以上，声母出现次数不得少于 3 次，韵母出现次数不得少于 2 次，相同测试内容不得集中出现等。在 PZT 系统中，各部分平均难度的波动范围如下：

单字部分：0.75—0.78

词语部分：0.82—0.86

整个试卷：0.793—0.815

以上数据均属于正常波动范围。

在 PZT 系统中，增加了对所选字词的具体内容、平均难度、平均区分度、声母覆盖率、韵母覆盖率等是否满意的选择。如需要进一步精确调整试卷难易度，可在计算机自动出题时，适当选择各部分满意的有关数据，以便使试卷的组配达到理想的指标。

普通话水平测试题库系统自动出题程序参见附录四。

该系统的理论设计容量为一万套试卷，更改各有关数据库（如词语库、朗读篇目库、话题库）之后，容量还可以进一步增大。该系统能够源源不断地产生大量的基本等值的合乎规范的普通话水平测试试卷。该系统将彻底解决普通话水平测试试卷数量较少，难度不平衡，一份试卷在一个考生考完后即部分失去保密作用等问题，极大地提高考试的公平性、准确性，一人一份等值而又互不相同的普通话水平测试试卷，将彻底解决口语试卷因考试的个别性问题带来的试卷难度不平衡和失密问题，有效地提高普通话水平测试的质量和声誉。

四　云南人学普通话语音信息数据库系统（XPTHK）

该系统是普通话水平测试题库的阶段性研究成果和副产品，能够提供云南人学普通话常用字词的有关教育测量学和统计语言学数据。该系统使用的数据库为 ZBJK。

ZBJK 库结构由单字、读错率、难度值、区分度值、单字声母、单字韵母、单字声调、前一字、后一字、备注等字段构成，共含 8 800 条字词数据记录。该库可以提供某一汉字、某些词语在不同环境中的读错率、难度值、区分度值等数据。

ZBJK 库的教育测量学与统计语言学的总体技术指标为：汉字覆盖面：3 327 字，普通话音节覆盖面：390 音节，字词平均难度值：0. 739，平均区分度：0. 276。

云南人学普通话语音信息数据库系统（XPTHK）的计算机主程序为 ZCHAX-UN，以对 ZBJK 库的调用为基础。该程序的功能有：查询单字（包括该字的全部数据和组成词语的语言环境）、查询声母、查询韵母、查询声调、查询普通话音节、查询单字难度值、查询单字区分度值、查询词的后一单字（主要为儿化词语）。

该系统能够从声母、韵母、声调、难度值、区分度值以及从每一个具体字词的角度，分门别类地列出云南人学普通话的重点难点，“云南人学普通话最容易读错的常用五百字表”就是根据这个系统统计分析出来的一项研究成果。该系统对普通话的数学和普通话教材的编写有着直接的指导作用，对推广普通话有着积极的意义。

五　普通话水平测试题库的实验效果

普通话水平测试题库具有良好的应用效果和推广应用前景。下面是国家《普通话水平测试大纲》命题的成绩统计分析：

统计人数：4 600 人　平均分：81.11 分

普通话等级	人数	所占总人数百分比(%)
一级甲等	13 人	0.28
一级乙等	216 人	4.70
二级甲等	851 人	18.50
二级乙等	1 641 人	35.50
三级甲等	1 588 人	34.52
三级乙等	279 人	6.07
等外(不及格)	12 人	0.26

这个测试成绩的个体分布均符合两头小，中间大的正态分布的原则。实践证明，在其他数据均符合标准化考试要求的情况下，选择平均难度为 0.811，也就是平均分为 81.1 分的试卷，符合难易适中要求，符合考生水平的客观实际，这个标准也与大部分专家、教师的经验估计较为一致。0.811 的平均难度，可以作为规范卷教育测量学的标准难度。试题的组配和命制，均应符合这个标准难度等值。这样，在确定了标准难度后，就可以根据这个标准难度，利用计算机自动出题程序命制出难度分布合理，难度标准稳定的许多套相互等值的规范试卷。

六　普通话水平测试题库系统的改进与提高

普通话水平测试题库系统(PSCTK)已于 1997 年 6 月通过鉴定。有关专家指出普通话水平测试的研制成功，对全国、对汉语文化圈的普通话推广工作都有着积极的意义。该系统不但充分考虑到了语言学方面的问题，而且在计算机的运用方面也取得了较高的成就。该系统已达到(当时)国内领先水平。

当时的普通话水平测试题库系统是以 DOS 操作系统为基础的第三代计算机语言，专家们希望今后能采用基于 WINDOWS 操作系统的第四代计算机语言，进一步扩充、完善普通话题库，改善用户界面，不断推出新的版本，使之一直处于国内领先水平。

普通话水平测试题库系统研究试图从理论的角度对本次实验的统计工作进行指导。但理论深度、广度等方面还极为欠缺，有待改进、加深、提高。

由于水平、时间、技术等方面的限制，对一些数据未作深入的统计。单字、双音节词的声、韵、调情况未分开进行统计；“生活口语前 4 000 个高频词词表”前 2 000 词中单音节、双音节和多音节的比例以及单音节词的累计频率和声、韵、调等频率；“使用度最高的前 8 000 字词词表”前 1 000 词中上声和上声相连、上声和其他声调相连、轻声及儿化等的客观语言概率；试题的声、韵、调等未作进一步细致的统计工作。

1999年6月云南省普通话培训测试中心与云南师范大学合作，提出“普通话水平测试题库系统的改进与提高”这一改革创新项目，该项目1999年8月6日经国家语委科研规划领导小组批准立项，项目编号为99002。该项目2001年12月27日完成了科技查新，2002年6月17日通过了国家语委批准的专家鉴定委员会的鉴定、结题和验收。

“普通话水平测试题库系统的改进与提高”课题研究的问题主要包括改进部分和提高部分两个方面。改进部分研究基础层面的问题，提高部分研究较深层次的问题，主要研究内容有：普通话水平测试的测试内容、测试数量和测试方法的教育测量学数据，明确回答“为什么这样测试”和“怎样测试更好”等问题。同时研究普通话水平测试的地区适应性和民族适应性问题，普通话测评员标准掌握的一致性问题。课题组用普通话水平测试题库自动出题系统组配了5套实验试卷，针对不同的测试内容、测试量和测试方法，提出了51种不同的测试模式，分别对全省有代表性的5个汉语方言区和5个少数民族语言地区的500个被试者，进行了普通话水平质量的抽样测试和改进实验。此次实验，前后历时两年，共计评判1 194份试卷，取得近50万个原始数据。这些数据又经过近一年的整理、分析，客观显示了现行普通话水平的质量和需要进一步解决的问题，为普通话水平测试的改进、提高，提供了具体可靠的数据，提出了具体的改进模式，并以此改进了普通话水平测试题库。

2001年12月27日云南省科学技术情报研究所的查新报告结论为：本课题运用教育统计与教育测量的理论和方法，在有代表性的汉语方言和少数民族地区进行实验，取得了普通话水平测试的教育统计和教育测量数据，对普通话水平测试的测试内容、测试量、测试方法，以及测试试卷的一致性、测评成绩的可比性、测试的地区民族适应性等一系列问题进行了分析研究，从而从教育测量学的角度对现行的普通话水平测试提出具体的改进模式，并且对普通话水平测试题库系统进行改进的研究，在国内尚未见其他单位开展。

受国家语言文字工作委员会委托，2002年6月17日，在云南省教育厅主持下，鉴定委员会提出了鉴定意见：1. 课题针对目前普通话水平测试提出的一系列重要问题进行科学研究，研究内容与现实问题紧密联系，选题对改进现行的普通话水平测试具有明显的应用价值。2. 本课题是一项多学科结合的拓新性研究，丰富了普通话水平测试的理论。3. 本课题研究理论正确，研究方法科学，研究结论可靠。4. 本课题为国家的普通话水平测试提供了更为科学准确的统计语言学和教育测量学数据的支持。5. 本课题前瞻性地探讨了“怎样测试更好”的问题，明确地提出了普通话水平测试的改进模式及其有关数据。改进、充实、提高了普通话水平测试题库。6. 专家测试组对该课题的计算机系统进行了测试，一致认为系统功能完整，界面友好，使用方便，分析技术先进，满足应用要求。7. 专家组认为，本课题的主要创新点在于：(1)研究创新。将应用语言学与教育测量学、计算机科学、言语声学和实验语音学、社会语言学等紧密结合，多学科综合研制普通话水平测试题库。(2)技术创新。充分运用计算机技术，……用教育测量的理论和方法来探寻改进现行普通话水平测试的最佳模式，并以此模式改进了普通话水平测试题库系统。

专家组一致认为，该项应用技术成果，指导理论正确，研究方法科学，技术资料完整，圆满完成了立项要求的指标，并有所创新。理论具有前沿性，实践应用具有科学性、可操作性和经济性，达到国内领先水平，具有广泛的推广应用价值，同意通过鉴定。

第四节　计算机辅助普通话水平测试评分系统研究

一　准确性与可操作性是普通话水平测试的关键问题

准确性与可操作性是任何语言测试都必须解决的重要问题。在普通话水平测试中，这两个问题显得尤为突出，是普通话水平测试的关键问题。

在我国的各种语言测试中，普通话水平测试几乎是人们所公认的耗费大量人力物力，不仅测试工作量繁重而且测试效率很低的测试。的确，普通话水平测试是一种单位时间内测试人数较少，测试速度较慢，测试质量不高，测试成本较高的测试。因而，在认识测试准确性的同时，还有一个测试的可操作性的问题。如果较多的测试员来测试一个应试者，有了问题大家讨论，进行科学研究最后终于得出了一致的成绩，测试的准确性有了，但是测试的可操作性几乎等于零。普通话水平测试既要解决测试的准确性问题，同时也要解决测试的可操作性问题。

鉴于普通话水平测试有着如此之多的问题，有人把希望寄托于计算机自动实施的普通话测试。目前，国内有的公司已经研制出了计算机“国家普通话水平智能测试系统”。这个系统能够解决普通话水平测试单音节字词、多音节词语、朗读文章等前三个部分的问题，说话部分还需要人测，其准确性、可操作性与经济性也还有待于进一步提高。完全的普通话测试水平自动测试系统的出现还有待时日。正是各种主客观因素的存在，使得准确性和可操作性成为普通话水平测试的关键问题。

多媒体数据库建设是解决普通话水平测试准确性的基础。为解决影响测试准确性的各种主客观因素，有关职能部门采取了多人测评，复查并宏观调整成绩，进行各种培训等措施，这还不够。在普通话准确评分的工作中，普通话水平测试各等级标准多媒体数据库的建设无疑是一项十分重要的基础性工作。这一步必须走，舍此并无别的捷径。普通话水平测试各等级标准，有大量的多媒体数据需要分析处理，只有建立一个大容量的多媒体数据库，才能将这些数据分门别类地存储起来，显现出来，供普通话水平测试和普通话教学随时调用，才能为《普通话水平测试等级标准》的各种表述性阐释提供科学、客观、准确的多媒体数据支持。

总之，多媒体数据库的建设是普通话水平测试准确评分的一项十分重要的基础性工作。只有这个库建好了，普通话水平测试的准确性才有了客观的保证。

人机对话是解决普通话水平测试可操作性的有效方式。

目前实行的测试评分工作，虽具有一定的可操作性，但测试的工作量很繁重，而且测试的效率也不高。普通话水平测试多媒体数据库可以解决普通话水平测试的评分正误准确性的基础工作。但实际评判操作仍需测试员自己进行。

为了在普通话水平测试的可操作性层面上提供一种快捷有效的方式，极大地减轻普通话水平测试的繁重工作，提高测试的效率，产生直接的经济效益，需要自行设计开发计算机人机对话评分系统来解决这一问题。这里的人机对话并不是指人与计算机说话，而是指人通过鼠标或键盘，向计算机发出指令，计算机则根据指令，完成评分工作。该软件采用计算机编程辅助人工测评的方法进行。系统软件首先从普通话题库中调出试卷，然后测试员只需轻击鼠标，就可进行人机对话评分。快捷的评分方式将迅速准确地计算出被试者的得分情况，极大地减轻了测试员的工作量和分数计算误差。

二　“计算机辅助普通话水平测试评分系统研究”项目概述

根据以上设想，云南师范大学与云南省普通话培训测试中心共同设计了“计算机辅助普通话水平测试评分系统研究”项目。

2003年9月1日“计算机辅助普通话水平测试评分系统研究”项目经“普通话水平测试研究”总课题组研究并报国家语委科研规划领导小组办公室批准，列为国家语委语言文字应用“十五”科研规划重点项目——“普通话水平测试研究”(ZDI 105—18)的子课题，项目批准号为ZDI 105—18—24。

“计算机辅助普通话水平测试评分系统研究”是在前一个国家语委项目“普通话水平测试各等级标准语言特征数据库系统”1999—2002年基础上的深入和拓展性研究。

项目启动后，在2004年底以前进行了语料采集、录入和有关普通话语音韵律和语言特征的基础性研究，研究论文《普通话水平测试等级标准的声学研究和数据库建设》被第二届全国普通话水平测试研讨会评为优秀论文。2005—2006年6月进行了各类数据库的建设，计算机应用程序的设计整合，完成了计算机软件“计算机辅助普通话水平测试评分系统”及其下属的数据库系统和人机对话评分系统的设计、调试。整个项目经过多方努力，已达到了预期目标。

项目主要研究内容为：以语言学、语音学、语言测试的理论为指导思想，以《普通话水平测试等级标准》为依据，以实验语音学、音位学的理论和研究成果为评判普通话正误的根据和尺度，围绕普通话水平测试各等级标准的评判问题进行实验语音学的基础研究，并将基础研究的数据和成果充实到计算机辅助普通话水平测试评分系统的实际应用中，在普通话水平测试各等级标准多媒体语音数据库的基础上，设计研制普通话水平测试评分系统的计算机软件，实施有效的普通话水平测试评判。

"计算机辅助普通话水平测试评分系统研究"属于自然语言信息处理系统。该系统研究自然语言信息处理基础层面和应用层面的问题。1. 基础层面——语言信息本身，即通过对普通话语言特征的分析、判定与识别，提取有关数据，完善普通话水平测试各等级标准数据库；2. 应用层面——语言信息的应用，即设计计算机程序，进行程序的整合与二次开发，充分运用该数据库的有关信息，完成特定的普通话水平测试的评分任务。该系统以"普通话水平测试各等级标准数据库系统"为基础层面，以"普通话水平测试人机对话评分系统"的实际评分软件为应用层面。基础层面"普通话水平测试各等级标准数据库系统"包括各等级标准的男女声语音样本及多媒体数据分析，客观展现不同等级的普通话语音面貌，分析的测试内容有单字、词语、朗读、说话等。通过不同等级样本音波图、语图、音高图、音强图、audio 音频的对比，对相应的评分原则和方法进行分析、比较，从理论与实践的结合上阐明为什么要这样评分，为测试员正确评判打好基础。应用层面"普通话水平测试人机对话评分系统"采用计算机编程辅助人工测评的方法进行。系统首先从普通话题库中调出试卷，然后进行人机对话评分。快捷的评分方式将迅速准确地计算出被试者的得分情况。"计算机辅助普通话水平测试评分系统"为普通话水平测试提供准确、客观、具体的科学数据，提供操作性强的行之有效的测评方式，以求最大限度地维护国家普通话水平测试的科学性、客观性、公平性。

成果的创新点在于将数据库技术与普通话测试评分紧密地结合起来，数据库技术解决评分的正误或有争议的问题，评分软件提供方便快捷的测试评分服务。成果的先进性在于推进了普通话测评与计算机技术的进一步结合，向计算机测评迈进了一大步。成果的应用层面可以提供快捷的普通话测评服务，有效地减轻普通话水平测试的繁重工作量，提高测试的效率，具有直接的经济效益。成果的基础层面为普通话测试员和学习者提供科学可靠的评判数据和各等级语音样本。对于普通话测试员来说，是提高测试能力的指导手册和具体示例，能够尽可能地减少测评误差，维护普通话水平测试的权威性、科学性和客观公正性。对于学习者来说，则是发现、纠正自己普通话的偏误，提高普通话水平，预测自己普通话等级的良好教材。

受国家语言文字工作委员会委托并批准的项目鉴定专家组，2007 年 6 月 29 日，在云南省教育厅主持下，对本项目提出了结题鉴定意见，全文如下：

2007 年 6 月 29 日专家组对王渝光教授为课题组负责人完成的“计算机辅助普通话水平测试评分系统研究”进行了鉴定。专家组鉴定意见如下：

“计算机辅助普通话水平测试评分系统研究”在语言测试理论的指导下，以《普通话水平测试等级标准》为依据，以实验语音学、音位学的理论和研究成果为评判普通话正误的根据和尺度，利用计算机多媒体数据库技术，建立集图形、声音、文字为一体“普通话水平测试各等级标准语言特征数据库”，研制“计算机辅助普通话水平测试人机对话评分系统”。选题具有科学性、先进性，研究路线正确。

系统的基础层面“普通话水平测试各等级标准数据库系统”客观展现普通话不同等级的语音面貌，通过不同等级样本音波图、语图、音高图、音强图、audio 音频的对比、分析、比较，从理论与实践的结合上阐明了评分的原则、方法，为测试员正确评判提供科学准确的客观数据。

系统的应用层面“普通话水平测试人机对话评分系统”采用计算机编程辅助人工测评的方法进行。快捷的评分方式迅速准确地计算出被试者的得分情况，极大地减轻了测试员的工作量和分数计算误差。提高了测试的效率，具有直接的经济效益。

成果的创新点在于将数据库技术与普通话测试评分紧密地结合起来，数据库技术解决评分的正误或有争议的问题，评分软件提供方便快捷的测试评分服务。成果的先进性在于推进了普通话测评与计算机技术的进一步结合。

该系统为普通话水平测试提供准确、客观、具体的科学数据，提供操作性强的行之有效的测评方式，最大限度地维护了国家普通话水平测试的科学性、客观性、公平性。具有良好的社会效益和直接的经济效益。

该系统在普通话水平测试的基础研究和实际应用研究方面，达到了国内前沿水平，具有良好的实际运用前景。建议在全国有条件的地区推广使用。建议政府投入一定的资金，支持课题完善测试中的人机对话的原发性。

三 计算机辅助普通话水平测试评分系统简介

云南师范大学与云南省普通话培训测试中心合作完成的国家语委“十五”重点项目“普通话水平测试研究”子课题“计算机辅助普通话水平测试评分系统研究”属于自然语言信息处理系统。

该系统主要以“普通话水平测试各等级标准数据库系统”为基础层面，以“普通话水平测试人机对话评分系统”的实际评分软件为应用层面。在基础研究中，语音分析、识别采用 Speech Analyzer 软件完成。该系统的基础层面利用计算机多媒体数据库技术，用 Visual FoxPro 6.0 数据库软件，建立集图形、音频、文字为一体的“普通话水平测试各等级标准数据库”；应用层面用 Visual Basic 6.0 计算机语言进行程序设计，研制“普通话水平测试人机对话评分系统”。系统从普通话题库中调出试卷，被试者根据要求开始读试卷内容，测试员点击鼠标进行人机对话评分。只要受测个体测试完毕，马上就可以评出被试者的得分情况。

“计算机辅助普通话水平测试评分系统”整个软件大小约为1.53GB，经压缩后约为209MB，刻录在一张 CD－ROM 光盘上。“计算机辅助普通话水平测试评分系统”软件使用的环境必须是计算机装有 Visual FoxPro 6.0 数据库软件和 Visual Basic 6.0 计算机语言软件。使用时，首先将光盘解压，即可在指定的计算机硬盘上建立一个同名的“计算机辅助普通话水平测试评分系统”的文件夹。

打开该文件夹，可以看到该文件夹下含有“普通话各等级标准数据库”、“普通话水平测试人机对话评分系统”两个子文件夹，同时还有一个狐狸头图标的“普通话水平测试评分系统.exe”的可执行文件和其他一些文件。

双击狐狸头图标的“普通话水平测试评分系统”可执行文件，即可进入基础层面，计算机屏幕上出现“普通话水平测试评分系统”的开始主页，开始主页上显示“欢迎使用普通话水平测试评分系统”字样。双击主页上的“开始”按钮，即可进入“普通话各等级标准数据库”的菜单页面。该页面有普通话语音系统菜单、普通话语音比较菜单、普通话水平测试评分等级比较菜单和普通话水平测试评分等级示例菜单。点击不同的菜单项，即可展现出不同的普通话数据库的图形、音频、文字数据，按“编辑”钮后，双击小喇叭图标，即可听到发音。再按“还原”钮恢复。“普通话语音系统”菜单提供了普通话语音系统的全部多媒体数据，并配有男女声的发音对比。“普通话语音比较”菜单提供了“普通话各种语音要素比较”的多媒体数据，便于测试员分辨声音，在比较中识别语图，并通过语图，提高自己分辨声音的能力。“普通话水平测试评分等级比较”菜单着重对一个一级乙等的男士发音与一个三级乙等的男士发音进行比较，提供语图对比和详尽的分析说明，以求在比较中识别语图，发现问题，得出准确的评判结论，有效地提高测试员的评判水平。图5－4－1为“普通话水平测试评分等级比较”中的普通话句子(朗读部分)比较库页面。“普通话水平测试评分等级示例”菜单则分别显示了一级乙等、二级甲等、二级乙等、三级乙等的读音示例和评判结论，有助于普通话测试员或学习者通过具体示例，进一步提高评判水平和学习水平。

应用层面打开“普通话水平测试人机对话评分系统”子文件夹，从中找到“普通话水平测试人机对话评分系统.exe”可执行文件，双击这个文件图标，即可进入应用层面，计算机屏幕上出现“普通话水平测试人机对话评分系统”的开始页面，开始页面上显示“欢迎使用普通话水平测试人机对话评分系统”字样。图5－4－2为“普通话水平测试人机对话评分系统”开始页面。

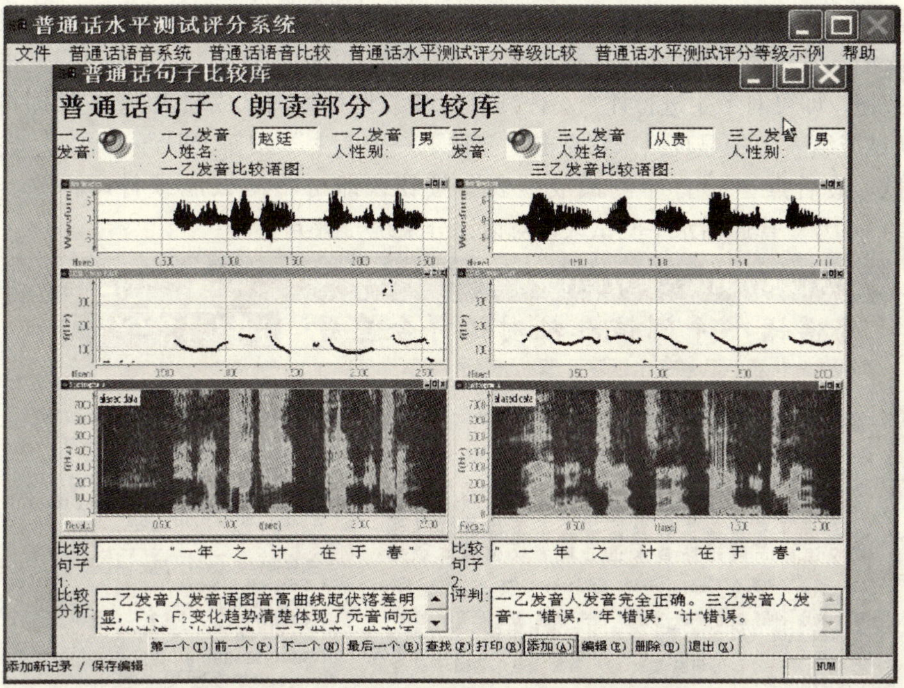

图 5-4-1　普通话句子(朗读部分)比较库表单

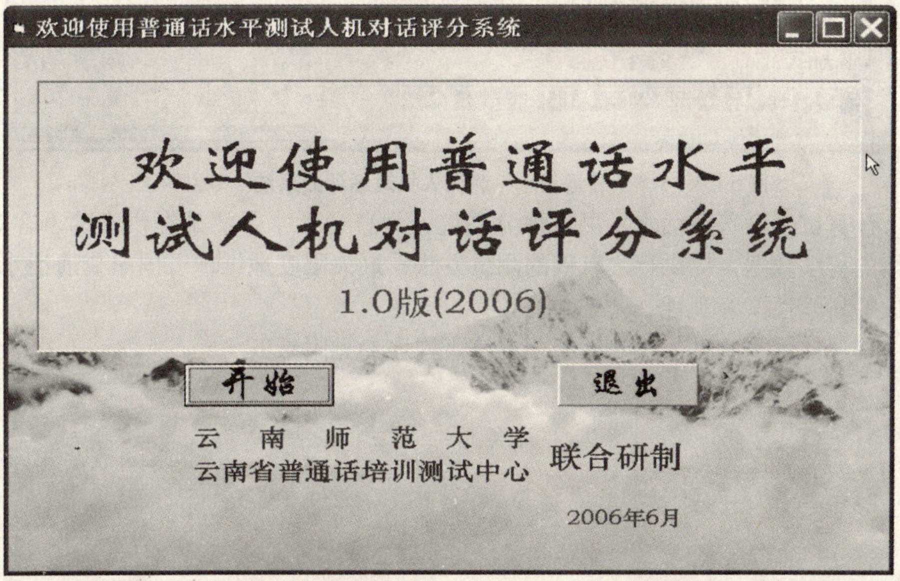

图 5-4-2　"普通话水平测试人机对话评分系统"开始页面

双击页面上的"开始"按钮，即可进入"普通话水平测试人机对话评分系统"的评判页面。该页面有计时钟可供计算时间，有可供选择的 50 套普通话水平测试试题的下拉文本框，点击相应的题号屏幕上即出现该套试题的全部内容，输入测试考场号、考生代码(或姓名)、评卷人代码(或姓名)，根据说明点击相关按钮，即可对考生进行评判。评判后点击“保存到测试成绩表”，成绩即可在“测试成绩表”中显现出来。点击“测试下一个考生”按钮，即可开始新一轮的测试。最后点击“打印测试成绩表”按钮，即可将测试成绩打印出来。图5－4－3为“普通话水平测试人机对话评分系统”评判页面。

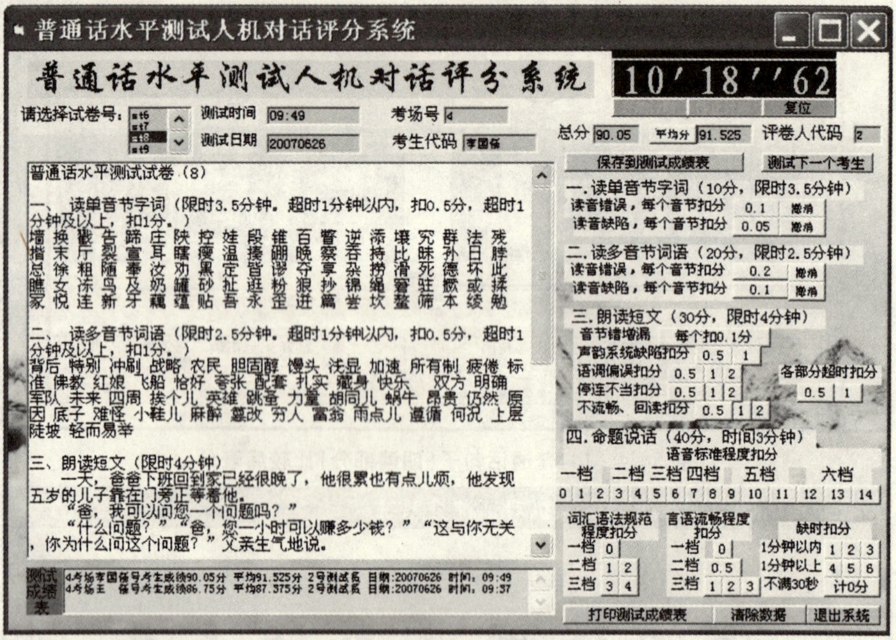

图5－4－3　“普通话水平测试人机对话评分系统”评判页面

计算机辅助普通话水平测试评分系统，为普通话水平测试提供准确、客观、具体的科学数据，提供行之有效的测试方法，最大限度地维护了国家普通话水平测试的科学性、客观性、公正性。

普通话水平测试人机对话评分系统主程序参见附录五。

第六章 普通话水平测试的质量评析与改进实验研究

第一节 普通话水平测试的质量评析与改进

2001年1月1日开始施行的《中华人民共和国国家通用语言文字法》，使普通话水平测试工作从此走上了法制的轨道。自普通话水平测试工作开展以来，从中央到地方的各级语委和普通话培训测试中心做了大量的工作，积累了许多宝贵的经验。随着普通话水平测试工作的深入发展，一些需要改进、发展和完善的深层次问题，也逐渐显露出来。

加强普通话水平测试的理论与实践的研究，建立一个高质量的普通话水平测试实施与监控系统，对提高普通话水平测试的可靠性、有效性，保证普通话水平测试等级标准的客观性、准确性和可比性，维护国家普通话水平考试的科学性、公平性和权威性，具有重要的意义。

现行的普通话水平测试的质量究竟如何，哪些地方还需要改进，这是全国广大语言文字工作者共同关心、努力探讨的重要问题。这里主要根据语言测试的理论与方法，结合云南、香港普通话水平测试的实践和实验研究数据，分析、评价现行的普通话水平测试质量，探讨普通话水平测试的改进问题。

现行的普通话水平测试的质量，主要有以下三个方面的问题。

1. 试卷的一致性问题。现有的普通话水平测试题库计算机自动出题系统所产生的试卷是否具有一致性，即试卷是否等值？其有关数据如何等。

2. 测试的适应性问题。现行的普通话水平测试是否具有广泛的地区适应性和民族适应性，能否测出不同地区、不同民族普通话水平的实际差别？其有关数据如何等。

3. 成绩的可比性问题。不同的普通话测评员测评出的成绩是否具有可比性？其有关数据如何等。

普通话水平测试的改进则主要根据有关应用语言学和教育测量学的理论与方法，针对现行测试存在的问题，通过有关的研究实验，解决“怎样测试更好”的问题。

普通话水平测试由于是完全的口语测试，成绩评定的主观性较强，目前并没有哪一种测试理论和测试技术能完全适应普通话水平测试的要求。我们只能从中选择一种相对适应的理论和方法，在各种制约中探求一个各方面都相对满意的方案。只有充分了解这一点，才能对现行的普通话水平测试作出客观公正的评价。

从语言学的角度来看，普通话水平测试属于应用语言学分支学科中的语言教学与测试领域；从计算机科学的角度来看，普通话水平测试属于计算机辅助教学与测试领域，是符号化的有声语言人机交互式的考试系统，即计算机出题，人工作答的计算机测试系统。

云南的汉语方言复杂，少数民族语言语种多，是普通话水平测试不可多得的实验基地。多年来，云南广大的语言文字工作者，对如何提高普通话水平测试质量的问题，一直进行着理论探索和跟踪实验研究，不断改进和完善普通话水平测试。20世纪末到21世纪初，为了对普通话水平测试题库系统的质量深入进行跟踪调查分析，为了取得普通话水平测试在测试的地区适应性、成绩的可比性等方面的可靠数据，同时也为了取得改进普通话水平测试内容、测试量和测试方法等方面的基本数据，我们用普通话水平测试题库自动出题系统自动组配的5套实验试卷，分别对全省5个汉语方言区、5个少数民族语言为主的地区的500个被试者，进行了规模较大的普通话水平质量的抽样测试和改进实验。此项实验，前后历时两年，共计评判1 194份试卷，取得近50万个原始数据。这些数据又经过近一年的整理、分析，客观显示了现行普通话水平的质量和需要进一步解决的问题，为今后普通话水平测试的改进、提高、完善，提供了具体可靠的数据。在此期间，香港地区也进行了普通话水平测试的研究。香港的研究以概化理论作为普通话水平测试的理论基础，通过实验，以具体数据客观展示了现行普通话水平测试的实际质量和普通话水平测试等级合格线的厘定标准，为国家有关部门的决策提供了科学的依据。在普通话水平测试的理论和方法上均有新的突破。

一　试卷的一致性问题

试卷的一致性问题即试卷的等值问题。采用手工命题的方式，很难保证试卷的一致性。正因为如此，云南省普通话培训测试中心早在1992年的成立之初，就把建立普通话水平测试题库，采用计算机自动出题作为普通话科研的重要目标。经过几年的努力，1997年云南建成的普通话水平测试题库系统顺利通过了鉴定。多年来，题库为云南和有关省份的普通话水平测试命制了一批试卷，发表了有关的论文①。

普通话水平测试题库自动出题系统是经过编译方式生成为编译程序的计算机自动出题系统。该系统是利用计算机模拟命题者的思维方式而设计完成的计算机程序组合，能够根据国家《普通话水平测试大纲》的各项具体要求，灵活地自动命制普通话水平测试试卷，并提供试卷答案及每一单字、词语、朗读篇目、话

---

① 王渝光等：《普通话水平测试题库建设的理论与实践》，《语言文字应用》1997年第3期。

题的有关教育测量学和统计语言学数据。该系统的理论设计容量为一万套试卷，更改各有关数据库（如词语库、朗读篇目库、话题库）之后，容量还可以进一步增大。普通话水平测试题库系统自1997年建立以来，已先后分门别类地出题500多套，云南参加测试的人次已超过80万。题库系统的运行质量究竟怎么样，题库系统产生的这些试卷是否等值，如果有误差，误差又有多大，这是大家共同关心的问题。为此，我们一直进行着跟踪监控的取样调查分析。

普通话水平测试试卷的等值主要指在统计语言学和教育测量学上的等值。这里以普通话水平测试题库自动出题系统自动命制的ST131—ST135、ST151—ST155等10套试卷作为统计语言学分析的样本，以云南××大学用这10套试卷对97级553名学生进行测试的数据为教育测量学分析的样本，检验评析题库的运行质量。

（一）统计语言学质量评析

从统计语言学的角度来看，试卷的等值指试卷应该有较广的汉语字词、音节的覆盖面，内容取样合理，语言材料的出现率符合《普通话水平测试大纲》，并与实际的言语出现概率大体相近等特点。

普通话水平测试自动出题系统必须根据《普通话水平测试大纲》的要求，保证一定的语言字词覆盖面及语言现象的出现率，并使这些覆盖面和出现率相对稳定在一个差别不大的范围内。由于《普通话水平测试大纲》目前尚未对整套试卷的覆盖面和各语言现象的出现率作出明确具体的要求，这里仅对有明确要求的词语部分进行比较评析。

《普通话水平测试大纲》规定，词语部分考核50个双音节词语。其中每个声母的出现一般不少于3次，每个韵母的出现一般不少于2次，上声与上声相连的词语不少于3次，上声与其他声调相连的词语不少于5次，轻声词不少于4次，儿化词不少于4次。普通话水平测试自动出题系统自动命制的ST131—ST135、ST151—ST155等10套试卷的语言材料的有关数据和浮动范围见表6-1。

表6-1数据显示自动出题系统完全能够按照《普通话水平测试大纲》的要求命制试卷。声母j、q、x、y，韵母an、i、u等较高的平均出现次数，与实际的言语中语音的出现概率大体相近。上上相连、上声与其他声调相连、轻声的出现次数等均超过大纲的要求。如对个别数据不够满意，题库的自动出题系统还可以采用重新命制同一试卷的方式，使试卷达到较高的质量指标。总之，上面数据说明，在统计语言学方面，自动出题系统命制的试卷是稳定可靠的，并可根据要求适度调节，命制质量优于大纲的具体要求。

表 6-1　题库自动出题系统 10 套试卷词语部分的统计语言学有关数据

测试内容	b	p	m	f	d	t	n	l	g	k	h	
平均出现次数	4	3	5	4	4	3	5	4	5	4	5	
浮动范围	3-6	3-4	3-7	3-7	3-6	3-4	3-6	3-6	3-11	3-6	3-10	
测试内容	j	q	x	zh	ch	sh	r	z	c	s	y	w
平均出现次数	7	5	6	4	4	4	3	4	4	4	7	4
浮动范围	3-11	3-7	4-9	3-7	3-6	3-7	3-4	3-5	3-5	3-6	3-11	3-7
测试内容	ɑ	o	e	-i(前)		-i(后)		ɑi	ei	ɑo	ou	ɑn
平均出现次数	3	2	3	3		3		3	2	3	2	4
浮动范围	2-5	2-3	2-4	2-4		2-4		2-5	2-3	2-5	2-5	2-7
测试内容	en	ɑng	eng	ong	i	iɑ	ie	iɑo	iou	iɑn	in	
平均出现次数	3	3	3	3	4	2	2	3	2	3	2	
浮动范围	2-4	2-5	2-4	2-5	2-6	2-3	2-3	2-4	2-4	2-4	2-5	
测试内容	iɑng	ing	iong	u	uɑ	uo	uɑi	uei	uɑn	uen	uɑng	
平均出现次数	2	2	2	6	2	3	2	2	3	2	2	
浮动范围	2-3	2-5	2-2	3-9	2-3	2-6	2-3	2-4	2-5	2-3	2-3	
测试内容	ü	üe	üɑn	ün	上上相连		上声与其他声调相连				轻声	儿化
平均出现次数	3	2	2	2	4		12				7	4
浮动范围	2-4	2-3	2-3	2-2	3-6		11-16				5-9	4-4

（说明：单用的韵母 er、ueng 因覆盖的字数很少，已在单字部分出现过，词语部分不再出现。）

（二）教育测量学质量评析

从教育测量学的角度来看，试卷的等值指试卷应该具有测试标准统一，试卷的标准难度等于测试总体的平均难度，各套试卷难度相近，试卷各等级人数分布比例合理，试卷和试题的有关测量数据相近，各测试项目难度比例合理，全卷信度合乎标准化水平考试的要求等特点。

普通话水平测试题库应保证历次普通话水平测试的成绩有可比性。在题库建立时，普通话水平测试试卷的标准难度根据当时的实践和统计分析，确定为 81.0 分。计算机自动命制的规范试卷的有关项目和全卷的预测难度和波动范围为：

测试项目	预测难度	难度波动范围	波动百分比
单字	0.768	0.75—0.78	+ -1.3%
词语	0.839	0.82—0.86	+ -2%
全卷	0.810	0.793—0.815	+0.5% -1%

同一标准的不同试卷，只要在相同或相近的条件下，对同类样本的测试成绩和有关数据保持相对的稳定，就可以证明测试标准的稳定和试卷的等值。

表 6－2　云南××大学 1998 年 10 套普通话水平测试试卷质量分析统计表

卷号	测试人数	单字难度	词语难度	朗读难度	说话难度	平均分	标准差	试卷信度
ST131	54	0.82	0.86	0.86	0.82	84.3	6.17	0.91
ST132	60	0.79	0.83	0.86	0.82	83.2	6.19	0.91
ST133	60	0.80	0.87	0.87	0.82	84.4	5.81	0.90
ST134	62	0.77	0.85	0.86	0.82	83.1	5.94	0.88
ST135	58	0.79	0.84	0.85	0.82	83.0	6.07	0.91
ST151	52	0.81	0.84	0.85	0.82	83.3	6.86	0.91
ST152	51	0.82	0.87	0.86	0.82	84.3	6.15	0.89
ST153	55	0.78	0.85	0.85	0.81	82.6	6.50	0.89
ST154	51	0.83	0.87	0.85	0.82	83.9	6.09	0.86
ST155	50	0.83	0.88	0.87	0.82	84.9	4.48	0.82
平均		0.80	0.85	0.86	0.82	83.6	6.03	0.89

试卷教育测量学上的等值，首先取决于每一测试项目的等值。各具体测试项目的等值，是试卷等值的基础。根据表 6－2，这 10 套试卷每一测试项目的平均难度值及该项目在具体试卷中的最大波动百分比如下：

测试项目	平均难度	难度波动情况	波动百分比
单字	0.80	0.77—0.83	＋－3%
词语	0.85	0.83—0.88	＋3% －2%
朗读	0.86	0.85—0.87	＋－1%
说话	0.82	0.81—0.82	－1%
全卷	0.836	0.826—0.849	＋1.3% －1%

朗读、说话数据的波动较小，单字、词语的波动略大。各测试项目相互平衡的作用，使试卷的总平均分基本稳定在 83.6 分左右。各套试卷的平均分在总平均分线的上下波动，表明了在测试标准基本一致的情况下各卷产生的误差。这些误差最小的只有－0.3%（ST151 卷的 83.3 分）或＋0.3%（ST154 卷的 83.6 分），最大的不超过－1%（ST155 卷的 82.6 分）或＋1.3%（ST155 卷的 84.9 分）。从普通话水平测试属于口语性质的考试来看，这些波动均属于正常波动，误差在可以允许的范围以内。各套试卷平均分的相对稳定，证明了测试标准的相对稳定和各

套试卷的相互等值。

表2中的标准差显示了在与平均标准比较时个体之间的差异程度。6.03是各卷标准差的平均数，从普通话水平测试的实际情况来看，这个数据是可解释的，是合理的，与大多数专家、普通话教师的估计基本相符。此次测试虽然平均分为83.6分，比预测平均分81分(全卷平均难度乘以100即为全卷预测平均分)提高了2.6分。由于其具有的稳定性证明，是考生的总体成绩有了提高，而不是计算机自动出的试题偏易。只要自动出题程序坚持按照原有数据命制试题和预测难度，平均分的稳定提高只能证明普通话教学质量的提高。这种稳定与提高，没有削弱而是强化了历次考试的成绩的可比性。特别值得注意的是，题库建立以后，表示考试稳定性和可靠性的信度有了很大的提高。作为标准化的笔试考试，试卷信度要高于0.9。普通话水平测试是口试，受主观因素影响较大，不易取得较高的信度指标。题库建立时46套试卷的平均信度为0.825，达到0.9的试卷只有1套。而在计算机自动命制的这10套试卷中，除ST155卷信度(0.82)略低外，其他试卷的信度都较高，平均信度达到了0.89，其中有5套试卷的信度在0.9以上。试卷信度的提高，是考试成绩的可靠性和稳定性的提高，是试卷质量和测评质量的提高。这些数据也证明，计算机自动命制的试卷信度由于尽可能地排除了主观因素的影响明显高于人工命制的试卷信度。计算机自动出题有着良好的运用前景。

20世纪末到21世纪初，在对普通话水平测试题库系统的质量进行的跟踪实验中，全省10个试点、500个被试者、1 194份试卷的5套实验试卷具体评判的教育测量数据如下：

表6-3　云南省1999年至2000年5套普通话水平测试实验卷质量分析统计表

卷号	试卷份数	单字难度	词语难度	朗读难度	说话难度	平均分
1	234	0.77	0.84	0.85	0.79	81.4
2	234	0.77	0.81	0.85	0.79	80.9
3	244	0.78	0.85	0.84	0.78	80.9
4	239	0.77	0.85	0.86	0.79	81.7
5	243	0.75	0.83	0.83	0.78	80.2
平均		0.77	0.83	0.84	0.79	81.0

试卷份数：1 194　平均分：81.0分　标准差：0.844　试卷信度：0.914

根据表6-3，这5套试卷每一测试项目的平均难度值及该项目在具体试卷中的最大波动百分比如下：

测试项目	平均难度	难度波动情况	波动百分比
单字	0.77	0.75—0.78	+1% -2%
词语	0.83	0.81—0.85	+ -2%
朗读	0.84	0.83—0.86	+2% -1%
说话	0.79	0.78—0.79	-1%
全卷	0.81	0.802—0.817	+ -1%

这次实验的数据，波动小于1998年的实验，几乎完全接近全卷的预测难度和波动范围。各套试卷平均分的相对稳定，证明了测试标准的相对稳定和各套试卷的相互等值。

通过以上的统计语言学和教育测量学数据分析，可以看到，普通话水平测试题库的整个运行质量是比较好的，自动出题系统自动命制出了较多的高质量的试卷，这些试卷是相互等值的。试卷质量达到并超过了《普通话水平测试大纲》的要求。

二　测试的适应性问题

普通话水平测试应该对不同的汉语方言区、不同的民族语言地区具有广泛的适应性，即应有广泛的地区适应性与民族适应性。云南是全国少数民族语言最多的省份，同时也是汉语方言较为复杂的省份(汉族分别从不同的时期、不同的地点迁徙到云南不同的地区)。1999年到2000年的实验充分利用了云南的民族语种多与汉语方言复杂的优势，选择了10个地区作为测试的实验点。实验所选的10个实验点分为使用云南汉语方言的5个点，使用云南少数民族语言的5个点。

昆明地区作为云南政治经济文化的中心和汉语云南方言的代表点理所当然地作为测试实验的第1个选点。昭通地区地处云、贵、川三省的交界地区，有关数据对三省都有指导意义，因而作为测试实验的第2个选点。临沧地区、红河哈尼族彝族自治州、保山地区是云南西部、南部的边疆地区，境内少数民族众多，汉语方言复杂，因而作为汉语方言区的第3、第4、第5个选点。

云南境内属于汉藏语系藏缅语族的民族较多，我们分别选择了红河哈尼族彝族自治州的哈尼族、大理白族自治州的白族两个试点。属于苗瑶语族的民族选了文山壮族苗族自治州的苗族作为试点。属于壮侗语系的民族，选了德宏傣族景颇族自治州的傣族作为试点。南亚语系是云南的特色，这里选了最具代表性的临沧地区属于孟高棉语族的佤族。

每个选点的被试者分别为50人，共计500人(其中汉族学生250人，少数民族学生250人)。条件为经过普通话训练，需要参加普通话水平测试的师范学校的学生，一般是三年级的学生，年龄在19—20岁左右。其中红河州的汉族学生和哈尼族学生为二年级学生，较少受到专门的普通话培训，作为对照组。通过选点数据的统计分析，可以了解普通话水平测试的地区适应性和民族适应性问题。

具体的实验结果见表6－4。

表6－4　不同地区、不同民族10个试点普通话水平测试实验卷评分的统计数据表

试点号	地区和民族	单字		词语		朗读		说话		总分		总分排序
		平均分	标准差	平均分	标准差	平均分	标准差	平均分	标准差	平均分	标准差	
1	昆明汉族	8.70	0.74	18.37	1.45	27.10	1.33	32.71	1.65	86.87	4.24	1
2	昭通汉族	8.30	0.95	17.66	1.48	26.59	2.21	31.69	1.90	84.23	5.83	4
3	临沧汉族	8.52	0.69	18.10	1.03	26.78	1.47	32.69	1.63	86.08	4.02	2
4	红河汉族	7.45	1.42	16.35	2.45	25.06	2.88	31.52	2.67	80.38	8.91	6
5	保山汉族	8.31	0.90	17.72	1.68	26.73	1.85	32.75	2.13	85.25	6.25	3
6	红河哈尼族	5.28	1.30	12.90	2.51	21.28	2.88	27.81	1.79	67.27	7.23	10
7	德宏傣族	7.76	0.97	16.85	1.92	25.33	2.47	31.74	1.60	81.67	6.02	5
8	临沧佤族	7.18	1.11	16.09	1.93	24.61	2.30	30.96	1.90	78.85	6.38	8
9	大理白族	7.57	1.13	16.56	2.08	25.07	2.76	31.02	2.36	80.21	7.66	7
10	文山苗族	7.45	1.13	16.24	2.02	24.49	2.56	30.57	1.92	78.75	6.81	9
	平均值	7.67	1.42	16.70	2.42	25.32	2.84	31.35	2.41	81.00	8.44	

普通话水平测试的客观标准，在全国是统一的。在这个统一的标准下，不同地区、不同民族个体的得分情况当然会有差异。这种差异，反映了不同地区、不同民族个体在向汉语标准语靠拢时的距离。不同地区、不同民族的测试成绩只要能清晰地反映出这种有规律的差异性，我们就可以肯定现行的普通话水平测试具有广泛的地区适应性与民族适应性。如果没有差异或者有差异而没有规律，那么普通话水平测试的地区适应性与民族适应性就较差。

表6－4说明，无论是从单项测试内容还是从全卷总分来看，普通话水平测试都具有很高的地区适应性和民族适应性。

从单字部分来看，试点1的昆明地区，是云南政治、经济、文化的中心，成绩也高居首位。试点2是昭通地区，受四川、贵州影响，得分低于昆明。试点4是红河州的汉族，由于是二年级的师范生，较少受到专门的普通话培训，所以在汉族地区中得分最低。试点6是红河州的哈尼族，由于同样的原因，在少数民族中也得分最低。试点7是德宏的傣族，在少数民族中得分最高。10个试点的成绩显示单字部分具有很强的地区适应性和民族适应性。词语部分、朗读部分、说话部分的数据也基本同单字部分。

从总分来看，各试点的排序与各部分的排序基本相同，有着很强的一致性。特别应强调的是：不仅是总分，而且标准差也显示出了较强的一致性，总分高的试点标准差小，总分低的试点标准差大。这些数据客观地反映了不同地区、不同民族的被试个体在向汉语标准语靠拢时的实际差异，有效地证实了现行的普通话水平测试具有广泛的地区适应性和民族适应性。

三　成绩的可比性问题

普通话测评员测试成绩的可比性问题实际上就是测评员对具体被试者的评判成绩的一致性问题，是测评员的信度问题。这是一个大家十分关心的重要问题。这个问题解决得好，对维护普通话水平测试的科学性和权威性有着至关重要的意义。普通话水平测试是完全的口语测试，这个特点决定了普通话水平测试不可能有类似笔试客观题目那样的稳定、清晰、明确的答案。测评员自身对于测评项目的标准度的把握和认识不同，各自对语音的可察觉感受性不同，以及心态、注意力、情绪等的不同会引起不同的判分，产生评分不一致的现象。由于普通话语音标准的模糊性，成绩评价的主观性是客观存在的，是不可避免的。统计分析，能够让我们对测评员的测评一致性有一个总体上的了解，还能够指出某些测评员在测评上存在的问题，若辅以相关的其他手段就能够让我们知道造成不一致的原因，把这些主观评判差异减少到最低程度。实验需要回答的问题是：在现行测试模式下，测评员的测评差异究竟有多大？他们之间的评判成绩有多大的一致性和可比性？哪些测试项目的可比性强一些？哪些测试项目的可比性弱一些？如果要改进，应该怎样改进？早在1997年初，我们就对普通话水平测试的测评员的信度进行了实验研究，采用等级相关系数（肯德尔和谐系数）公式求出了试卷各部分测评员的信度数据[①]：

测试内容	单字部分	词语部分	朗读部分	说话部分	全卷
测评员信度	0.945	0.851	0.890	0.957	0.929

以上数据证明，全卷的测评员信度是比较高的，超过了标准化考试0.9以上的信度要求。就总体而言，测评员评判的成绩是准确的，测评的质量是可以信赖的。词语、朗读的信度不够理想，应加强这两部分评分的研究，提高测评员信度。由于当时实验的被试个体较少（仅4人），研究实验把产生误差的因素落实到了每一个字词的评判。为了对测评员的信度进行跟踪研究，在1999年到2000年的实验中，我们又把成绩的可比性作为一个重点，进行了比较分析研究。此次实验，由于被试个体较多，主要采用分组抽样的方法进行测评员评判成绩的组内比

① 王渝光等：《普通话水平测试测评员信度研究》，《普通话水平测试研究》语文出版社，1997年11月出版，第132页。

较与组间比较，以求从新的角度进一步探寻测评员测试成绩的可比性问题。

为了保证测评数据的可比性，实验把10个测评员分为5组，每组每个测评员评阅每个试点的10份实验卷。保证每一份试卷至少有两个测评员的评测分数，每一个测评员都测到了10个试点的共计100个被试者。1号、2号测评员作为效标，分别完成3个组10个试点共计300个被试者试卷的评测，以保持一组数据的完整性，便于进行组内比较与组间比较，检验测评员评测质量。全面比较数据量较大，限于篇幅，这里主要比较第一组1、2号测评员，第四组7、8号测评员，第五组9、10号测评员的组内、组间的有关数据。具体比较数据见表6-5。

从组内比较来看，第一组、第五组测评员的组内平均分误差都不大，特别是第五组，误差仅为0.39分。这些数据说明，我们有很多测评员评出的成绩具有很强的可比性。第四组的组内平均分误差为2.34，这个误差使得他们之间的评判成绩的一致性和可比性受到一定的影响。鉴于二者有极为接近的标准差，评分有较强的规律性，如用等级相关系数计算，7、8号测评员的评判成绩仍有较强的可比性，不存在忽高忽低的问题。绝对分数在宏观调控时，可作加权处理。

表6-5　3个测试组6个测评员组内、组间测试成绩数据比较表

组号	测评员号	测评平均分	测评标准差	组内平均分	组内平均分误差	组内标准差误差
第一组	1	78.78	7.80	79.49	0.71	0.55
	2	80.20	7.25			
第四组	7	86.38	7.20	84.04	2.34	0.01
	8	81.70	7.19			
第五组	9	84.51	7.95	84.12	0.39	1.12
	10	83.73	6.83			
总平均分		82.55		82.55		

从组间比较来看，第四组与第五组有着极为接近的组内平均分：84.04与84.12，而第一组79.49的组内平均分与84.04、84.12有较大的差异。由于组间测评员评判的具体被试者不同，上述的误差也可能是由被试者本身的不同引起的。所以有必要进行组间的相同被试评判成绩的比较。

由于1号、2号测评员是效标，需要进行的组间相同试卷比较的主要是第一组1、2号测评员与第四组7、8号测评员，第一组1、2号测评员与第五组9、10号测评员的比较。

由于每组都有10个试点（每个试点10人）共计100个被试者，限于篇幅，我们选取了有代表性的3个试点进行组间评判成绩的比较。这3个试点是：昆明的汉族，这组普通话水平较高；红河的哈尼族，这组水平偏低；德宏的傣族，这组水平为中等。1、2、7、8号测评员组间比较选取的具体被试号为昆明汉族31—40号，红河哈尼族281—290号，德宏傣族331—340号。1、2、9、10号测评员组间比较选取的被试号为昆明汉族41—50号，红河哈尼族291—300号，德宏傣族341—350号。

几个测评员同测一份试卷，平均分是一个重要的数据，标准差也是一个重要数据。平均分显示的是某一被试者的普通话的平均成绩，标准差则显示了各测评员对该被试者评分的差异程度。标准差应该越小越好。较小的标准差说明评分一致性较强，较大的标准差说明评分一致性较差。两组每个被试者的平均分、标准差等数据整理如表6－6、表6－7。

表6－6　1、2、7、8号测评员对30个被试者评判成绩的平均分、标准差数据表

被试号	平均分	标准差	评分一致性
31	91.54	2.65	较强
32	90.68	2.61	较强
33	90.20	2.96	较强
34	86.28	1.87	较强
35	86.85	3.43	一般
36	88.44	3.00	较强
37	89.25	2.79	较强
38	86.93	3.87	一般
39	87.96	1.64	较强
40	86.15	3.25	一般
281	65.18	3.29	一般
282	68.60	4.05	一般
283	75.16	6.49	较弱
284	77.49	6.44	较弱
285	66.49	6.13	较弱
286	70.54	6.37	较弱
287	62.48	4.80	一般
288	57.40	4.65	一般
289	80.45	2.90	较强
290	69.71	6.37	较弱
331	83.05	5.18	一般
332	88.05	2.81	较强

被试号	平均分	标准差	评分一致性
333	84.11	5.97	一般
334	80.97	6.23	较弱
335	80.09	5.39	一般
336	72.40	7.03	较弱
337	80.81	3.72	一般
338	83.16	6.34	较弱
339	83.84	2.95	较强
340	77.81	5.82	一般
总平均分	79.77	10.16	

表6－7 1、2、9、10号测评员对30个被试者评判成绩的平均分、标准差数据表

被试号	平均分	标准差	评分一致性
41	88.68	1.98	较强
42	86.54	2.34	较强
43	87.24	2.63	较强
44	83.64	1.28	较强
45	84.74	2.28	较强
46	76.48	3.06	一般
47	79.11	3.42	一般
48	92.42	1.78	较强
49	85.11	1.80	较强
50	89.40	1.60	较强
291	68.78	2.16	较强
292	62.68	2.48	较强
293	64.55	2.72	较强
294	73.48	2.21	较强
295	59.96	1.81	较强
296	77.38	3.88	一般
297	60.79	1.50	较强
298	76.20	3.12	一般
299	73.61	3.73	一般
300	67.71	4.69	一般

被试号	平均分	标准差	评分一致性
341	85.39	4.71	一般
342	87.55	5.69	一般
343	76.74	6.08	较弱
344	80.25	3.56	一般
345	88.96	2.92	较强
346	80.05	7.46	较弱
347	79.85	1.64	较强
348	81.33	1.84	较强
349	85.12	1.80	较强
350	87.35	3.71	一般
总平均分	78.91	9.47	

多大的标准差作为评分一致性的指标并没有明确的规定，根据普通话水平测试的特点，这里，我们把标准差小于等于3作为评分一致性较强的指标，把标准差大于3小于等于6作为评分一致性一般的指标，把标准差大于6作为评分一致性较弱的指标，根据表6、表7这60人的数据，评分一致性较强的有28人，占46.67%；评分一致性一般的有22人，占36.67%；评分一致性较差的有10人，占16.67%。

表6-6、表6-7的数据表明：

a. 从组间看，1、2、9、10号组的测评员评分的一致性高于1、2、7、8号组的测评员。

b. 从组内看，1、2、7、8号组的测评员在高分段的评分一致性较强，在中分段和低分段的评分一致性较弱。1、2、9、10号组的测评员在高分段和低分段的评分一致性较强，在中分段的评分一致性较差。

c. 结论：高分段评分一致性较强，中分段的评分一致性较弱，低分段的评分一致性可能较强，也可能较弱，视具体测评员而定。

这个结论说明被试者的不同水平会对测评的一致性产生影响，这其实也是一个等级影响问题，一般的说，测评时，等级偏高的被试者发音清晰，正误明显，测评员给分也就相对准确客观。而那些中间或差一些的被试者，发音较为含混，严格评判下来，几乎每个音都有毛病，测评的一致性就相对较差。我们注意到普通话水平测试等级标准的分数线划分，与这些标准差数据有对应关系：较高等级分数范围窄，标准差小；较低等级分数范围宽，标准差也大。现行的测评员评判误差与等级标准基本是一致的。这里，我们首先要做的事情是找出不同等级水平的被试者对于测评的一致性会有多大的影响。如果影响很小，当然就可以不管它，如果较大，就需要想办法来解决或采用一定的方法来加以平衡，比方说，采用多人评判或复查的方法。云南把复查的注意力主要放在等级边缘上的成绩，正是为了有效地降低测评误差。

通过以上有关数据的分析，可以看到，采用多个测评员的平均分评判每一个被试者，是目前较好地解决测评误差的方法。从长远的观点来看，明确普通话水平测试各等级标准的客观性，加强测评员对标准掌握的一致性，才能从根本上解决评分误差的问题。

四　现行普通话水平测试的改进

在充分肯定现行普通话水平测试具有较高的试卷一致性、较强的地区适应性和较好的成绩可比性的同时，我们也应清醒地看到，随着普通话水平测试工作的深入发展，一些深层次的问题也逐渐显露出来。测试需要更加完善的教育测量理论的支持，等级标准的划分需要有更加客观的言语声学数据的支撑，测试的内容、题量和测试方法需要进一步的改进，实施测试的计算机软硬件系统也需要不断改进更新，只有这样才能不断适应发展变化了的普通话水平测试的需要，进一步提高测试的质量。

（一）普通话水平测试理论的改进及其实验研究

如前所述，现行的普通话水平测试的理论是以经典测量理论作为测试的理论基础和数学模型的。经典测试理论的最大局限在于：各种数据的获得有赖于考生团体样本的选取，抽样不当，就会严重影响数据的准确性。它的信度估计较为笼统，不能分解，而且精度不高。

概化理论是20世纪后期在经典测量理论的基础上发展起来的，以方差分析为基础来研究信度的一种新的教育测量理论。经典测量理论的标准差分析方法，它只能得到一个笼统、模糊的测量误差，信度不能分解。概化理论使用标准差分析来分解和估计标准差成分，从而进一步考察测量的信度。概化理论认为，测量误差有多种来源，测量所涉及的条件、范围、结构、模式等因素都可能是测量误差的来源。同一个测试，从不同的角度来看，可以有不同的测量信度。概化理论是一个观察不同来源方差的相对效应的模型。它设计实验方案，去收集区分方差源的数据，进行分析，估计不同方差源的相对大小，从而把测试信度从不同的角度分解、细化。概化理论可以弥补经典测量理论的不足。

在普通话水平测试中，有多个影响测试准确性的因素。由于概化理论把研究的焦点集中于产生误差的多种因素上，因而很适用于普通话水平测试。用概化理论设计的实验研究可以有效地回答现行普通话水平测试中诸多的问题，如被试的普通话成绩有多少是他的普通话实际水平，又有多少是测试条件引起的误差？有多少误差是测评员宽严不当造成的，又有多少是试卷内容造成的？需要增加多少测评员来降低测试的不一致性，或者减少多少测评员仍能维持满意的测试一致性水平？如果3个测评员6个测试项目的一致性与2个测评员8个测试项目的一致性相同，那么是否可以采用后者来减少测试的成本？

概化理论用于普通话水平测试，将比经典测量理论更能客观地区分出被试者成绩的不稳定性和误差。测试的信度不仅体现了测试项目的数量，同时也体现了测评员评分判卷的质量，这二者是相互影响的。信度与测试容量的大小、测评员的多少并不呈简单的线性关系，我们可以通过实验，决定一个经济而高效的试卷容量。

香港中文大学运用概化理论着重对普通话水平测试中现场评分与录音评分的一致性，测试项目、测评员与测试信度的关系等问题作了实验研究①。

1. 现场评分与录音评分的一致性问题

该研究将8名测评员分为4个小组，每组由2名测评员分别以现场评分和录音评分的模式评判5名被试者。测试内容为词语的50道题。测量研究的对象为：被试e，分组p，测评员r，试题i和测量模式m（录音评分与现场评分）。实验的结果见表6-8。

表6-8　测量模式的方差成分表

测量情景（侧面）facet	p	m	i	e:p	r:p	pm
方差 σ^2	0.08064	-0.00019	0.12575	0.03007	-0.00053	-0.00252
测量情景（侧面）facet	pi	im	em:p	er:p	rm:p	ei:p
方差 σ^2	0.00322	-0.00035	-0.00141	0.00184	0.00624	0.31556
测量情景（侧面）facet	ri:p	pim	emr:p	emi:p	eri:p	mri:p
方差 σ^2	0.00778	0.00261	0.00324	0.00366	0.10103	0.00176

从表6-8中可以看出，测量情景包含试题i的方差成分值都比较大，而测量情景包含测量模式m的方差成分都很小，可以忽略。表6-8数据说明，测量模式对测量的误差影响不大。普通话水平测试现场评分和录音评分得到的结果基本上是一样的。

2. 测试项目的多少、测评员人数与测试信度的关系问题

测试项目的多少、测评员人数与测试信度的关系问题，即多少个测评员测试多少道题可以达到多高的测试信度的问题。该研究将25个被试者在50道词语试题上的录音由相同的8个测评员分别评分，分解的6个方差成分为：被试e，测评员r，试题i，被试者与试题的关系ei，测评员与被试者的关系er，测评员与试题的关系ir。实验的结果见表6-9。

---

① 张雷等：《普通话测试的录音评分可行性、信度及经济效率》，《心理学报》33卷2期，2001年3月。

表 6-9 被试者、试题、测评员相互关系的方差成分表

测量情景(侧面)facet	e	r	i	er	ei	ri
方差 σ^2	0.0578	0.0071	0.1353	0.0039	0.3200	0.0132

表 9 的数据显示,与试题 i 相关的方差成分很大,这说明试题在测试中具有的重要性。根据计算出的标准参照测试的可靠性系数,测评员、试题项目数与信度的关系如图 6-1。

从图 6-1 可以看到,我们不能笼统地认为现行的普通话水平测试“不合理”、“不科学”,而应根据不同的精确度的要求选择最经济合适的方法进行测试。区分播音员的精确度与区分三甲与二乙的精确度可以是不一样的。我们可以根据普通话水平测试的实际情况,从上表中选择一个最佳方案。就一般情况而言,选择 50 个词语 2 人评判可能是普通话水平测试的最低信度要求(0.778)。图 6-1 虽然显示的是词语部分,但也从另一个方面印证了单字部分考 100 个字对提高单字部分测试信度的重要性。

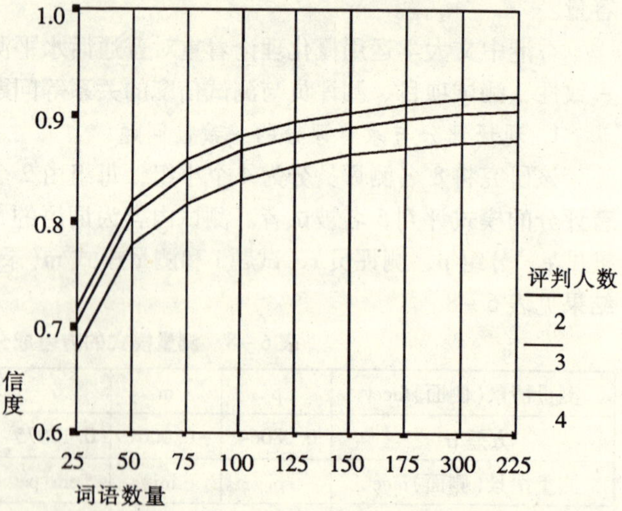

图 6-1 普通话水平测试词语部分标准参照测验下信度、评判者人数和试题项目数的关系图

（二） 改进测试内容、测试量和测试方法的探索

普通话水平测试的改进还表现为测试内容、测试量和测试方法的调整、充实等方面。

根据《普通话水平测试大纲》，测试的总体内容、类型虽已基本确定，但具体的内容和范围仍需进一步明确和补充。整个试卷单字、音节的最低覆盖率应通过实验给予确定。3 500 单字的有关数据仍需进一步补充。2 万余词的整理、具体词语的测试和数据的优化仍是一项艰巨的任务。如何选取思想性艺术性技术性都好，同时统计语言学、教育测量学数据也令人满意的朗读篇目，仍有大量的工作要做。原有话题需要进一步整理，适应不同部门、不同对象的话题需要大量增加。更为重要的是试卷的宏观结构、测试内容、测试容量都还应该进行调整。试卷各部分的比例也有可能发生变化。这些都需要充分做好前期准备工作，为普通

话水平测试的改进提供有说服力的统计语言学和教育测量学数据。

（三）计算机软硬件的改进

1997年，在普通话水平测试题库通过鉴定时，有关专家曾指出：题库系统是以DOS操作系统为基础的第三代计算机语言，所使用的联想386计算机和题库所使用的True BASIC语言、FOXBASE数据库语言档次都较低，建议今后能采用基于Windows操作系统的第四代计算机语言，进一步扩充、完善普通话题库，改善用户界面，不断推出新的版本。

普通话水平测试题库建设由于起步较早，尽管1993年当时386计算机已经算是较为高档的机型。在题库研制的几年中，计算机产品的更新换代不断加快，在通过鉴定时，386计算机已经落伍。DOS操作系统的1M内存也严重制约着计算机程序的设计和题库的容量。计算机自动出题系统的运行速度也不令人满意。原有的计算机软硬件客观上已经制约着普通话题库的发展和完善。1998年初，联想959奔腾Ⅱ型计算机和激光打印机使用，彻底改变了题库运行的硬件环境。2000年底，联想昭阳奔腾Ⅲ笔记本电脑的使用，更使普通话水平测试的实验硬件得到新的提升。软件设计方面，在充分考虑到利用原有程序的设计思路的基础上，1998年我们采用Windows95操作系统和较新的32位的计算机语言Visual Basic 5.0，对原有程序重新进行了编写和更新，推出了全新的普通话水平测试自动出题系统2.0版。新系统由于采用了面向对象的计算机语言编程，彻底解决了DOS系统内存不足的问题，能够满足开发Windows程序的需要，具有很强的生命力和广阔的运用前景。2000年Windows98环境与Visual Basic 6.0，Visual Foxpro 6.0等计算机语言的使用，使得普通话水平测试又上了一个新台阶。新系统题库的容量可以极大地扩充，用户界面也极为友好，除必要的键盘操作外，只要点击几下鼠标，一分钟之内，一套普通话水平测试试题就可以展现在面前。

计算机软硬件环境的更新和普通话自动出题系统5.0(2001年)版的推出，使普通话水平测试题库的建设大大地前进了一步，普通话水平测试的质量也得到有效的提高。

第二节　普通话水平测试的改进实验研究

我国的普通话培训测试已经开展了十几年，累计测试量已达两千多万人次，取得了很大成绩。但是，与国外先进的语言测试相比，无论是测试的手段、方式，还是测试所包含的内容，都存在着一定的差距。从科学发展的角度来看，进一步完善普通话水平测试，推进普通话水平测试及其管理的现代化，还有许多工作要做。这些都需要我们在普通话水平测试体系的改进和完善方面做大量的基础性的工作。这既包括理论探究和科研的工作，也需要大量具体实验的试点的工作。这样才能推进普通话水平测试工作信息化、科学化进程，完善普通话测评体系，构拟一个更为立体的、全方位的语言文字测评体系，满足新时期社会对语言文字发展的需求，构建和谐的语言文字环境。

一　普通话水平测试改进实验需要解决的问题

普通话水平测试既需要宏观的政策导向和理论指导，也离不开微观的调查研究和统计分析，《普通话水平测试大纲》作为指导我国 PSC 的总纲，在测试理论，测试内容，测试数量，测试方法上尚需要教育统计和教育测量相关理论数据的支持，但一般的研究往往只是从定性的方面进行，不能得出精确而非经验的各项量化指标，尤其是在回答 PSC 中究竟“考什么”、“考多少”、“怎么考”等最直接，根本的问题上，缺乏科学、统一、规范的尺度和手段，缺乏有力的数据支持。

由于普通话水平测试在测试理论、测试内容、测试数量、测试方法等方面还没有有力的教育测量学的数据支持，普通话水平测试还需要通过具体的实验研究，求出更进一步的实验数据，并根据实验数据，提出普通话水平测试的改进模式，以求达到和体现“怎样测试更好”的目标，以加强普通话水平测试的科学性与权威性。

为此，我们进行普通话水平测试的改进实验研究，以求通过调查取样和统计分析，力求对普通话水平测试上述的基本问题做一个比较科学可信的有理有据的回答，为普通话水平测试提供教育测量数据，探求更具科学性和可操作性的普通话水平测试的测试内容、测试量和测试方法及测评模式。

普通话水平测试改进实验研究在教育测量方面需要解决的问题主要为试卷的一致性问题(试卷信度)和测试员测评成绩的可比性问题(测试员信度)。

具体来说，试卷信度分析包括以下方面：

1. 测试内容(考什么)方面

现有的测试内容是否科学、合理，可靠性(信度)系数有多大？如果要改进应该怎样改进？是增加测试内容还是减少测试内容？是否需要改变测试内容？

2. 测试量(考多少)方面

现有的测试量是否科学、合理，可靠性(信度)系数有多大？如果要改进应该怎样改进？是增加测试量还是减少测试量？

3. 测试方法(怎么考)方面

现有的测试方法是否科学、合理，可靠性(信度)系数有多大？如果要改进应该怎样改进？

二　普通话水平测试改进实验研究的理论与方法

改进实验研究以教育测量学的概化理论和经典测量理论为指导。

根据概化理论的“随机化平行”的观点：同一考生可以在多个不同的测试

情景下进行测量，所有可能的随机化平行组合构成“可推论全域”。在普通话水平测试中，随机化平行就是设计的试卷中，所能提供的各种测试的题目和题量的所有可能独立地用来测试考生成绩的组合。例如：有人说50个单字就可以测出考生的真实水平；也有人认为，只需要一个说话题就可以测出考生的水平；如果又有人坚持，需要100个单词和300字朗读才可以测出考生的真实水平等等，这样一些考试题目就构成“随机化平行”，为普通话水平测试的改进而设计的实验卷所能包括和能组合得出的题目和题量就构成了“可观测全域”，通俗地说“可观测全域”就是在实验卷中可以观测到的不同的测试题目、题量和测试员的组合。当然这个“可观测全域”并不只含有这些信息，还有包括诸如测试员的适应性(可包括一至四名或更多测试员与任意题目题量的组合情况)，地区的适应性(不同地区的推测)、民族的适应性(不同民族的实验)等。所有这些信息经过统计分析后可得出“可推论全域”，也就是基本上可以推导出我们目前还存有疑问的“考什么”、“考多少”、“怎么考”三大问题的全部资料的组合。根据概化理论的“可观测全域”，可以把其他因素看做稳定的数据，从而分别求出需要检测的两组内容组合的概化系数。例如，有人提出50单字和一个测试员就可以施测了，那么就应该求出50单字和一个测试员组合(即交叉)时的概化系数，这样就能定性、定量、有理、有据地回答这样的测评结果可信还是不可信；可信程度是多大，不可信程度是多大；如果测试，它的正确概率是多少，错误概率是多少。总而言之，只要是普通话水平测试实验所能提供的统计信息，都可以相互组合，进行推论，求出概化系数。

改进实验研究采用教育测量与教育统计的科学理论和方法，通过对普通话水平测试试卷信度系数和测试员之间的皮尔逊积矩相关系数的分析，来探求测试试卷内容的一致性(试卷信度)和测试员测试成绩的一致性(测试员信度)情况。先以试卷信度分析为主，分析试卷题项及各测评模式的信度，再根据测试员信度与测试项目的测试标准的可操作性之间的关系来比较测试项目的可比性，进而从另一个角度来分析试卷的信度。最后，结合两个信度分析数据，以量化的手段，对PSC进行研究，力求对PSC中究竟“考什么”、“考多少”、“怎么考”等最直接、根本的问题作出比较客观、科学的回答，并以此基础，探求具有客观性、科学性、广泛代表性和经济适用性的PSC改进模式。

改进实验研究先进行试卷信度分析，然后再参考测试员信度数据以从另一方面佐证之。

良好的测试，必须保证有较高的信度、效度、难度、区分度和相关度。研究涉及的主要有信度和相关度。

信度，也叫可靠性或可靠程度。就像计量必须有精确的测量工具一样，信度是良好测试的必要条件，也是效度的必要条件。信度的取值范围(信度系数)在0

至1之间。影响信度的因素很多，多大的信度系数才合适，要视测量内容、试题性质而定，同时与信度的计算方法也有关系。主观性较强的测试，信度系数可以低一些。

测试信度一般可以分为测试试卷信度和评分者信度。

测试试卷信度，即试卷的一致性（试卷信度α系数）。实验采用了计算主观性试题的由克龙巴赫提出的α系数法。α系数是内部一致性系数，除了表示信度系数外，在一定程度上也表示了效度。α系数的具体计算公式如下：

$$\alpha = \frac{K}{K-1}\left(1 - \frac{\Sigma S_i^2}{S_T^2}\right)$$

其中：α为信度系数；

K为测试项目数；

S_i^2为各项目各被试者得分的方差；

S_T^2为各被试者各自总分的方差。

从以上计算公式不难看出，方差的计算在α系数信度计算中具有极为重要的意义。

评分者信度，即测试员测评成绩的可比性。实验采用皮尔逊积差相关系数r（见本书第四章第一节）来表示。

测试试卷信度是测试试卷质量的重要指标，评分者信度是评分者对应试者试卷给予分数评定的质量的重要指标。只有评分者信度达到较高的质量指标，测试试卷的信度才能达到较高的质量指标。试卷信度和测试员信度的高低，直接影响试卷的质量，也影响着测试者测试的质量，二者是辩证统一的。只有测试试卷、测试员信度均合乎要求，才能准确、客观地反映出应试人的普通话等级水平。

实验研究通过对试卷信度α系数和测试员信度r系数的分析，来探求试卷内部的一致性（试卷信度）和测试员测试成绩的一致性（测试员信度）情况。先以试卷信度分析为主，分析试卷题项及各测评模式的信度，再根据测试员信度与测试项目的测试标准的可操作性之间的关系来比较测试项目的可比性，进而从另一个角度来分析试卷的信度。最后，结合两个信度分析数据，完成普通话水平测试信度分析及优化的测评模式的选取。

三　普通话水平测试改进实验的内容

现行的普通话水平测试模式实际有两个，一个是完全按照现行的国家《普通话水平测试大纲》的模式，测试内容分为五项：单字、词语、朗读、选择判断、说话；一个是大部分北方方言区（含云南）的模式，测试内容分为四项：单字、词语、朗读、说话，没有选择判断。2003年教育部、国家语委发布的《普通话水平测试大纲》已经通过说明的方式对这两种模式均表示认可，各地可根据当地的情况自行选择。测试改进实验内容的各种模式研究，均不包括选择判断。

测试实验卷的设计包括了测试内容、测试量和评判方式等多项实验内容。

为了保证实验结果的科学性、适应性、广泛性和多效性，试卷内容是在综合了各种意见后组合而成的。通过试卷内容不同模式的组合，能够充分体现各种不同的“考什么”、“考多少”的意图。试卷内容是由云南省普通话培训测试中心的“普通话水平测试题库系统”计算机自动出题子系统以随机方式组合而成的，合成的实验卷共有5套。分别编为1至5号卷。下面是1号实验卷的全部内容。

A　读单音节字词(100个)

循 倦 跑 唤 狗 蹭 码 略 穷 冷 茶 歹 家 耐 拐 诵 紫 掘 搁 痊 两 宅 锦 尚 匣
尔 匀 聂 伸 笛 惹 眉 丘 陌 捷 桩 峨 拖 侄 枉 牛 沸 沿 丝 屿 舷 披 玖 轮 醒
怀 寝 穿 簸 凡 薯 驴 捏 醇 翁 曹 二 琢 窘 靠 时 纫 芹 另 吨 灌 鞋 赃 憨 腊
汪 扬 旷 伟 故 垮 痰 耿 容 次 毫 贵 批 桥 棕 嗽 开 画 箕 铜 怖 根 异 标 非

B　读单音节字词(50个)

毕 宇 装 烤 承 周 俊 蹂 顽 诵 洁 崩 垦 滋 尔 挠 是 选 盖 娄 巴 喉 买 径 燃
翁 醋 棵 垫 品 二 瘸 坏 胸 焙 苍 勃 贵 伐 丁 兰 鸦 屯 花 舅 腔 持 根 蕉 椒

C　读双音节字词(选自2万词表)

个别　散场　钢材　眯缝　促成　头发　军官　难怪　曝光　风骨
伺候　鲜果　加急　虎口　远客　纹理　凉快　病魔　陨落　像样儿
沉迷　唾沫　荡平　凶器　哗然　蜡染　爱人　恰似　铁索　豆芽儿
花色　钥匙　损失　欢笑　去声　内应　喷香　庄严　评薪　嗓门儿
亲友　隐约　通用　终于　没有　委员　怒族　顶嘴　绝招　咬字儿

D　读双音节字词(选自8千词表)

军阀　全会　升学　皇帝　徘徊　谈话　涌现　培养　柳树　价钱
折磨　所属　青菜　让步　枯燥　地理　调皮　随便　中旬　拐弯儿
雇员　制约　深化　用心　终年　得意　魔术　截止　损耗　绕远儿
财产　自费　印染　开关　林场　难受　停顿　丰满　炮火　小曲儿
傍晚　语法　采访　考取　稳当　收成　讲究　碟子　庄稼　纳闷儿

E\F　1. 朗读指定篇目

他做了一次摆台表演。当酒杯、水杯、立口杯、筷子、勺等餐具，酱、醋、盐、胡椒面等作料，花瓶、烟缸等一百多件器皿距离相等、排列有序地摆好时，学生们看了一下表，仅仅用了4分20秒。他们使劲鼓起掌来。每天三餐，他都穿着雪白的工作服站在门口，彬彬有礼地为客人开门。客人来得差不多时，他就站在餐厅中间，四处巡视，从说着不同语言、穿着各种服装的外宾表情上，注视他们对饭菜的反应，观察就餐者的特殊需要和困难，以便及时帮助解决。

一次在给泰国留学生上饮料时，忽然引起客人的雀跃欢呼——原来在滚烫的红茶里，放了两小块冰。一个留学生拉着服务员的手问道：“这是我们泰国的风俗，你们怎么知道?”小服务员很自豪地说:“我们餐厅管理员搜集了许多资料，记载着各国的风俗和饮食习惯，就像作家收集创作素材一样，写满了好几本哩……”

G\H　2. 朗读临场篇目

春天的圆通山别有一番令人陶醉的景色。走进园内，立刻被秀丽的自然风光所吸引，樱花与垂丝海棠，竞相怒放，灿若红霞，令人赏心悦目。一种热爱自然，热爱生命之情不禁油然而生。你若置身其中，就会被樱花包含着的那种纯朴、善良和美丽所折服。它具有和春城人一样的品格，将自己的根深深地扎进这块黑色土地，与之相依相恋，尽情地展示着蓬勃向上的生命活力；它那怒放枝头的一堆堆，一团团圣洁而灿烂的花团，像天边的彩霞那么美丽耀眼，像火那样红，那么炽热奔放。每一朵花，每一树花，不但是美好、幸福吉祥的象征，也暗示着一个灿烂生命的质朴与纯正。花团在枝头轻轻摇曳，别有一种惹人怜爱的姿态，或拘泥，藏而不露；或羞涩，犹抱琵琶半遮面；或潇洒，显露着粉红的脸蛋，好像在迎接自远方来的客人。

I\J\K\L　命题说话(两题任选一题,时间3分钟)

1. 我和体育运动　　2. 学习普通话的体会

M\N\O\P　情景说话(时间3分钟)

某中学二年级的一个学生，因期末考试成绩没达到父母提出的“每次考试都必须在班里排前三名”的要求，便情绪低落，后来竟在家服毒自杀身亡。请对这件事进行评论。(说明:大写英文字母的不同,显示了测试内容、测试量、测试方法的不同,为避免实验时产生的干扰,正式的实验卷上没有这些英文字母。)

为确保实验结果的科学性和可重复性、可重组性，实验设计综合了历年的实践经验和各方面的意见与建议，实验卷加大了测试内容和题量，评分方法也有多种方式，便于比较。实验卷的构成和测试目的如下表:

普通话水平测试实验卷内容构成与实验目的一览表

<table>
<tr><th>实验项目</th><th>内容代码</th><th>内容、题量</th><th>满分值</th><th>实验目的</th></tr>
<tr><td rowspan="4">读字词</td><td>A</td><td>100个单字</td><td rowspan="2">各为10分</td><td rowspan="2">选自3500常用字表，比较测试100字与测试50字的差别</td></tr>
<tr><td>B</td><td>50个单字</td></tr>
<tr><td>C</td><td>50个词语</td><td rowspan="2">各为20分</td><td rowspan="2">比较选自2万词表与选自8千词表的差别</td></tr>
<tr><td>D</td><td>50个词语</td></tr>
<tr><td rowspan="4">读文章</td><td>E</td><td>文章1指定篇目</td><td>30分</td><td rowspan="4">比较测试指定篇目与测试临场篇目的差别；比较不同评分方式的差别</td></tr>
<tr><td>F</td><td>文章1指定篇目</td><td>30分</td></tr>
<tr><td>G</td><td>文章2临场篇目</td><td>30分</td></tr>
<tr><td>H</td><td>文章2临场篇目</td><td>30分</td></tr>
</table>

实验项目	内容代码	内容、题量	满分值	实验目的
命题说话	I	命题说话	40 分	比较测试命题说话与测试情景说话的差别；比较不同评分方式的差别；比较不同分值的差别
	J	命题说话	40 分	
	K	命题说话	30 分	
	L	命题说话	40 分	
情景说话	M	情景说话	40 分	
	N	情景说话	40 分	
	O	情景说话	30 分	
	P	情景说话	40 分	

上表中的内容代码具有多重含义，A、B 表示的是单字题量的差别。C、D 表示的是词语测试范围的差别，E、F、G、H 表示的是朗读测试内容与评分方式的差别，I 至 P 表示的是说话内容、评分方式、评判分值的差别。

A 与 B 的区别在于单字测试量的不同：测试是考 100 字好，还是考 50 字好。

C 与 D 的区别在于词语选取范围的不同：测试的 50 个词是选自 2 万词好，还是选自 8 千词(儿化词语除外)好。

E、F 与 G、H 的区别在于朗读测试篇目的不同：是考指定篇目好，还是考临场篇目好。

E、G 与 F、H 的区别在于朗读评分方式的不同：是分 2 项扣分好，还是分 4 项扣分好。

I、J、K、L 与 M、N、O、P 的区别在于说话方式的不同：是考命题说话好，还是考情景说话好。

I 与 J，M 与 N 的区别在于评判说话时是否要考虑“得体”因素。

I 与 K，M 与 O 的区别在于说话的分值的不同：说话分值是40 分好，还是 30 分好。

I 与 L，M 与 P 的区别在于说话的评分方式不同：是分 3 项评分好，还是分等级总体定量评分好。

这些不同的内容的组合模式既是不同总分方式的组合，更是不同的测试内容、不同的测试量、不同的评分方式的不同的组合。通过这些不同模式有关的教育测量数据的计算、分析，我们就能找出较好的普通话水平测试模式。例如，现行的国家《普通话水平测试大纲》模式是 A + C + F + K，拟改进的模式是 A + C + F + H + K，云南的实验模式是：A + C + E + I。究竟哪一种模式更能体现普通话水平测试的客观性准确性，这正是实验设计的目的所在。随着统计数据的逐步计算出来，根据数据显示的不同，还可以选择其他更多更好的组合模式。

有的测试员提出，普通话水平测试三级六等标准可以有一些不同的语言形象，测试员可以根据这些语言形象直接给被试者打分，而不必一项一项地量化评分。所以实验卷上还增加了“语言形象总分”这项评分栏目，这个分数可以和试卷总分进行比较，看一看完全的定性评分与定量定性相结合的评分究竟有些什么区别，同时可以进一步论证测试员凭经验定性施测的可靠性程度。

实验的α信度系数是全卷的总体情况，实验的r信度系数是实验中第1、2号，9、10号测试员相互间的信度数据情况。

四　现行的普通话水平测试的教育测量数据及评价

根据实验卷的测试内容和评分卡，国家《普通话水平测试大纲》的测试模式为ACFK模式，云南的实验的模式为ACEI模式。两种不同模式的教育测量数据比较如下。

1. α信度系数

ACFK模式与ACEI模式最后计算出的α系数如下表。

ACFK模式与ACEI模式α系数比较表

模式类型	α信度系数
ACFK	0.874
ACEI	0.889

从上表可以看出，两种模式的α信度系数也都是较高的。较高的信度证实：现行的普通话水平测试基本上是科学的，可行的。相比之下，ACEI模式因为可以把信度系数从0.874提高到0.889，更具有可靠性和可操作性。

2. r信度系数

ACFK模式与ACEI模式最后计算出的r系数如下表。

ACFK模式与ACEI模式r系数矩阵比较简表

测试员 / 模式	1×2	1×3	1×4	2×3	2×4	3×4	平均数
ACFK	0.893	0.907	0.837	0.916	0.876	0.893	0.887
ACEI	0.927	0.864	0.903	0.847	0.917	0.847	0.884

说明：Pearson Correlation（皮尔逊积矩相关系数）

P1ACFK P2ACFK P9ACFK P10ACFK（1、2、3、4号测试员ACFK模式）

P1ACEI P2ACEI P9ACEI P10ACEI（1、2、3、4号测试员ACEI模式）

Sig.(2-tailed)（双尾显著性检验）

Correlation is significant at the 0.01 level (2-tailed).（显著性水平为1%）

N=90　（观察数对，即相关比较的对子数为90）为节省篇幅，说明下略。

从上表可以看出，两种模式的几对r信度系数也都是较高的。较高的信度证实：现行的普通话水平测试模式和云南的实验模式都是科学的，可行的。

五　普通话水平测试内容语料选取的改进

普通话水平测试内容语料来源选取的改进研究主要集中在三个方面：

第一，测试的50个词语，是从常用的8 000词(即《普通话水平测试大纲》的词表1)中选取好，还是从2万多个词(即《普通话水平测试大纲》的词表1和词表2)中选取好？

第二，朗读部分考指定篇目好，还是考临场篇目好？

第三，说话部分考命题说话好，还是考情景说话好？

有人提出所考词语应从常用8 000词(即《普通话水平测试大纲》的词表1)中选取，因为普通话测试主要应考查生活常用词，讲究实用；又有人提出还是从2万多个词(即《普通话水平测试大纲》的词表1和词表2)中选取好，因为普通话技能应该全面。有人提出朗读应考临场篇目，不能考指定篇目，因为指定篇目考试前可以充分准备；又有人提出朗读只能考指定篇目，不能考临场篇目，因为临场篇目各种其他因素太多，不利于被试者普通话水平的充分展现；还有的地区既考指定篇目，又考临场篇目(如香港特别行政区)。要解决这些问题，显然必须有教育测量的数据支持，才能说明为什么某一测试模式比另一测试模式更好。在实验中我们着重对测试内容的改变，设计了不同的对比实验模式，计算统计出了相应的教育测量数据。

问题一：测试的50个词语，是从常用的8 000词(即《普通话水平测试大纲》的词表1)中选取好，还是从2万多个词(即《普通话水平测试大纲》的词表1和词表2)中选取好？

实验结果数据如下。

1. α信度系数

<u>**选自2万词模式与选自8千词模式的α系数比较表**</u>

模式类型	α信度系数
选自2万词的ACFK模式	0.903
选自8千词的ADFK模式	0.889
选自2万词的ACEI模式	0.889
选自8千词的ADEI模式	0.878

从上表可以看出，选自2万词的ACFK国家《普通话水平测试大纲》模式和选自2万词的ACEI云南实验模式，与对应的选自8千词的ADFK模式和选自8千词的ADEI模式相比，信度系数均有提高。从教育测量数据的角度来看，词语选自2万词比选自8千词要好一些。但相差不大，此时我们可以参照r信度系数。

2. r 信度系数

词语 C(2 万词)、D(8 千词)r 系数矩阵比较简表

测试员 / 模式	1×2	1×3	1×4	2×3	2×4	3×4	平均数
词语 C	0.861	0.848	0.733	0.953	0.807	0.838	0.840
词语 D	0.756	0.776	0.400	0.932	0.749	0.793	0.734

显然，总的来说，考 2 万词的词语 C 每对相关度系数都高于 8 千词的词语 D。单纯从教育测量的数据来看，可采用考 2 万词的 C 模式，考虑到可操作性，建议采用 D 模式。

问题二：朗读部分考指定篇目好，还是考临场篇目好？

实验结果数据如下。

1. α 信度系数

指定篇目模式与临场篇目模式 α 系数比较表

模式类型	α 信度系数
指定篇目 ACFK 模式	0.874
临场篇目 ACHK 模式	0.890
指定篇目 ACFI 模式	0.887
临场篇目 ACHI 模式	0.878
指定篇目 ACFL 模式	0.919
指定篇目 ACEL 模式	0.920
临场篇目 ACGL 模式	0.909
临场篇目 ACHL 模式	0.909

从上表可以看出，考指定篇目模式与对应的考临场篇目模式相比，信度系数都有较大提高，从教育测量数据的角度来看，考指定篇目比考临场篇目更好(E、F 为佳)。

2. r 信度系数

指定篇目(E、F)与临场篇目(G、H)r 系数矩阵比较简表

测试员 / 模式	1×2	1×3	1×4	2×3	2×4	3×4	平均数
E 读文章	0.889	0.892	0.811	0.884	0.819	0.828	0.854
F 读文章	0.923	0.914	0.917	0.921	0.910	0.927	0.919
G 读文章	0.883	0.859	0.714	0.840	0.721	0.751	0.794
H 读文章	0.899	0.876	0.859	0.856	0.860	0.847	0.866

显然，考指定篇目的r信度系数高于考临场篇目，特别是考指定篇目F的系数明显高于其他三种。这说明，指定篇目的测试操作标准更易于为测试员掌握，测试员之间的评判成绩有较强的一致性和可比性，参照α信度系数，更进一步说明指定篇目能更好地达到测量目的，因而有较高的信度。

问题三：说话部分考命题说话好，还是考情景说话好？

实验结果数据如下表。

1. α 信度系数

命题说话模式与情景说话模式α系数比较表

模式类型	α信度系数
命题说话 ACFK 模式	0.874
情景说话 ACFO 模式	0.929
命题说话 ACFI 模式	0.887
情景说话 ACFM 模式	0.921
命题说话 ACFL 模式	0.919
情景说话 ACFN 模式	0.920
情景说话 ACFP 模式	0.882
命题说话 ACFJ 模式	0.924

综合上表可以看出，考30分情景说话的ACFO模式和考40分情景说话的ACFM模式，与对应的考30分命题说话的ACFK模式和考40分命题说话的ACFI模式相比，信度系数都要有所提高，分别为0.055和0.034。考40分情景说话的ACFN模式与相应的考40分命题说话ACFJ模式相比，系数提高了0.004，只有考40分情景说话ACFP模式与相应的考40分命题说话ACFL模式相比，系数下降了0.037。显然，从教育测量数据的角度来看，考情景说话比考命题说话更好。但是，情景说话的试题在命制上有一定困难，而且，考命题说话的ACFJ(0.924)、ACFL(0.919)模式信度也很高，此时应更多地考虑测试的经济性与可操作性，我们建议采用考40分命题说话的J或L模式。

2. r 信度系数

命题说话(I、J、K、L、)与情景说话(M、N、O、P)r系数矩阵比较简表

测试员 模式	1×2	1×3	1×4	2×3	2×4	3×4	平均数
I 命题说话	0.743	0.553	0.816	0.445	0.804	0.521	0.647
J 命题说话	0.693	0.733	0.687	0.836	0.813	0.864	0.771
K 命题说话	0.328	0.396	0.328	0.622	0.522	0.640	0.472
L 命题说话	0.694	0.800	0.757	0.792	0.800	0.819	0.789

模式 \ 测试员	1×2	1×3	1×4	2×3	2×4	3×4	平均数
M 情景说话	0.703	0.781	0.766	0.785	0.725	0.835	0.766
N 情景说话	0.678	0.816	0.746	0.722	0.674	0.808	0.740
O 情景说话	0.715	0.697	0.704	0.596	0.691	0.684	0.681
P 情景说话	0.331	0.846	0.726	0.304	0.295	0.745	0.541

总体来说，说话部分的 r 信度系数都不高。其中命题说话(J、L)和情景说话(M、N)的 r 信度系数相差不大，高于其他题项(这也证明了上面的 α 信度系数的情况)，我们需要联系总体模式，进行 r 信度系数比较。

命题说话与情景说话测评模式 r 系数矩阵比较简表

模式 \ 测试员	1×2	1×3	1×4	2×3	2×4	3×4	平均数
ACFN	0.942	0.932	0.922	0.949	0.934	0.930	0.935
ACFM	0.933	0.938	0.917	0.949	0.914	0.933	0.931
ACFL	0.926	0.940	0.926	0.944	0.929	0.940	0.940
ACFJ	0.926	0.933	0.912	0.954	0.929	0.943	0.933
ACFK	0.893	0.907	0.837	0.916	0.876	0.893	0.887

显然，40 分命题说话的 J 或 L 模式更为高效、科学，综合上三表，建议采用 L 模式。

六　普通话水平测试测试量(考多少)的改进

普通话水平测试的测试量问题是一个重要的问题，既影响普通话的测试质量，又影响普通话的测试成本。根据有关专家学者和语言教师的意见，这里把普通话水平测试有关测试量的问题，归纳为以下四个问题。

问题一：单字部分是考 100 个单字好，还是考 50 个单字好？

问题二：朗读部分是考一篇文章好，还是考两篇文章好？

问题三：说话部分是考命题说话好，还是命题说话、情景说话一起考？

问题四：朗读、说话部分只考一篇文章、一个话题好，还是考两篇文章、两个话题好？

(一) 实验结果与数据

针对这四个问题，我们在实验研究中设计了不同的对比实验模式，计算统计出了相应的教育测量数据。具体实验结果的数据见下表。考虑到篇幅，r 系数只列出了 r 系数均数，没有再列出不同测试员的 r 系数矩阵比较简表。

不同测试量实验的α系数与r系数均数比较表

实验序号	实验内容	模式类型	α系数	r系数均数
1	《普通话水平测试大纲》现行模式	ACFK 模式	0.874	0.887
2	《普通话水平测试大纲》改进模式	ACFI 模式	0.887	0.885
3	云南实验模式	ACEI 模式	0.889	0.884
4	问题一实验：测 50 单字	ADFL 模式	0.911	0.938
		BDFL 模式	0.885	0.898
5	问题二实验：两篇朗读	ACFHK 模式	0.907	0.928
		ACFHI 模式	0.918	0.939
6	问题三实验：两个说话	ACFKO 模式	0.898	0.901
		ACFIM 模式	0.919	0.941
7	问题四实验：两篇朗读，两个说话	ACFHKO 模式	0.920	0.945
		ACFHIM 模式	0.936	0.952

（二）分析与讨论

问题一的实验是把测试 100 个单字的做法改为测试 50 个，这样做信度系数会有所提高(0.007)，但二模式的α信度系数都高于 0.910。这个问题应参照其他信度分析，如 r 信度数据，二者都很高。综合从信度和经济性原则两方面来看，50 个字可以考虑。

问题二的实验是把现行的朗读部分测试一篇指定篇目的做法改为测试两篇文章，一篇是指定篇目，一篇是临场篇目。这样做两个信度系数会有较大的提高，如果按现行的国家《普通话水平测试大纲》ACFK 模式，增加一篇临场篇目，成为 ACFHK 模式(即香港特别行政区的现行模式)，其信度系数(0.907/0.928)高于云南现行的 ACEI 模式，可以考虑增加一篇朗读文章。如按拟改进的 ACFHI 模式，信度系数会提高到 0.918 和 0.939，这显然是一个令人鼓舞的数据，但应充分考虑试卷各题分数的平衡和测试的经济性与可操作性问题。

问题三的实验是把现行的说话部分测试一个命题的做法改为测试两个说话，一个是命题说话，一个是情景说话。这样做信度系数同样也会有一定的提高，但如果按现行的国家《普通话水平测试大纲》的 ACFK 模式，增加一个情景说话，成为 ACFKO 模式的话，其信度系数基本上等于 ACEI 模式，没有必要增加一个情景说话的内容。如按拟改进的 ACFIM 模式，信度系数会有较大提高，但 ACFIM 模式也应充分考虑试卷各题分数的平衡和测试的经济性与可操作性问题。

问题四的实验是问题二与问题三的结合：测试两篇朗读文章，两个说话。这些测试内容几乎就是整个实验卷的全部测试内容。这样做信度系数会有较大的提高，其中ACFHIM模式的信度系数最高，达到0.936和0.952。但ACFIM模式也应充分考虑除试卷各题分数的平衡和测试的经济性与可操作性问题外，还应充分注意测试时间的问题，增加题项肯定会增加试卷命制难度和测试时间。

综观这些模式的信度系数，拟采取只测三项的ADE模式较为适当。ADE模式的0.902和0.919的信度系数比ACEI模式的信度系数高0.013和0.035，也超过了大多数实验测试模式。这个信度数据也显示，目前说话的评分模式，鉴别力较低，甚至起到干扰作用，取消说话，更有利于提高信度。

七　普通话水平测试内容(考什么)的改进

普通话水平测试的内容问题是一个与测试量密切相关的重要问题，测试内容的增加和减少，既是测试内容问题，又是测试量的问题。在现行的普通话水平测试中，有的专家提出测试在不需要特别精确的时候，例如在只需区分二乙与三甲的情况下，可以考虑使用一个简易版本进行测试，这样有着良好的经济性和可操作性；也有的测试员反映目前的普通话水平测试测评内容过多，测试量过大，难以掌握。根据有关专家学者和语言教师的意见，我们把普通话水平测试有关测试内容的意见，归纳为以下六个问题，并针对这些问题进行了不同的测试模式实验，其目的是想得出这样一个答案：如果要减少测试内容，减少哪个或哪些测试内容较为妥当。

问题一：测试不考单字，只考词语、朗读、说话行不行？

问题二：测试不考词语，只考单字、朗读、说话行不行？

问题三：测试不考单字、词语，只考朗读、说话行不行？

问题四：测试不考朗读，只考单字、词语、说话行不行？

问题五：测试不考说话，只考单字、词语、朗读行不行？

问题六：测试不考朗读、说话，只考单字、词语行不行？

（一）实验结果与数据

具体实验结果的数据见下表，表中加入现行的国家《普通话水平测试大纲》模式和云南实验模式，以便比较。

不同测试量实验的α系数与r系数均数比较表

实验序号	实验内容	模式类型	α系数	r系数均数
1	《普通话水平测试大纲》现行模式	ACFK模式	0.874	0.887
2	《普通话水平测试大纲》改进模式	ACFI模式	0.887	0.885
3	云南实验模式	ACEI模式	0.889	0.884
4	问题一实验：只考词语、朗读、说话	CFK模式	0.842	0.875

实验序号	实验内容	模式类型	α 系数	r 系数均数
		CEI 模式	0.872	0.881
5	问题二实验：只考单字、朗读、说话	AFK 模式	0.795	0.832
		AEI 模式	0.817	0.854
6	问题三实验：只考朗读、说话	FK 模式	0.713	0.786
		EI 模式	0.774	0.795
7	问题四实验：只考单字、词语、说话	ACK 模式	0.801	0.841
		ACI 模式	0.821	0.856
8	问题五实验：只考单字、词语、朗读	ACF 模式	0.906	0.922
		ACE 模式	0.910	0.932
		ADE 模式	0.902	0.919
9	问题六实验：只考单字、词语	AC 模式	0.857	0.878
		AD 模式	0.838	0.871

（二）分析与讨论

综观这些模式的信度系数，如果要减少测试内容，拟采取只测三项的 ACE、ADE 模式较为适当。ADE 模式的 0.902 和 0.919 的信度系数高于现行的国家大纲模式和云南实验模式，比 ACEI 模式的信度系数高 0.013 和 0.035，超过了大多实验测试模式。这个信度数据也显示，目前说话的评分模式，鉴别力较低，甚至起到干扰作用，取消说话，更有利于提高信度。值得注意的是，现行的计算机智能测试系统，尚未有效解决说话部分的测试问题，多是计算机测前三项：单字、词语、朗读，测试员测第四项：说话。采用只测三项的 ACE、ADE 模式，将更有利于计算机进行普通话水平测试。

八　普通话水平测试测试方法（怎么考）的改进

普通话水平测试的测试方法问题涉及的范围较广，如多少测试员评分的问题，是现场评分还是录音评分的问题，测试环境在一定条件下也是一个方法问题。这里的测试方法限定在实验卷的评分卡上，即朗读部分评分的 E、G 与 F、H 模式，说话部分的 I、J、K、L 模式与 M、N、O、P 模式。另外还有语言形象总分模式。

普通话水平测试有关测试方法的问题，主要是在朗读部分和说话部分怎样测试的问题。从前面测试量、测试内容的研究中，已经看到朗读、说话的鉴别力较低。在有的模式中，有没有说话，关系不大。尽管现行说话评判模式的教育测量数据并不支持考说话，但根据绝大多数语言学专家和语言教师的意见，在普通话水平测试中说话不能不考。那么在必须考说话的情况下如何选择较好的说话评判模式，也就成了测试方法实验研究的重点。测试方法实验研究的问题主要有四个：

问题一：朗读部分云南实验的分二项扣分模式与《普通话水平测试大纲》现行的分四项扣分模式，哪一种更好？

问题二：说话部分的评判要不要考虑言语得体度的问题？

问题三：说话部分能否采用分等级总体定量评分的方式？其有关的教育测量数据如何？

问题四：定性评分的语言形象总分与各模式评分有没有可比性，如果有，它与哪一模式最为接近？

说话部分还有一个满分是30分，还是40分的问题。这个问题前面已经解决，这里不再单独分析。

（一）实验结果与数据

针对前三个问题，我们设计了不同的对比实验模式，计算统计出了相应的教育测量数据。具体实验结果的数据见下表。

不同测试方式实验的α系数与r系数均数比较表

实验序号	实验内容	模式类型	α信度系数	r系数均数
1	《普通话水平测试大纲》现行模式	ACFK模式	0.874	0.887
2	《普通话水平测试大纲》改进模式	ACFI模式	0.887	0.885
3	云南实验模式	ACEI模式	0.889	0.884
4	问题一实验：①指定篇目扣分模式	ACEK模式	0.876	0.888
		ACFK模式	0.874	0.887
	问题一实验：②临场篇目扣分模式	ACGK模式	0.857	0.878
		ACHK模式	0.858	0.878
5	问题二实验：①命题说话考虑得体度	ACFI模式	0.887	0.885
		ACFJ模式	0.924	0.933
	问题二实验：②情景说话考虑得体度	ACFM模式	0.921	0.931
		ACFN模式	0.920	0.935
6	问题三实验：①命题说话分等级总体定量评分	ACFL模式	0.919	0.940
		ADFL模式	0.911	0.938
		ADFJ模式	0.918	0.929
		ACFJ模式	0.924	0.933
	问题三实验：②情景说话分等级总体定量评分	ACFP模式	0.882	0.881
		ACFN模式	0.920	0.935

（二）分析与讨论

问题一的实验是研究朗读部分的评分模式。把朗读材料按指定篇目与临场篇目加以区分，观察在其他测试内容相同的情况下，是分二项扣分的 E、G 评分模式的信度系数高，还是分四项扣分的 F、H 评分模式的信度系数高。实验结果的数据显示为：从指定篇目来看，E 模式(0.876/0.888)和 F 模式(0.874/0.887)几乎没有区别；从临场篇目来看，H 模式和 G 模式也如此(0.858/0.878 和 0.857/0.878)。数据说明，两种评分模式没有多大的区别。

问题二的实验是说话部分的评判要不要考虑言语得体度的问题。问题二需进行命题说话的 I 模式与 J 模式，情景说话的 M 模式与 N 模式的比较。实验结果的数据显示为：从命题说话来看，考虑言语得体度的 J 模式明显高于不考虑言语得体度的 I 模式(差分别为 0.037/0.045)；从情景说话来看，不考虑言语得体度的 M 模式与考虑言语得体度的 N 模式几乎没有区别。数据显示，在说话当中，考虑言语得体度是合适的。

问题三的实验是能不能把现行的说话部分的评分改为分等级总体定量评分的问题。问题三进行命题说话的分等级总体定量评分的 L 模式与其他方式评分的 I、J、K 模式，情景说话的分等级总体定量评分的 P 模式与其他方式评分的 M、N、O 模式的比较。分等级总体定量评分又称分档评分，在国家对《普通话水平测试大纲》征求意见稿的实验卷中就有分档评分。实验结果的数据显示为：分等级总体定量评分的 L、P 模式分别不如考虑得体度的 J、N 模式，P 模式则都不如 N、M、O 模式，只 L 模式优于 I、K 模式。这说明分等级总体定量评分模式总体上主观性较强，不宜采用(当然 L 模式可适当考虑)。

另外一个问题的实验是研究语言形象总分与各模式评分有没有可比性的问题。语言形象总分由于没有具体的量化数据的支持，完全是主观性的定性评分。它与各评分模式的可比性问题主要考虑平均分与标准差的问题。下表是语言形象总分与一些评分模式的有关数据。

语言形象总分与一些评分模式的比较表

实验项目	平均分	标准差
语言形象总分	80.73	7.88
ACEI 测评模式总分	81.00	8.44
ACFK 测评模式总分	81.52	8.14
ADEL 测评模式总分	81.58	8.50
ADFL 测评模式总分	81.60	8.55
ADGL 测评模式总分	81.15	8.66
ADHL 测评模式总分	80.85	8.76

从上表来看，语言形象总分与各模式的评分是有一定的可比性的，从实践来看，它与云南实验的 ACEI 模式较为接近。从理论上看，它可能与理想的 ADHL 模式更为接近。由于评判实验卷的测评员参加测试的实践较多，他们主观评出的语言形象总分与现行模式的评分较为一致是完全可能的。这种评判方式可以在复查或多个测评员同时测评中使用，同时应充分参考具体模式的评分。如果二者不一致，应以具体模式分为主。由于它是主观定性评分，不宜在大范围使用。

语言形象总分还可以考虑测试员的 r 系数的问题。下表是语言形象总分与一些评分模式的有关数据。

语言形象总分与一些评分模式的 r 系数比较表

测试员 / 模式	1×2	1×3	1×4	2×3	2×4	3×4	平均数
语言形象总分	0.889	0.892	0.811	0.884	0.819	0.828	0.854
ACFK	0.893	0.907	0.837	0.916	0.876	0.893	0.887
ACEI	0.927	0.864	0.903	0.847	0.917	0.847	0.884
ACFN	0.942	0.932	0.922	0.949	0.934	0.930	0.935
ACFM	0.933	0.938	0.917	0.949	0.914	0.933	0.931
ACFL	0.926	0.940	0.926	0.944	0.929	0.940	0.940
ADFL	0.920	0.936	0.875	0.942	0.915	0.938	0.938
ACFJ	0.926	0.933	0.912	0.954	0.929	0.943	0.933
ACFK	0.893	0.907	0.837	0.916	0.876	0.893	0.887
ADEL	0.905	0.928	0.857	0.933	0.908	0.929	0.910

从上表来看，语言形象总分与各模式的评分的 r 系数是有一定距离的，与 ADFL 模式相差 0.084，与前面的 ACFHIM 模式(0.952)甚至相差近 0.100。数据说明，语言形象总分的测试员信度系数比其他评分模式的低，只适合有较丰富测试经验的测试员使用。

九　普通话水平测试的改进研究的一些结论和建议

通过前面对两个信度系数的研究与分析，可以得出一些相关的结论和建议。

现行的测评模式(国家改进模式与云南实验模式)信度较高，基本上具有可操作性和科学性，但还有较大的可提升空间。应根据两个信度系数的研究与分析，进行测评模式的改进。测试内容朗读部分考指定篇目比考临场篇目更好(E、F 为佳)，建议采用指定篇目 F。考情景说话比考命题说话更好。但是，情景说话的试题在命制上有一定困难，而且，考命题说话的 ACFJ(0.924)、ACFL(0.919)模式信度也很高，考虑测试的经济性与可操作性，建议采用考 40 分命题说话的 J 或 L 模式。词语选自 2 万词比选自 8 千词要好一些。但相差不大，考虑到经济性及可操作性原则，建议采用考8千词的D模式。把测试100个单字的做法改为测试50个，这样信度系数会有所提高(0.007)，但二模式的α信度系数都高于0.910。综合信度和经济性原则，50个字可以考虑。增加朗读量，一篇为指定篇目，一篇为临场篇目，这样做两个信度系数会有较大的提高，但应充分考虑试卷各题分数的平衡和测试的经济性与可操作性问题。增加说话量为测试两个说话(命题说话和情景说话各1)，信度系数有一定的提高，也应充分考虑试卷各题分数的平衡和测试的经济性与可操作性问题。测试两篇朗读文章，两个说话，信度系数会有很大的提高，除应充分考虑试卷各题分数的平衡和测试的经济性与可操作性问题外，还应充分注意测试时间的问题。目前说话的评分模式，鉴别力较低，甚至起到干扰作用，单纯从教育测量的统计数据来看，取消说话，更有利于提高信度。朗读材料按指定篇目与临场篇目加以区分，两种评分模式没有多大的区别。在说话当中，考虑言语得体度是合适的。分等级总体定量评分模式总体上主观性较强，但L模式可适当考虑。语言形象总分与各模式的评分的r系数是有一定距离的，由于它是主观的定性评分，信度低，不宜广泛采用。

综合各方面数据来看，有的模式具有很高的信度，如ACFHIM模式两信度系数分别为0.936和0.952，但这些模式的经济性原则较差，测试量比现行模式增大了一倍，测试时间也延长了一倍。有的模式如ACI，具有较好的可操作性和经济性，但信度较低，科学性较差。因而普通话水平测试改进模式的选取原则应兼顾科学性、可操作性和经济性的不同要求。在有较高科学性的测试信度的情况下，充分考虑可操作性和经济性原则。从前面的分析中我们看到，只测三项的ADE模式是一个值得考虑、比较理想的选择。ADE模式的0.904和0.919的信度系数超过现行的国家和云南测试模式，也超过了大多实验测试模式。如必须考虑测试说话题项，综合两个信度系数，建议采用科学性、可操作性和经济性都较强的ADFJ(0.918/0.929)或ADFL(0.911/0.938)模式(ADFL较佳)。

综上所述，提出以下几种普通话水平测试的改进模式。

1. 改进的精确模式ACFHIM

该模式的内容为：选自3 500常用字表的100个单字A，选自2万词表50个词语C，采用四项评分的指定篇目读文章F和四项评分临场篇目读文章H，采用三项评分40分命题说话I和三项评分40分情景说话M。

该模式有相当高的信度，测试科学、准确。但测试时间最长，可操作性和经济性较差，适用于播音员或对语音要求较高的人员。

2. 改进的标准模式ADFL或ADFJ

该模式的内容为：选自3 500常用字表100个单字A，选自8千词表50个词语D，采用四项评分指定篇目读文章F和分档评分的40分命题说话L或加得体度的40分命题说话J。

该模式有较高的信度，测试较为科学、准确。测试时间适中，有较强的可操作性，经济性较好，适用面广，宜广泛采用。

3. 改进的简易模式 ADE(信度高、可操作性强)

该模式的内容为：选自 3 500 常用字表 100 个单字 A，选自 8 千词表 50 个词语 D，采用二项评分指定篇目读文章 E。

该模式有较高的信度，测试较为科学、准确。测试时间较短，可操作性很强，经济性较好，适用面广，与计算机智能测试相适宜。但由于不测试说话，较适宜对说话要求不高的或普通话等级中等的对象。

现行的普通话水平测试，由于受到口语测试语音标准的模糊性、成绩评定的主观性等因素的影响，成绩评定不可能做到绝对的客观准确。尽可能地减小误差，使测试有一个相对稳定的标准，使测试成绩比较符合应试者的客观实际，有较强的可比性则是可以做到的。

从宏观到微观，从定性到定量，以微观数据解决宏观问题，以定量数据支持定性评判，是普通话水平测试发展的必然趋势和客观要求。随着普通话测试与教学的不断实践与探索，随着有关测试理论引进与介入的不断加深，普通话水平测试在理论和实践方面都会进一步得到提高与完善。

参考书目

国家语言文字工作委员会普通话培训测试中心编：《普通话水平测试实施纲要》，商务印书馆，2004 年版。

国家语言文字工作委员会普通话培训测试中心、《语言文字应用》编辑部合编：《普通话水平测试的理论与实践》，商务印书馆，1998 年版。

云南省普通话水平测试中心编：《普通话水平测试工作文集》，语文出版社，1996 年版。

戴梅芳主编：《普通话水平测试研究》，语文出版社，1997 年版。

云南省普通话培训测试中心编：《普通话培训测试研究》，云南人民出版社，2008 年版。

吴积才主编：《标准化水平考试·普通话教材》，语文出版社，1992 年版。

骆小所主编：《现代汉语研究》，云南教育出版社，1994 年版。

宋欣桥编：《普通话水平测试员实用手册》，商务印书馆，2000 年版。

上海市普通话培训测试中心：《普通话水平测试研究》，上海教育出版社，2002 年版。

国家语言文字工作委员会普通话培训测试中心编：《首届全国普通话水平测试学术研讨会论文集》，语文出版社，2003 年版。

国家语言文字工作委员会普通话培训测试中心编：《第二届全国普通话水平测试学术研讨会论文集》，商务印书馆，2006 年版。

王均主编：《语文现代化论丛(第三辑)》，语文出版社，1997 年版。

苏培成主编：《语文现代化论丛(第四辑)》，北京大学出版社，2000 年版。

马大猷、沈豪：《声学手册》（修订版），科学出版社，2004 年版。

吴宗济、林茂灿主编：《实验语音学概要》，高等教育出版社，1989 年版。

蔡莲红等编著：《现代语音技术基础与应用》，清华大学出版社，2003 年版。

朱民雄编著：《计算机语音技术》，北京航空航天大学出版社，1992 年版。

谢依兰编著：《语音信号数字处理技术》，学苑出版社，1993 年版。

钟义信编译：《现代信息技术》，人民邮电出版社，1986 年版。

罗振声、袁毓林主编：《计算机时代的汉语和汉字研究》，清华大学出版社，1996 年版。

黄昌宁、夏莹主编：《语言信息处理专论》，清华大学出版社、广西科学技术出版社，1996年版。

王汉澜主编：《教育测量学》，河南大学出版社，1988年版。

戴海崎、张锋、陈雪枫主编：《心理与教育测量》，暨南大学出版社，2001年版。

附　录

一　普通话水平测试等级标准（试行）

一　级

甲等　朗读和自由交谈时，语音标准，词汇、语法正确无误，语调自然，表达流畅。测试总失分率在3%以内。

乙等　朗读和自由交谈时，语音标准，词汇、语法正确无误，语调自然，表达流畅。偶然有字音、字调失误。测试总失分率在8%以内。

二　级

甲等　朗读和自由交谈时，声韵调发音基本标准，语调自然，表达流畅。少数难点音（平翘舌音、前后鼻尾音、边鼻音等）有时出现失误。词汇、语法极少有误。测试总失分率在13%以内。

乙等　朗读和自由交谈时，个别调值不准，声韵母发音有不到位现象。难点音（平翘舌音、前后鼻尾音、边鼻音、fu－hu、z－zh－j、送气不送气、i－ü不分、保留浊塞音和浊塞擦音、丢介音、复韵母单音化等）失误较多。方言语调不明显。有使用方言词、方言语法的情况。测试总失分率在20%以内。

三　级

甲等　朗读和自由交谈时，声韵调发音失误较多，难点音超出常见范围，声调调值多不准。方言语调较明显。词汇、语法有失误。测试总失分率在30%以内。

乙等　朗读和自由交谈时，声韵调发音失误多，方音特征突出。方言语调明显。词汇、语法失误较多。外地人听其谈话有听不懂的情况。测试总失分率在40%以内。

二　普通话水平测试大纲

根据教育部、国家语言文字工作委员会发布的《普通话水平测试管理规定》《普通话水平测试等级标准》，制定本大纲。

一　测试的名称、性质、方式

本测试定名为“普通话水平测试”（PUTONGHUA SHUIPING CESHI,缩写为PSC）。

普通话水平测试测查应试人的普通话规范程度、熟练程度，认定其普通话水平等级，属于标准参照性考试。本大纲规定测试的内容、范围、题型及评分系统。

普通话水平测试以口试方式进行。

二　测试内容和范围

普通话水平测试的内容包括普通话语音、词汇和语法。

普通话水平测试的范围是国家测试机构编制的《普通话水平测试用普通话词语表》、《普通话水平测试用普通话与方言词语对照表》、《普通话水平测试用普通话与方言常见语法差异对照表》、《普通话水平测试用朗读作品》、《普通话水平测试用话题》。

三　试卷构成和评分

试卷包括5个组成部分，满分为100分。

（一）读单音节字词(100个音节,不含轻声、儿化音节)，限时3.5分钟，共10分。

1. 目的：测查应试人声母、韵母、声调读音的标准程度。

2. 要求：

（1）100个音节中，70%选自《普通话水平测试用普通话词语表》“表一”，30%选自“表二”。

（2）100个音节中，每个声母出现次数一般不少于3次，每个韵母出现次数一般不少于2次，4个声调出现次数大致均衡。

（3）音节的排列要避免同一测试要素连续出现。

3. 评分：

（1）语音错误，每个音节扣0.1分。

（2）语音缺陷，每个音节扣0.05分。

（3）超时1分钟以内，扣0.5分；超时1分钟以上(含1分钟)，扣1分。

（二）读多音节词语(100个音节)，限时2.5分钟，共20分。

1. 目的：测查应试人声母、韵母、声调和变调、轻声、儿化读音的标准程度。

2. 要求：

（1）词语的70%选自《普通话水平测试用普通话词语表》“表一”，30%选自“表二”。

（2）声母、韵母、声调出现的次数与读单音节字词的要求相同。

（3）上声与上声相连的词语不少于3个，上声与非上声相连的词语不少于4个，轻声不少于3个，儿化不少于4个(应为不同的儿化韵母)。

（4）词语的排列要避免同一测试要素连续出现。

3. 评分：

（1）语音错误，每个音节扣0.2分。

（2）语音缺陷，每个音节扣0.1分。

（3）超时1分钟以内，扣0.5分；超时1分钟以上(含1分钟)，扣1分。

（三）选择判断*，限时3分钟，共10分。

1. 词语判断(10组)

（1）目的：测查应试人掌握普通话词语的规范程度。

（2）要求：根据《普通话水平测试用普通话与方言词语对照表》，列举10组普通话与方言意义相对应但说法不同的词语，由应试人判断并读出普通话的词语。

（3）评分：判断错误，每组扣0.25分。

2. 量词、名词搭配(10组)

（1）目的：测查应试人掌握普通话量词和名词搭配的规范程度。

（2）要求：

根据《普通话水平测试用普通话与方言常见语法差异对照表》，列举10个名词和若干量词，由应试人搭配并读出符合普通话规范的10组名量短语。

（3）评分：搭配错误，每组扣0.5分。

3. 语序或表达形式判断(5组)

（1）目的：测查应试人掌握普通话语法的规范程度。

（2）要求：根据《普通话水平测试用普通话与方言常见语法差异对照表》，列举5组普通话和方言意义相对应，但语序或表达习惯不同的短语或短句，由应试人判断并读出符合普通话语法规范的表达形式。

（3）评分：判断错误，每组扣0.5分。

选择判断合计超时1分钟以内，扣0.5分；超时1分钟以上(含1分钟)，扣1分。答题时语音错误，每个音节扣0.1分，如判断错误已经扣分，不重复扣分。

（四）朗读短文(1篇,400个音节)，限时4分钟，共30分。

1. 目的：测查应试人使用普通话朗读书面作品的水平。在测查声母、韵母、声调读音标准程度的同时，重点测查连读音变、停连、语调以及流畅程度。

2. 要求：

（1）短文从《普通话水平测试用朗读作品》中选取。

（2）评分以朗读作品的前400个音节(不含标点符号和括注的音节)为限。

3. 评分：

（1）每错1个音节，扣0.1分；漏读或增读1个音节，扣0.1分。

（2）声母或韵母的系统性语音缺陷，视程度扣0.5分、1分。

（3）语调偏误，视程度扣0.5分、1分、2分。

（4）停连不当，视程度扣0.5分、1分、2分。

（5）朗读不流畅(包括回读)，视程度扣0.5分、1分、2分。

（6）超时扣1分。

（五）命题说话，限时3分钟，共30分。

1. 目的：测查应试人在无文字凭借的情况下说普通话的水平，重点测查语音标准程度、词汇语法规范程度和自然流畅程度。

2. 要求：

（1）说话话题从《普通话水平测试用话题》中选取，由应试人从给定的两个话题中选定1个话题，连续说一段话。

（2）应试人单向说话。如发现应试人有明显背稿、离题、说话难以继续等表现时，主试人应及时提示或引导。

3. 评分：

（1）语音标准程度，共20分。分六档：

一档：语音标准，或极少有失误。扣0分、0.5分、1分。

二档：语音错误在10次以下，有方音但不明显。扣1.5分、2分。

三档：语音错误在10次以下，但方音比较明显；或语音错误在10次—15次之间，有方音但不明显。扣3分、4分。

四档：语音错误在10次—15次之间，方音比较明显。扣5分、6分。

五档：语音错误超过15次，方音明显。扣7分、8分、9分。

六档：语音错误多，方音重。扣10分、11分、12分。

（2）词汇语法规范程度，共5分。分三档：

一档：词汇、语法规范。扣0分。

二档：词汇、语法偶有不规范的情况。扣0.5分、1分。

三档：词汇、语法屡有不规范的情况。扣2分、3分。

（3）自然流畅程度，共5分。分三档：

一档：语言自然流畅。扣0分。

二档：语言基本流畅，口语化较差，有背稿子的表现。扣0.5分、1分。

三档：语言不连贯，语调生硬。扣2分、3分。

说话不足3分钟，酌情扣分：缺时1分钟以内(含1分钟)，扣1分、2分、3分；缺时1分钟以上，扣4分、5分、6分；说话不满30秒(含30秒)，本测试项成绩计为0分。

四　应试人普通话水平等级的确定

国家语言文字工作部门发布的《普通话水平测试等级标准》是确定应试人普通话水平等级的依据。测试机构根据应试人的测试成绩确定其普通话水平等级，由省、自治区、直辖市以上语言文字工作部门颁发相应的普通话水平测试等级证书。

普通话水平划分为三个级别，每个级别内划分两个等次。其中：

97分及其以上，为一级甲等；

92分及其以上但不足97分，为一级乙等；

87分及其以上但不足92分，为二级甲等；

80分及其以上但不足87分，为二级乙等；

70分及其以上但不足80分，为三级甲等；

60分及其以上但不足70分，为三级乙等。

*说明：

各省、自治区、直辖市语言文字工作部门可以根据测试对象或本地区的实际情况，决定是否免测“选择判断”测试项。如免测此项，“命题说话”测试项的分值由30分调整为40分。评分档次不变，具体分值调整如下：

(1) 语音标准程度的分值，由20分调整为25分。

一档：扣0分、1分、2分。

二档：扣3分、4分。

三档：扣5分、6分。

四档：扣7分、8分。

五档：扣9分、10分、11分。

六档：扣12分、13分、14分。

(2) 词汇语法规范程度的分值，由5分调整为10分。

一档：扣0分。

二档：扣1分、2分。

三档：扣3分、4分。

(3) 自然流畅程度，仍为5分，各档分值不变。

普通话水平测试大纲所附样卷

（一）读 100 个单音节字词

昼 *八 迷 *先 毡 *皮 幕 *美 彻 *飞
鸣 *破 捶 *风 豆 *蹲 霞 *掉 桃 *定
宫 *铁 翁 *念 劳 *天 旬 *沟 狼 *口
靴 *娘 嫩 *机 蕊 *家 跪 *绝 趣 *全
瓜 *穷 屡 *知 狂 *正 裘 *中 恒 *社
槐 *事 轰 *竹 掠 *茶 肩 *常 概 *虫
皇 *水 君 *人 伙 *自 滑 *早 绢 *足
炒 *次 渴 *酸 勤 *鱼 筛 *院 腔 *爱
鳖 袖 滨 竖 搏 刷 瞟 帆 彩 愤
司 滕 寸 峦 岸 勒 歪 尔 熊 妥

（标 * 的是“表一”里频度在 1—4 000 之间的字词。正式试卷不必标出。）

覆盖声母情况：

b：4，p：3，m：4，f：4，d：4，t：5，n：3，l：6，g：5，
k：3，h：6，j：6，q：6，x：6，zh：6，
ch：6，sh：6，r：2，z：3，c：3，s：2，零声母：7。

总计：100 次。未出现声母：0。

覆盖韵母情况：

ɑ：2，e：4，-i(前)：3，-i(后)：2，ɑi：4，ei：2，
ɑo：4，ou：4，ɑn：3，en：3，ɑng：3，eng：4，
i：3，iɑ：2，ie：2，iɑo：2，iou：2，iɑn：4，in：2，iɑng：2，ing：2，u：4，uɑ：3，uo/o：4，
uɑi：2，uei：4，uɑn：2，uen：2，uɑng：2，ong：4，ueng：1，ü：3，üe：3，üɑn：2，ün：2
iong：2，er：1。

总计：100 次。未出现韵母：0。

覆盖声调情况：

阴平：28；阳平：31；上声：14；去声：27。

总计：100。

（二）读多音节词语(100 个音节；其中含双音节词语 45 个，三音节词语 2 个，4 音节词语 1 个）

*取得 阳台 *儿童 板凳儿 混淆 衰落 *分析 防御
沙丘 *管理 *此外 便宜 光环 *塑料 扭转 加油
*队伍 挖潜 女士 *科学 *手指 策略 抢劫 *森林

侨眷　模特儿 港口　没准儿 ＊干净　日用　＊紧张　炽热
＊群众　名牌儿 沉醉 ＊快乐　窗户 ＊财富 ＊应当　生字
奔跑 ＊晚上　卑劣　包装　洒脱 ＊现代化 ＊委员会 轻描淡写

覆盖声母情况：

b：4，p：3，m：4，f：3，d：6，t：4，n：2，l：7，g：4，k：3，h：5，j：6，q：7，x：5，zh：6，

ch：3，sh：6，r：2，z：2，c：3，s：3，零声母：13。

总计：100次。未出现声母：0。

覆盖韵母情况：

a：2，e：6，-i(前)：2，-i(后)：4，ai：4，ei：2，ao：2，ou：2，an：4，en：4，ang：5，

eng：2

i：3，ia：1，ie：3，iao：4，iou：3，ian：3，in：2，iang：2，ing：4，u：4，ua：2，uo/o：3，

uai：2，uei：4，uan：3，uen：2，uang：3，ong：2，uang：3，ong：2，ü：3，üe：2，üan：2，ün：1

iong：1，er：1。

总计：100次。未出现韵母：ueng。

其中儿化韵母4个：-engr(夹缝儿)，-uenr(没准儿)，er(模特儿)，-air(名牌儿)。

覆盖声调情况：

阴平：22；阳平：26；上声：19；去声：28；轻声：5。

其中上声和上声相连的词语4条：管理，扭转，手指，港口。

总计：100。

(三) 选择判断＊(为便于了解题意,样题显示答案)

1. 词语判断：请判断并读出下列10组词语中的普通话词语。

(1) 如崭　现在　而家　今下　目下

(2) 瞒人　边个　谁　啥侬　啥人

(3) 为么子　做脉个　为什么　为什里　为啥　为怎样

(4) 细小　细粒　幼细　异细

(5) 后生子　后生崽里　后生家　后生仔　小伙子

(6) 目里向　日里　白天　日上　日头　日时　日辰头

(7) 婴儿　毛宅　冒牙子　苏虾仔　婴仔　啊伢

(8) 蚂蚁子　蚂蝇里　狗蚁　蚁公　蚂蚁

(9) 这里　个搭　咯里　个里　呢处　即搭

(10) 早上向　早晨　早间里　朝早　朝辰头

2. 量词、名词搭配：请按照普通话规范搭配并读出下列数量名短语。

(例如：一 → 个　只　粒　人)

一 → 把　张　棵　支　扇　辆　条　间　头　所

汽车　钥匙　桌子　钞票　树　笔　牛　学校　门　草

3. 语序或表达形式判断：请判断并读出下列 5 组句子里的普通话句子。

(1) 他大约要两三个月才能回来。
　　他大约要二三个月才能回来。

(2) 他好好可爱。
　　他非常可爱。
　　他上可爱。

(3) 你去去逛街？
　　你去不去逛街？

(4) 你矮我。
　　你比我过矮。
　　你比我矮。
　　你比较矮我。
　　你比我较矮。

(5) 那部电影我看过。
　　那部电影我有看。

(四) 朗读短文：请朗读第 12 号短文。

(五) 命题说话：请按照话题“我的业余生活”或“我熟悉的地方”说一段话(3 分钟)。

三　普通话水平测试样卷及答案数据

普通话水平测试样卷(1)

单位：__________姓名：______考号：______总分：________平均分：________

一、读单音节字词(限时3.5分钟。超时1分钟以内,扣0.5分,超时1分钟及以上,扣1分。)

题分	读音错误，每个音节扣0.1分	读音缺陷，每个音节扣0.05分	超时	得分
10	个扣　　分	个扣　　分	分钟扣　分	=

彭 藻 状 估 爵 隐 贸 简 宣 蚜 箭 尼 绢 仁 驯 层 阔 材 郁 星 耐 软 涉 尔 适
三 聂 偿 算 某 怠 碗 鹿 嘉 峻 辆 驹 怕 悲 榨 睬 弃 撑 沸 琼 肉 搏 竟 考 肆
醇 肝 救 簸 副 囚 戒 嘲 盾 翁 二 汞 限 狠 堆 至 汹 尘 褂 船 抚 央 字 刚 货
模 叼 滑 怪 蚊 碧 槐 掏 涵 规 达 客 卒 雕 妨 肾 枚 往 谣 泡 邻 裤 铜 穴 淘

二、读多音节词语(限时2.5分钟。超时1分钟以内,扣0.5分,超时1分钟及以上,扣1分。)

题分	读音错误，每个音节扣0.2分	读音缺陷，每个音节扣0.1分	超时	得分
20	个扣　　分	个扣　　分	分钟扣　分	=

广播　掠夺　乡村　外电　引导　饭店　大方　浓度　血管　平衡
养活　梅花　代价　编辑　选举　凉快　停留　胡乱　夜里　书本儿
肥料　参谋　沉默　才能　谈论　食品　口气　谱曲　穷人　大个儿
可巧　自私　场所　化石　无数　念头　稍微　如下　送行　树叶儿
更新　谦逊　拥有　对于　军用　劝阻　桌子　成长　安装　打盹儿

三、朗读短文(限时4分钟)

题分	音节错增漏，每个音节扣0.1分	声韵系统缺陷扣分	语调偏误扣分	停连不当扣分	朗读不流畅、回读，扣分	超时扣分	得分
30	个扣　　分	-0.5 1	- 0.5 1 2	- 0.5 1 2	- 0.5 1 2	- 1	=

没有一片绿叶，没有一缕炊烟，没有一粒泥土，没有一丝花香，只有水的世界，云的海洋。一阵台风袭过，一只孤单的小鸟无家可归，落到被卷到洋里的木板上，乘流而下，姗姗而来，近了，近了！……

忽然，小鸟张开翅膀，在人们头顶盘旋了几圈儿，“噗啦”一声落到了船上。许是累了？还是发现了“新大陆”？水手撵它它不走，抓它，它乖乖地落在掌心。可爱的小鸟和善良的水手结成了朋友。

瞧，它多美丽，娇巧的小嘴，啄理着绿色的羽毛，鸭子样的扁脚，呈现出春草的鹅黄。水手们把它带到舱里，给它“搭铺”，让它在船上安家落户，每天，把分到的一塑料筒淡水匀给它喝，把从祖国带来的鲜美的鱼肉分给它吃，天长日久，小鸟和水手的感情日趋笃厚。清晨，当第一束阳光射进舷窗时，它便敞开美丽的歌喉，唱啊唱，嘤嘤有韵，宛如春水淙淙。人类给它以生命，它毫不悭吝地把自己的艺术青春奉献给了哺育它的人。可能都是这样？艺术家们的青春只会献给尊敬他们的人。

小鸟给远航生活蒙上了一层浪漫色调。返航时，人们爱不释手，恋恋不舍地想把它带到异乡。可小鸟憔悴了，给水，不喝！喂肉，不吃！油亮的羽毛失去了光泽。是啊，我//们有自己的祖国，……

四、命题说话（两题任选一题，时间3分钟。缺时1分钟以内，扣1、2、3分；缺时1分钟以上，扣4、5、6分；说话不满30秒，本项成绩计为0分。）

1. 我的朋友 2. 谈谈科技发展与社会生活

题分	语音标准程度扣分						词汇语法规范程度扣分			言语流畅程度扣分			缺时扣分	得分
	一档	二档	三档	四档	五档	六档	一档	二档	三档	一档	二档	三档		
40	－012	3 4	5 6	7 8	9. 10. 11	12. 13. 14	－0	1 2	3 4	－ 0	0. 5 1	2 3	－	=

定性等级：　　　　　　评卷人：　　　　　　日期：

普通话水平测试样卷(1)答案数据：

一、读单音节字词

——单字部分答案及教育测量数据——

字序	单字	声母	韵母	声调	难度值	区分度值
1	彭	p	eng	2	0.733	0.525
2	藻	z	ao	3	0.807	0.513
3	状	zh	uang	4	0.747	0.497
4	估	g	u	1	0.792	0.479
5	爵	j	üe	2	0.636	0.484
6	隐	y	in	3	0.569	0.428
7	贸	m	ao	4	0.814	0.46

字序	单字	声母	韵母	声调	难度值	区分度值
8	简	j	iɑn	3	0.703	0.451
9	宣	x	üɑn	1	0.718	0.442
10	蚜	y	iɑ	2	0.792	0.42
11	箭	j	iɑn	4	0.666	0.449
12	尼	n	i	2	0.807	0.418
13	绢	j	üɑn	4	0.71	0.49
14	仁	r	en	2	0.703	0.414
15	驯	x	ün	4	0.695	0.444
16	层	c	eng	2	0.636	0.395
17	阔	k	uo	4	0.896	0.436
18	材	c	ɑi	2	0.822	0.403
19	郁	y	ü	4	0.755	0.422
20	星	x	ing	1	0.733	0.396
21	耐	n	ɑi	4	0.844	0.418
22	软	r	uɑn	3	0.576	0.384
23	涉	sh	e	4	0.77	0.391
24	尔	0	er	3	0.643	0.384
25	适	sh	-i 后	4	0.547	0.394
26	三	s	ɑn	1	0.807	0.37
27	聂	n	ie	4	0.666	0.376
28	偿	ch	ɑng	2	0.673	0.367
29	算	s	uɑn	4	0.71	0.372
30	某	m	ou	3	0.77	0.352
31	怠	d	ɑi	4	0.755	0.385
32	碗	w	uɑn	3	0.554	0.356
33	鹿	l	u	4	0.703	0.364
34	嘉	j	iɑ	1	0.903	0.349
35	峻	j	ün	4	0.747	0.376
36	辆	l	iɑng	4	0.532	0.371
37	驹	j	ü	1	0.881	0.332
38	怕	p	ɑ	4	0.978	0.342

字序	单字	声母	韵母	声调	难度值	区分度值
39	悲	b	ei	1	0.903	0.33
40	榨	zh	ɑ	4	0.695	0.336
41	睬	c	ɑi	3	0.903	0.329
42	弃	q	i	4	0.814	0.333
43	撑	ch	eng	1	0.673	0.32
44	沸	f	ei	4	0.814	0.331
45	琼	q	iong	2	0.829	0.328
46	肉	r	ou	4	0.814	0.335
47	搏	b	o	2	0.822	0.318
48	竟	j	ing	4	0.606	0.325
49	考	k	ɑo	3	0.889	0.315
50	肆	s	-i 前	4	0.859	0.341
51	醇	ch	uen	2	0.829	0.316
52	肝	g	ɑn	1	0.822	0.309
53	救	j	iou	4	0.881	0.315
54	簸	b	o	3	0.777	0.303
55	副	f	u	4	0.948	0.313
56	囚	q	iou	2	0.71	0.314
57	戒	j	ie	4	0.799	0.306
58	嘲	ch	ɑo	2	0.814	0.297
59	盾	d	uen	4	0.77	0.346
60	翁	w	ueng	1	0.517	0.294
61	二	0	er	4	0.695	0.293
62	汞	g	ong	3	0.837	0.29
63	限	x	iɑn	4	0.777	0.29
64	狠	h	en	3	0.554	0.289
65	堆	d	uei	1	0.985	0.287
66	至	zh	-i 后	4	0.874	0.282
67	汹	x	iong	1	0.807	0.274
68	尘	ch	en	2	0.681	0.27
69	褂	g	uɑ	4	0.948	0.267
70	船	ch	uɑn	2	0.562	0.269
71	抚	f	u	3	0.918	0.262

字序	单字	声母	韵母	声调	难度值	区分度值
72	央	y	iɑng	1	0. 851	0. 26
73	字	z	-i 前	4	0. 911	0. 253
74	刚	g	ɑng	1	0. 874	0. 252
75	货	h	uo	4	0. 926	0. 252
76	模	m	o	2	0. 785	0. 245
77	叼	d	iɑo	1	0. 963	0. 214
78	滑	h	uɑ	2	0. 785	0. 24
79	怪	g	uɑi	4	0. 829	0. 186
80	蚊	w	uen	2	0. 77	0. 235
81	碧	b	i	4	0. 874	0. 166
82	槐	h	uɑi	2	0. 591	0. 212
83	掏	t	ɑo	1	0. 903	0. 144
84	涵	h	ɑn	2	0. 911	0. 238
85	规	g	uei	1	0. 993	0. 142
86	达	d	ɑ	2	0. 911	0. 171
87	客	k	e	4	0. 896	0. 139
88	卒	z	u	2	0. 851	0. 205
89	雕	d	iɑo	1	0. 978	0. 14
90	妨	f	ɑng	2	0. 658	0. 175
91	肾	sh	en	4	0. 755	0. 132
92	枚	m	ei	2	0. 911	0. 243
93	往	w	uɑng	3	0. 918	0. 057
94	谣	y	iɑo	2	0. 97	0. 111
95	泡	p	ɑo	4	1	0
96	邻	l	in	2	0. 629	0. 112
97	裤	k	u	4	0. 911	-0. 032
98	铜	t	ong	2	0. 978	0. 042
99	穴	x	üe	2	0. 539	0. 105
100	淘	t	ɑo	2	0. 881	0. 044

平均难度 = 0. 78671　　平均区分度 = 0. 30459

单字部分声母出现次数统计

声母	b	p	m	f	d	t	n	l	g	k	h	j
次数	4	3	4	4	6	3	3	3	7	4	5	10
声母	q	x	zh	ch	sh	r	z	c	s	y	w	零
次数	3	6	3	6	3	3	3	3	3	4	4	2

单字部分韵母出现次数统计

韵母	-i前	-i后	ɑ	o	e	er	ɑi	ei	ɑo	ou
次数	2	2	3	3	2	2	4	3	7	2
韵母	ɑn	en	ɑng	eng	ong	i	iɑ	ie	iɑo	iou
次数	3	4	3	3	2	3	2	2	3	2
韵母	iɑn	in	iɑng	ing	iong	u	uɑ	uo	uɑi	uei
次数	3	2	2	2	2	6	2	2	2	2
韵母	uɑn	uen	uɑng	ueng	ü	üe	üɑn	ün		
次数	4	3	2	1	2	2	2	2		

二、读多音节词语

读多音节词语答案数据

词序	前字	声母	韵母	声调	后字	声母	韵母	声调
1	广	g	uɑng	3	播	b	o	1
2	掠	l	üe	4	夺	d	uo	2
3	乡	x	iɑng	1	村	c	uen	1
4	外	w	uɑi	4	电	d	iɑn	4
5	引	y	in	3	导	d	ɑo	3
6	饭	f	ɑn	4	店	d	iɑn	4
7	大	d	ɑ	4	方	f	ɑng	0
8	浓	n	ong	2	度	d	u	4
9	血	x	üe	4	管	g	uɑ	3
10	平	p	ing	2	衡	h	eng	2
11	养	y	iɑng	3	活	h	uo	0
12	梅	m	ei	2	花	h	uɑ	1
13	代	d	ɑi	4	价	j	iɑ	4
14	编	b	iɑn	1	辑	j	i	2
15	选	x	üɑn	3	举	j	ü	3
16	凉	l	iɑng	2	快	k	uɑi	4

词序	前字	声母	韵母	声调	后字	声母	韵母	声调
17	停	t	ing	2	留	l	iou	2
18	胡	h	u	2	乱	l	uan	4
19	夜	y	ie	4	里	l	i	0
20	肥	f	ei	2	料	l	iao	4
21	参	c	an	1	谋	m	ou	2
22	沉	ch	en	2	默	m	o	4
23	才	c	ai	2	能	n	eng	2
24	谈	t	an	2	论	l	uen	4
25	食	sh	-i后	2	品	p	in	3
26	口	k	ou	3	气	q	i	4
27	谱	p	u	3	曲	q	ü	3
28	穷	q	iong	2	人	r	en	2
29	可	k	e	3	巧	q	iao	3
30	自	z	-i前	4	私	s	-i前	1
31	场	ch	ang	3	所	s	uo	3
32	化	h	ua	4	石	sh	-i后	2
33	无	w	u	2	数	sh	u	4
34	念	n	ian	4	头	t	ou	0
35	稍	sh	ao	1	微	w	uei	1
36	如	r	u	2	下	x	ia	4
37	送	s	ong	4	行	x	ing	2
38	更	g	eng	1	新	x	in	1
39	谦	q	ian	1	逊	x	ün	4
40	拥	y	iong	1	有	y	iou	3
41	对	d	uei	4	于	y	ü	2
42	军	j	ün	1	用	y	iong	4
43	劝	q	üan	3	阻	z	u	3
44	桌	zh	uo	1	子	z	-i前	0
45	成	ch	eng	2	长	zh	ang	3
46	安	0	an	1	装	zh	uang	1
47	书	sh	u	1	本儿	b	enr	3
48	大	d	a	4	个儿	g	er	4
49	树	sh	u	4	叶儿	y	ier	4
50	打	d	a	3	盹儿	d	uenr	3

词语部分声母出现次数统计

声母	b	p	m	f	d	t	n	l	g	k	h	j
次数	3	3	3	3	11	3	3	7	4	3	5	4
声母	q	x	zh	ch	sh	r	z	c	s	y	w	0
次数	6	7	3	3	6	2	3	3	3	8	3	1

词语部分韵母出现次数统计

韵母	-i前	-i后	ɑ	o	e	儿化韵	ɑi	ei	ɑo	ou
次数	3	2	3	2	2	4	2	2	2	3
韵母	ɑn	en	ɑng	eng	ong	i	iɑ	ie	iɑo	iou
次数	4	3	3	4	2	3	2	2	2	2
韵母	iɑn	in	iɑng	ing	iong	u	uɑ	uo	uɑi	uei
次数	5	3	3	3	3	9	2	4	2	2
韵母	uɑn	uen	uɑng	ueng	ü	üe	üɑn	ün		
次数	2	2	2	0	3	2	2	2		

普通话水平测试样卷(2)

单位：__________ 姓名：________ 考号：______ 总分：________ 平均分：________

一、读单音节字词(限时3.5分钟。超时1分钟以内，扣0.5分，超时1分钟及以上，扣1分。)

题分	读音错误，每个音节扣0.1分，	读音缺陷，每个音节扣0.05分	超时	得分
10	个扣　分	个扣　分	分钟扣　分	=

浅 绝 谅 举 咨 跑 刑 赫 吵 蜡 纯 讽 箭 果 摔 歹 赔 丑 洁 氧 梭 舀 缀 旱 讯

丘 啃 兄 尔 墩 惋 吩 轨 掐 桶 叉 选 盲 揽 悲 者 勤 领 迭 挺 掉 睬 撑 考 帜

葱 副 然 穿 驴 翁 如 二 狠 控 窘 毙 篷 腮 裙 刚 男 沈 维 仓 姚 忘 喊 饰 枷

冕 夸 饲 娘 院 畸 容 岳 魔 怪 您 钩 膊 姑 夺 化 疮 梅 雕 坐 她 舅 香 费 怖

二、读多音节词语(限时2.5分钟。超时1分钟以内，扣0.5分，超时1分钟及以上，扣1分。)

题分	读音错误，每个音节扣0. 2分	读音缺陷，每个音节扣0.1分	超时	得分
20	个扣　分	个扣　分	分钟扣　分	=

脉搏	打扮	操场	云彩	矿产	瓜分	米饭	可观	招呼	讲话
全局	实践	理解	飞快	展览	美丽	凶猛	机枪	成品	豆芽儿
回去	牛奶	爱人	决赛	烹饪	运送	光荣	介绍	见识	个头儿
总统	洽谈	部位	低温	平稳	外形	剥削	信用	校园	线丝儿
必要	大约	长远	火灾	袖子	挫折	内政	周转	假装	顶事儿

三、朗读短文(限时 4 分钟)

题分	音节错增漏，每个音节扣 0.1 分	声韵系统缺陷扣分	语调偏误扣分	停连不当扣分	朗读不流畅、回读，扣分	超时扣分	得分
30	个扣　分	−0.5 1	− 0.5 1 2	− 0.5 1 2	− 0.5 1 2	− 1	=

生命在海洋里诞生绝不是偶然的，海洋的物理和化学性质，使它成为孕育原始生命的摇篮。

我们知道，水是生物的重要组成部分，许多动物组织的含水量在百分之八十以上，而一些海洋生物的含水量高达百分之九十五。水是新陈代谢的重要媒介，没有它，体内的一系列生理和生物化学反应就无法进行，生命也就停止。因此，在短时期内动物缺水要比缺少食物更加危险。水对今天的生命是如此重要，它对脆弱的原始生命，更是举足轻重了。生命在海洋里诞生，就不会有缺水之忧。

水是一种良好的溶剂。海洋中含有许多生命所必需的无机盐，如氯化钠、氯化钾、碳酸盐、磷酸盐，还有溶解氧，原始生命可以毫不费力地从中吸取它所需要的元素。

水具有很高的热容量，加之海洋浩大，任凭夏季烈日暴晒，冬季寒风扫荡，它的温度变化却比较小。因此，巨大的海洋就像是天然的“温箱”，是孕育原始生命的温床。

阳光虽然为生命所必需，但是阳光中的紫外线却有扼杀原始生命的危险。水能有效地吸收紫外线，因而又为原始生命提供了天然的“屏障”。

这一切都是原始生命得以产生和发展的必要条件。

……

四、命题说话(两题任选一题，时间 3 分钟。缺时 1 分钟以内，扣 1、2、3 分；缺时 1 分钟以上，扣 4、5、6 分；说话不满 30 秒，本项成绩计为 0 分。)

1. 我的家乡　　2. 谈谈美食

题分	语音标准程度扣分						词汇语法规范程度扣分			言语流畅程度扣分			缺时扣分	得分
	一档	二档	三档	四档	五档	六档	一档	二档	三档	一档	二档	三档		
40	−012	3 4	5 6	7 8	9. 10. 11	12. 13. 14	−0	1 2	3 4	− 0	0. 5 1	2 3	−	=

定性等级：　　　　评卷人：　　　　日期：

普通话水平测试样卷(2)答案数据：

一、读单音节字词

——单字部分答案及教育测量数据——

字序	单字	声母	韵母	声调	难度值	区分度值
1	浅	q	ian	3	0.576	0.584
2	绝	j	üe	2	0.725	0.56
3	谅	l	iang	4	0.725	0.509
4	举	j	ü	3	0.755	0.533
5	咨	z	-i 前	1	0.785	0.483
6	跑	p	ao	3	0.866	0.503
7	刑	x	ing	2	0.591	0.474
8	赫	h	e	4	0.747	0.473
9	吵	ch	ao	3	0.703	0.482
10	蜡	l	a	4	0.785	0.461
11	纯	ch	uen	2	0.569	0.481
12	讽	f	eng	3	0.554	0.459
13	箭	j	ian	4	0.666	0.449
14	果	g	uo	3	0.681	0.455
15	摔	sh	uai	1	0.651	0.43
16	歹	d	ai	3	0.666	0.432
17	赔	p	ei	2	0.844	0.422
18	丑	ch	ou	3	0.681	0.423
19	洁	j	ie	2	0.755	0.418
20	氧	y	iang	3	0.74	0.422
21	梭	s	uo	1	0.77	0.395
22	舀	y	iao	3	0.733	0.422
23	缀	zh	uei	4	0.785	0.385
24	皂	z	ao	3	0.799	0.443
25	讯	x	ün	4	0.807	0.384
26	丘	q	iou	1	0.911	0.364
27	啃	k	en	3	0.733	0.402
28	兄	x	iong	1	0.889	0.362
29	尔	0	er	3	0.643	0.384
30	墩	d	uen	1	0.777	0.357
31	惋	w	uan	3	0.614	0.371
32	吩	f	en	1	0.859	0.348

字序	单字	声母	韵母	声调	难度值	区分度值
33	轨	g	uei	3	0. 777	0. 395
34	掐	q	iɑ	1	0. 792	0. 347
35	桶	t	ong	3	0. 777	0. 381
36	叉	ch	ɑ	1	0. 896	0. 346
37	选	x	üɑn	3	0. 599	0. 391
38	盲	m	ɑng	2	0. 792	0. 338
39	揽	l	ɑn	3	0. 747	0. 348
40	悲	b	ei	1	0. 903	0. 33
41	者	zh	e	3	0. 614	0. 358
42	勤	q	in	2	0. 718	0. 329
43	领	l	ing	3	0. 614	0. 343
44	迭	d	ie	2	0. 673	0. 327
45	挺	t	ing	3	0. 77	0. 337
46	掉	d	iɑo	4	0. 941	0. 323
47	睬	c	ɑi	3	0. 903	0. 329
48	撑	ch	eng	1	0. 673	0. 32
49	考	k	ɑo	3	0. 889	0. 315
50	帜	zh	-i 后	4	0. 651	0. 314
51	葱	c	ong	1	0. 889	0. 307
52	副	f	u	4	0. 948	0. 313
53	然	r	ɑn	2	0. 785	0. 306
54	穿	ch	uɑn	1	0. 621	0. 306
55	驴	l	ü	2	0. 718	0. 302
56	翁	w	ueng	1	0. 517	0. 294
57	如	r	u	2	0. 785	0. 298
58	二	0	er	4	0. 695	0. 293
59	狠	h	en	3	0. 554	0. 289
60	控	k	ong	4	0. 918	0. 288
61	窘	j	iong	3	0. 539	0. 287
62	毙	b	i	4	0. 978	0. 274
63	篷	p	eng	2	0. 681	0. 269
64	腮	s	ɑi	1	0. 866	0. 263
65	裙	q	ün	2	0. 74	0. 257
66	刚	g	ɑng	1	0. 874	0. 252
67	男	n	ɑn	2	0. 777	0. 252

字序	单字	声母	韵母	声调	难度值	区分度值
68	沈	sh	en	3	0.725	0.249
69	维	w	uei	2	0.881	0.251
70	仓	c	ɑng	1	0.661	0.243
71	姚	y	iɑo	2	0.933	0.256
72	忘	w	uɑng	4	0.725	0.242
73	喊	h	ɑn	3	0.681	0.231
74	饰	sh	-i 后	4	0.889	0.233
75	枷	j	iɑ	1	0.948	0.23
76	冕	m	iɑn	3	0.747	0.23
77	夸	k	uɑ	1	0.799	0.229
78	饲	s	-i 前	4	0.829	0.219
79	娘	n	iɑng	2	0.71	0.204
80	院	y	üɑn	4	0.785	0.211
81	畸	j	i	1	0.851	0.199
82	容	r	ong	2	0.889	0.197
83	岳	y	üe	4	0.77	0.191
84	魔	m	o	2	0.747	0.191
85	怪	g	uɑi	4	0.829	0.186
86	您	n	in	2	0.524	0.186
87	钩	g	ou	1	0.889	0.182
88	膊	b	o	2	0.71	0.164
89	姑	g	u	1	0.978	0.16
90	夺	d	uo	2	0.799	0.163
91	化	h	uɑ	4	0.918	0.153
92	疮	ch	uɑng	1	0.472	0.149
93	梅	m	ei	2	0.948	0.147
94	雕	d	iɑo	1	0.978	0.14
95	坐	z	uo	4	0.933	0.123
96	她	t	ɑ	1	0.955	0.138
97	舅	j	iou	4	0.97	0.115
98	香	x	iɑng	1	0.866	0.083
99	费	f	ei	4	0.993	0.099
100	怖	b	u	4	0.978	0.062

平均难度 = 0.77309　　平均区分度 = 0.31147

单字部分声母出现次数统计

声母	b	p	m	f	d	t	n	l	g	k	h	j
次数	4	3	4	4	6	3	3	5	6	4	4	8
声母	q	x	zh	ch	sh	r	z	c	s	y	w	0
次数	5	5	3	7	3	3	3	3	3	3	4	2

单字部分韵母出现次数统计

韵母	-i前	-i后	ɑ	o	e	er	ɑi	ei	ɑo	ou
次数	2	2	3	3	2	2	3	4	4	2
韵母	ɑn	en	ɑng	eng	ong	i	iɑ	ie	iɑo	iou
次数	4	4	3	3	4	2	2	2	4	2
韵母	iɑn	in	iɑng	ing	iong	u	uɑ	uo	uɑi	uei
次数	3	2	4	3	2	4	2	4	2	3
韵母	uɑn	uen	uɑng	ueng	ü	üe	üɑn	ün		
次数	2	2	2	1	2	2	2	2		

二、读多音节词语

读多音节词语答案数据

词序	前字	声母	韵母	声调	后字	声母	韵母	声调
1	脉	m	ɑi	4	搏	b	o	2
2	打	d	ɑ	3	扮	b	ɑn	0
3	操	c	ɑo	1	场	ch	ɑng	3
4	云	y	ün	2	彩	c	ɑi	0
5	矿	k	uɑng	4	产	ch	ɑn	3
6	瓜	g	uɑ	1	分	f	en	1
7	米	m	i	3	饭	f	ɑn	4
8	可	k	e	3	观	g	uɑn	1
9	招	zh	ɑo	1	呼	h	u	0
10	讲	j	iɑng	3	话	h	uɑ	4
11	全	q	üɑn	2	局	j	ü	2
12	实	sh	-i后	2	践	j	iɑn	4
13	理	l	i	3	解	j	ie	3
14	飞	f	ei	1	快	k	uɑi	4
15	展	zh	ɑn	3	览	l	ɑn	3
16	美	m	ei	3	丽	l	i	4

词序	前字	声母	韵母	声调	后字	声母	韵母	声调
17	凶	x	iong	1	猛	m	eng	3
18	机	j	i	1	枪	q	iang	1
19	成	ch	eng	2	品	p	in	3
20	回	h	uei	2	去	q	ü	4
21	牛	n	iou	2	奶	n	ai	3
22	爱	0	ai	4	人	r	en	2
23	决	j	üe	2	赛	s	ai	4
24	烹	p	eng	1	饪	r	en	2
25	运	y	ün	4	送	s	ong	4
26	光	g	uang	1	荣	r	ong	2
27	介	j	ie	4	绍	sh	ao	4
28	见	j	ian	4	识	sh	-i后	2
29	总	z	ong	3	统	t	ong	3
30	洽	q	ia	4	谈	t	an	2
31	部	b	u	4	位	w	uei	4
32	低	d	i	1	温	w	uen	1
33	平	p	ing	2	稳	w	uen	3
34	外	w	uai	4	形	x	ing	2
35	剥	b	o	1	削	x	üe	1
36	信	x	in	4	用	y	iong	4
37	校	x	iao	4	园	y	üan	2
38	必	b	i	4	要	y	iao	4
39	大	d	a	4	约	y	üe	1
40	长	ch	ang	2	远	y	üan	3
41	火	h	uo	3	灾	z	ai	1
42	袖	x	iou	4	子	z	-i前	0
43	挫	c	uo	4	折	zh	e	2
44	内	n	ei	4	政	zh	eng	4
45	周	zh	ou	1	转	zh	uan	3
46	假	j	ia	3	装	zh	uang	1
47	豆	d	ou	4	芽儿	y	iar	2
48	个	g	e	4	头儿	t	our	0
49	线	x	ian	4	丝儿	s	-i前 r	1
50	顶	d	ing	3	事儿	sh	-i后 r	4

——词语部分声母出现次数统计——

声母	b	p	m	f	d	t	n	l	g	k	h	j
次数	5	3	4	3	5	3	3	3	4	3	4	9
声母	q	x	zh	ch	sh	r	z	c	s	y	w	0
次数	4	7	7	4	4	3	3	3	3	7	4	1

——词语部分韵母出现次数统计——

韵母	-i前	-i后	ɑ	o	e	儿化韵	ɑi	ei	ɑo	ou
次数	2	2	2	2	3	4	6	3	3	2
韵母	ɑn	en	ɑng	eng	ong	i	iɑ	ie	iɑo	iou
次数	6	3	2	4	4	6	2	2	2	2
韵母	iɑn	in	iɑng	ing	iong	u	uɑ	uo	uɑi	uei
次数	4	2	2	3	2	2	2	2	2	2
韵母	uɑn	uen	uɑng	ueng	ü	üe	üɑn	ün		
次数	2	2	3	0	2	3	2	2		

四　普通话水平测试题库系统自动出题程序

（本程序用 Visual Basic 6.0 编写）

```
Private Sub fanhuizhu_Click()
ciyu.Hide
zhuxuandan.Show
End Sub

Private Sub qingchu_Click()
Text1.Text = ""
End Sub

Private Sub tuichu_Click()
End
End Sub

Private Sub zdcy_Click()
'2000-02-18-18-00
'zdcyshiyan 词语部分自动出题程序(Windows\vb)
'说明:产生含数据的各卷号 cy*.TXT 文件
'定义各数组
Dim kuqianzi$(19000), kuqiansheng$(19000), kuqianyun$(19000), kuqiandiao$(19000)
Dim kuhouzi$(19000), kuhousheng$(19000), kuhouyun$(19000), kuhoudiao$(19000)
Dim kuhouzhuzi$(19000), kupin$(19000)
Dim kuqiannan(19000), kuqianqu(19000), kuhounan(19000), kuhouqu(19000)
Dim zaoqianzi$(80), zaoqiansheng$(80), zaoqianyun$(80), zaoqiandiao$(80)
Dim zaohouzi$(80), zaohousheng$(80), zaohouyun$(80), zaohoudiao$(80)
Dim zaoqiannan(80), zaoqianqu(80), zaohounan(80), zaohouqu(80), zaopin$(80)
Dim cipin$(80)
Dim yunmu$(36)
Dim shengmu$(25)
Dim ctjsm(25)
Dim ctjym(36)
Dim i As Integer
Dim sm As Integer
Open "zanshitext.txt" For Output As #9
Print #9, Text1.Text
Print #9, "   普通话水平测试题库计算机自动出题系统(PZT)"
Print #9,
Print #9, "      5.0 版(2001)"
Print #9,
Print #9, "———自动组配词语部
```

```
分———"
    Print #9,
    '输入卷号
    n = InputBox("请输入词语部分的试卷号(1-5000):","卷号输入")
    'shurubili:
    Print #9,
    Cls
    'msg1$ = "请选择词表一、词表二的词语数量":msg2$ = "在试卷中的比例:"
    'msg3$ = "1. 表一 15-35 个词,表二 35-15 个词"
    'msg4$ = "2. 表一 10-40 个词,表二 40-10 个词"
    'c1$ = Chr$(13) + Chr$(10)
    'msg5$ = "请输入选择的编号(1-2):"
    'm1sg$ = msg1$ + c1$ + msg2$ + c1$ + msg3$ + c1$ + msg4$ + c1$ + msg5$
    'cihao = InputBox(m1sg$,"表一,表二词语比例选择","1")
    'If cihao = 1 Then
    ' Let biao1gao = 35
    ' Let biao1di = 15
    'ElseIf cihao = 2 Then
    ' Let biao1gao = 40
    ' Let biao1di = 10
    'Else
    'Print "编号输入错,请重新输入":GoTo shurubili
    'End If
    Let n = n + 199
    Let nn = n
'shuruciku:
'Cls
    'Print #9,
    'msg6$ = "请选择需要使用的词语库:"
    'msg7$ = "1. 第一词语库(暂不能用)"
    'msg8$ = "2. 第二词语库"
    'msg9$ = "3. 第三词语库"
    'msg10$ = "请输入选择的编号(1-3):"
    'm2sg$ = msg6$ + c1$ + msg7$ + c1$ + msg8$ + c1$ + msg9$ + c1$ + msg10$
    'kuhao = InputBox(m2sg$,"选择词语库","2")
    'If kuhao = 1 Then Let ku$ = "cytk1"
    'If kuhao = 2 Then
    'Let ku$ = "cytk2"
    'If kuhao = 3 Then Let ku$ = "cytk3"
    'Else
    'GoTo shuruciku
    'End If
    Cls
    Print #9,
    Print #9,"————下面是已组配出的词语和数据————"
    '读入词语库
    'Open ku$ & ".txt" For Input As #2
    Open "ciyu8000jingku.txt" For Input As #2
    For i = 1 To 6404
```

```
    Input #2, kuqianzi$(i), kuqiannan(i), kuqianqu(i), kuqiansheng$(i), kuqianyun$(i), kuqiandiao$(i), kuhouzi$(i), kuhounan(i), kuhouqu(i), kuhousheng$(i), kuhouyun$(i), kuhoudiao$(i), kuhouzhuzi$(i), kupin$(i)
    Next i
    Close #2
    '给韵母字符串变量赋值
    yunmu$(1) = "ii": yunmu$(2) = "iii": yunmu$(3) = "a": yunmu$(4) = "o": yunmu$(5) = "e"
    yunmu$(6) = "ai": yunmu$(7) = "ei": yunmu$(8) = "ao": yunmu$(9) = "ou"
    yunmu$(10) = "an": yunmu$(11) = "en": yunmu$(12) = "ang": yunmu$(13) = "eng"
    yunmu$(14) = "i": yunmu$(15) = "ia": yunmu$(16) = "ie": yunmu$(17) = "iao": yunmu$(18) = "iou"
    yunmu$(19) = "ian": yunmu$(20) = "in": yunmu$(21) = "iang": yunmu$(22) = "ing": yunmu$(23) = "iong"
    yunmu$(24) = "u": yunmu$(25) = "ua": yunmu$(26) = "uo": yunmu$(27) = "uai": yunmu$(28) = "uei"
    yunmu$(29) = "uan": yunmu$(30) = "uen": yunmu$(31) = "uang": yunmu$(32) = "ong"
    yunmu$(33) = "v": yunmu$(34) = "ve": yunmu$(35) = "van": yunmu$(36) = "vn"
    '给声母字符串变量赋值
    shengmu$(1) = "b": shengmu$(2) = "p": shengmu$(3) = "m": shengmu$(4) = "f"
    shengmu$(5) = "d": shengmu$(6) = "t": shengmu$(7) = "n": shengmu$(8) = "l"
    shengmu$(9) = "g": shengmu$(10) = "k": shengmu$(11) = "h"
    shengmu$(12) = "j": shengmu$(13) = "q": shengmu$(14) = "x"
    shengmu$(15) = "zh": shengmu$(16) = "ch": shengmu$(17) = "sh": shengmu$(18) = "r"
    shengmu$(19) = "z": shengmu$(20) = "c": shengmu$(21) = "s"
    shengmu$(22) = "y": shengmu$(23) = "w"
    chongzhao:
    'Do
    '产生随机起点数
    Randomize
    q = Int((Rnd) * 100)
    '原数组清零
    Erase zaoqianzi$
    Erase zaoqiansheng$
    Erase zaoqianyun$
    Erase zaoqiandiao$
    Erase zaohouzi$
    Erase zaohousheng$
    Erase zaohouyun$
    Erase zaohoudiao$
    Erase zaoqiannan
```

```
    Erase zaoqianqu
    Erase zaohounan
    Erase zaohouqu
    Erase zaopin$
    '找儿化词语,给 50 个词语的 4 个儿化词赋值
    Let n = nn
    For shu = 1 To 4
      Do
      For i = q To 6404 Step n
        If kuhouzhuzi$(i) = "儿" And zaohouzi$(1) <> kuhouzi$(i) Then
        If zaohouzi$(2) <> kuhouzi$(i) Then
        If zaohouzi$(3) <> kuhouzi$(i) Then
          Let zaoqianzi$(shu) = kuqianzi$(i)
          Let zaoqiansheng$(shu) = kuqiansheng$(i)
          Let zaoqianyun$(shu) = kuqianyun$(i)
          Let zaoqiandiao$(shu) = kuqiandiao$(i)
          Let zaohouzi$(shu) = kuhouzi$(i)
          Let zaohousheng$(shu) = kuhousheng$(i)
          Let zaohouyun$(shu) = kuhouyun$(i)
          Let zaohoudiao$(shu) = kuhoudiao$(i)
    Let zaoqiannan(shu) = kuqiannan(i)
    Let zaoqianqu(shu) = kuqianqu(i)
    Let zaohounan(shu) = kuhounan(i)
    Let zaohouqu(shu) = kuhouqu(i)
    Let zaopin$(shu) = kupin$(i)
         Exit Do
      End If
      End If
      End If
     Next i
      Let n = n - 3
     Loop
    Next shu
    '找轻声词语 5 个
    Let n = nn
    For shu = 5 To 9
     Do
     For i = q To 6404 Step n
      If kuhoudiao$(i) = "0" Then
      If kuhouzhuzi$(i) <> "儿" Then
      If zaohouzi$(5) <> kuhouzi$(i) Then
      If zaohouzi$(6) <> kuhouzi$(i) Then
      If zaohouzi$(7) <> kuhouzi$(i) Then
      If zaohouzi$(8) <> kuhouzi$(i) Then
    Let zaoqianzi$(shu) = kuqianzi$(i)
    Let zaoqiansheng$(shu) = kuqiansheng$(i)
    Let zaoqianyun$(shu) = kuqianyun$(i)
    Let zaoqiandiao$(shu) = kuqiandiao$(i)
```

```
    Let zaohouzi$(shu) = kuhouzi$(i)
    Let zaohousheng$(shu) = kuhousheng$(i)
    Let zaohouyun$(shu) = kuhouyun$(i)
    Let zaohoudiao$(shu) = kuhoudiao$(i)
    Let zaoqiannan(shu) = kuqiannan(i)
    Let zaoqianqu(shu) = kuqianqu(i)
    Let zaohounan(shu) = kuhounan(i)
    Let zaohouqu(shu) = kuhouqu(i)
    Let zaopin$(shu) = kupin$(i)
            Exit Do
          End If
          End If
          End If
          End If
          End If
          End If
        Next i
          Let n = n - 3
        Loop
      Next shu
        '找上声 + 上声词语 3 个
      Let n = nn
      For shu = 10 To 12
        Do
        For i = q To 6404 Step n
          If kuqiandiao$(i) = "3" And kuhoudiao$(i) = "3" Then
          If kuhouzhuzi$(i) <> "儿" Then
          If zaohouzi$(10) <> kuhouzi$(i) And zaoqianzi$(10) <> kuqianzi$(i) Then
          If zaohouzi$(11) <> kuhouzi$(i) And zaoqianzi$(11) <> kuqianzi$(i) Then
            Let zaoqianzi$(shu) = kuqianzi$(i)
            Let zaoqiansheng$(shu) = kuqiansheng$(i)
            Let zaoqianyun$(shu) = kuqianyun$(i)
            Let zaoqiandiao$(shu) = kuqiandiao$(i)
            Let zaohouzi$(shu) = kuhouzi$(i)
            Let zaohousheng$(shu) = kuhousheng$(i)
            Let zaohouyun$(shu) = kuhouyun$(i)
            Let zaohoudiao$(shu) = kuhoudiao$(i)
          Let zaoqiannan(shu) = kuqiannan(i)
          Let zaoqianqu(shu) = kuqianqu(i)
          Let zaohounan(shu) = kuhounan(i)
          Let zaohouqu(shu) = kuhouqu(i)
          Let zaopin$(shu) = kupin$(i)
            Exit Do
          End If
          End If
          End If
          End If
        Next i
          Let n = n - 3
        Loop
      Next shu
```

```
'不断变化的词数赋值给总词数
Let zongcishu = 12
Erase ctjsm
Erase ctjym
'统计声母程序
  For sm = 1 To 23
    For shu = 1 To zongcishu
      If zaoqiansheng$ ( shu ) = shengmu$ ( sm ) Then Let ctjsm ( sm ) = ctjsm( sm) + 1
      If zaohousheng$ ( shu ) = shengmu$ ( sm ) Then Let ctjsm ( sm ) = ctjsm ( sm) + 1
    Next shu
  Next sm
'统计韵母程序
  For ym = 1 To 36
    For shu = 1 To zongcishu
      If zaoqianyun$ ( shu ) = yunmu$ ( ym ) Then Let ctjym( ym) = ctjym( ym) + 1
      If zaohouyun$ ( shu ) = yunmu$ ( ym ) Then Let ctjym( ym) = ctjym( ym) + 1
    Next shu
    Next ym
  Let shu = 12
  Let zongcishu = shu
For a = 1 To 5
For j = 1 To 3
'找声母程序
Let n = nn
  For sm = 1 To 23
    Do While ctjsm ( sm ) < ( j + 1 ) And ctjsm( sm) < 3
      Do
        Let zsm = sm
        For i = q To 6404 Step n
          If kuqiansheng$ ( i ) = shengmu$ ( sm ) Or kuhousheng$ ( i ) = shengmu$ ( sm ) Then
          If kuhouzhuzi$ ( i ) < > "儿" Then
          '防止字词重出程序
          For Y = 1 To zongcishu
          If zaoqianzi$ ( Y ) = kuqianzi$ ( i ) Then GoTo zhaoxiayige
          If zaohouzi$ ( Y ) = kuqianzi$ ( i ) Then GoTo zhaoxiayige
          If zaoqianzi$ ( Y ) = kuhouzi$ ( i ) Then GoTo zhaoxiayige
          If zaohouzi $ ( Y ) = kuhouzi $ ( i ) Then GoTo zhaoxiayige
          Next Y
          Let shu = shu + 1
          Let zaoqianzi$ ( shu ) = kuqianzi$ ( i )
          Let zaoqiansheng$ ( shu ) = kuqiansheng$ ( i )
          Let zaoqianyun$ ( shu ) = kuqianyun$ ( i )
          Let zaoqiandiao$ ( shu ) = kuqiandiao$ ( i )
          Let zaohouzi$ ( shu ) = kuhouzi$ ( i )
          Let zaohousheng$ ( shu ) = kuhousheng$ ( i )
          Let zaohouyun$ ( shu ) = kuhouyun$ ( i )
          Let zaohoudiao$ ( shu ) = kuhoudiao$ ( i )
```

```
Let zaoqiannan(shu) = kuqiannan(i)
Let zaoqianqu(shu) = kuqianqu(i)
Let zaohounan(shu) = kuhounan(i)
Let zaohouqu(shu) = kuhouqu(i)
   Let zaopin$(shu) = kupin$(i)
   Let zongcishu = shu
'统计声母程序
   '原统计清零程序
   For shm = 1 To 23
     Let ctjsm(shm) = 0
   Next shm
  For shm = 1 To 23
   For shu = 1 To zongcishu
       If zaoqiansheng$(shu) = shengmu$(shm) Then Let ctjsm(shm) = ctjsm(shm) + 1
     If zaohousheng$(shu) = shengmu$(shm) Then Let ctjsm(shm) = ctjsm(shm) + 1
   Next shu
  Next shm
'统计韵母程序
   '原统计清零程序
   For ym = 1 To 36
     Let ctjym(ym) = 0
   Next ym
  For ym = 1 To 36
   For shu = 1 To zongcishu
     If zaoqianyun$(shu) = yunmu$(ym) Then Let ctjym(ym) = ctjym(ym) + 1
     If zaohouyun$(shu) = yunmu$(ym) Then Let ctjym(ym) = ctjym(ym) + 1
  Next shu
  Let shu = shu - 1
  Next ym
  Let sm = zsm
   Exit Do
    End If
    End If
zhaoxiayige:
   Next i
    Let n = n - 11
  If n < 1 Then Let n = 1
   Loop
  Exit Do
Loop
Next sm
'找韵母程序
Let n = nn
For ym = 1 To 36
  Do While ctjym(ym) < j And ctjym(ym) < 2
   Do
  Let zym = ym
    For i = q To 6404 Step n
     If kuqianyun$(i) = yunmu$(ym) Or kuhouyun$(i) = yunmu$(ym) Then
     If kuhouzhuzi$(i) <> "儿" Then
     '防止字词重出程序
     For Y = 1 To zongcishu
      If zaoqianzi$(Y) = kuqianzi$(i) Then GoTo zhaohouyige
      If zaohouzi$(Y) = kuqianzi$(i) Then GoTo zhaohouyige
      If zaoqianzi$(Y) = kuhouzi
```

```
$(i) Then GoTo zhaohouyige
            If zaohouzi$(Y) = kuhouzi$
(i) Then GoTo zhaohouyige
        Next Y
    Let shu = shu + 1
    Let zaoqianzi$(shu) = kuqianzi$(i)
    Let zaoqiansheng$(shu) = kuqiansheng$(i)
Let zaoqianyun$(shu) = kuqianyun$(i)
Let zaoqiandiao$(shu) = kuqiandiao$(i)
Let zaohouzi$(shu) = kuhouzi$(i)
Let zaohousheng$(shu) = kuhousheng$(i)
Let zaohouyun$(shu) = kuhouyun$(i)
Let zaohoudiao$(shu) = kuhoudiao$(i)
Let zaoqiannan(shu) = kuqiannan(i)
    Let zaoqianqu(shu) = kuqianqu(i)
    Let zaohounan(shu) = kuhounan(i)
    Let zaohouqu(shu) = kuhouqu(i)
    Let zaopin$(shu) = kupin$(i)
    Let zongcishu = shu
    '统计声母程序
    '原统计清零程序
      For sm = 1 To 23
        Let ctjsm(sm) = 0
      Next sm
     For sm = 1 To 23
      For shu = 1 To zongcishu
          If zaoqiansheng$(shu) = shengmu$(sm) Then Let ctjsm(sm) = ctjsm(sm) + 1
          If zaohousheng$(shu) = shengmu$(sm) Then Let ctjsm(sm) = ctjsm(sm) + 1
      Next shu
     Next sm
    '统计韵母程序
     '原统计清零程序
      For ymu = 1 To 36
        Let ctjym(ymu) = 0
      Next ymu
     For ymu = 1 To 36
      For shu = 1 To zongcishu
        If zaoqianyun$(shu) = yunmu$(ymu) Then Let ctjym(ymu) = ctjym(ymu) + 1
        If zaohouyun$(shu) = yunmu$(ymu) Then Let ctjym(ymu) = ctjym(ymu) + 1
      Next shu
      Let shu = shu - 1
     Next ymu
    Let ym = zym
      Exit Do
         End If
         End If
    zhaohouyige:
       Next i
       Let n = n - 11
     If n < 1 Then Let n = 1
       Loop
      Exit Do
     Loop
    Next ym
    Next j
    Next a
    Let zongcishu = shu
```

```
'删除超过 50 词程序
Dim qianzi$(60), qiansheng$(60), qianyun$(60), qiandiao$(60)
Dim qiannan(60), qianqu(60)
Dim houzi$(60), housheng$(60), houyun$(60), houdiao$(60)
Dim hounan(60), houqu(60), pin$(60)
Erase qianzi$
Erase qiansheng$
Erase qianyun$
Erase qiandiao$
Erase qiannan
Erase qianqu
Erase houzi$
Erase housheng$
Erase houyun$
Erase houdiao$
Erase hounan
Erase houqu
Erase pin$
Let ss = 0
Let xinshu = zongcishu
Let yushu = zongcishu
  For shu = zongcishu To 1 Step -1
  If zongcishu = 50 Or zongcishu < 50 Then Exit For
    Let yushu = yushu - 1
      For sm = 1 To 23
        If zaoqiansheng$(shu) = shengmu$(sm) Then Let qianshengshu = ctjsm(sm)
        If zaohousheng$(shu) = shengmu$(sm) Then Let houshengshu = ctjsm(sm)
      Next sm
      For ym = 1 To 36
        If zaoqianyun$(shu) = yunmu$(ym) Then Let qianyunshu = ctjym(ym)
        If zaohouyun$(shu) = yunmu$(ym) Then Let houyunshu = ctjym(ym)
      Next ym
      If qianshengshu > 3 And houshengshu > 3 And qianyunshu > 2 And houyunshu > 2 Then
      '声母韵母均过量减数程序
      For sm = 1 To 23
        If zaoqiansheng$(shu) = shengmu$(sm) Then Let ctjsm(sm) = ctjsm(sm) - 1
        If zaohousheng$(shu) = shengmu$(sm) Then Let ctjsm(sm) = ctjsm(sm) - 1
      Next sm
      For ym = 1 To 36
        If zaoqianyun$(shu) = yunmu$(ym) Then Let ctjym(ym) = ctjym(ym) - 1
        If zaohouyun$(shu) = yunmu$(ym) Then Let ctjym(ym) = ctjym(ym) - 1
      Next ym
      Let xinshu = xinshu - 1
      If xinshu = 50 Or xinshu < 50 Then Exit For
      Else '声母韵母不过量重新赋值程序
```

```
Let ss = ss + 1
Let qianzi$(ss) = zaoqianzi$(shu)
Let qiansheng$(ss) = zaoqiansheng$(shu)
Let qianyun$(ss) = zaoqianyun$(shu)
Let qiandiao$(ss) = zaoqiandiao$(shu)
Let houzi$(ss) = zaohouzi$(shu)
Let housheng$(ss) = zaohousheng$(shu)
Let houyun$(ss) = zaohouyun$(shu)
Let houdiao$(ss) = zaohoudiao$(shu)
Let qiannan(ss) = zaoqiannan(shu)
Let qianqu(ss) = zaoqianqu(shu)
Let hounan(ss) = zaohounan(shu)
Let houqu(ss) = zaohouqu(shu)
  Let pin$(ss) = zaopin$(shu)
  End If
 Next shu
'余数赋值程序
 For shu = yushu To 1 Step -1
Let ss = ss + 1
Let qianzi$(ss) = zaoqianzi$(shu)
Let qiansheng$(ss) = zaoqiansheng$(shu)
Let qianyun$(ss) = zaoqianyun$(shu)
Let qiandiao$(ss) = zaoqiandiao$(shu)
Let houzi$(ss) = zaohouzi$(shu)
Let housheng$(ss) = zaohousheng$(shu)
Let houyun$(ss) = zaohouyun$(shu)
Let houdiao$(ss) = zaohoudiao$(shu)
Let qiannan(ss) = zaoqiannan(shu)
Let qianqu(ss) = zaoqianqu(shu)
Let hounan(ss) = zaohounan(shu)
Let houqu(ss) = zaohouqu(shu)
Let pin$(ss) = zaopin$(shu)
  Next shu
'统计平均难度、平均区分度、词表出现数
Let cnandu = 0
Let cqufendu = 0
Let biaoyi = 0
Let biaoer = 0
For ss = 1 To 50
Let cnandu = cnandu + qiannan(ss)
Let cnandu = cnandu + hounan(ss)
Let cqufendu = cqufendu + qianqu(ss)
Let cqufendu = cqufendu + houqu(ss)
If pin$(ss) = "1" Then Let biaoyi = biaoyi + 1
If pin$(ss) = "2" Then Let biaoer = biaoer + 1
Next ss
'If biaoyi < = biao1gao And biaoyi > = biao1di Then Exit Do
'Loop

'打印已确定的50个词语程序
  For ss = 1 To 46
```

```
        Print #9, " 第"; ss; "个词"
        Print #9, qianzi$(ss); qiansheng$(ss); qianyun$(ss); qiandiao$(ss),
        Print #9, "难度值="; qiannan(ss), "区分度值="; qianqu(ss)
        Print #9, houzi$(ss); housheng$(ss); houyun$(ss); houdiao$(ss),
        Print #9, "难度值="; hounan(ss), "区分度值="; houqu(ss), "词表:"; pin$(ss)
    'pause 1
      Next ss
      For ss =47 To 50
        Print #9, " 第"; ss; "个词"
        Print #9, qianzi$(ss); qiansheng$(ss); qianyun$(ss); qiandiao$(ss),
        Print #9, "难度值="; qiannan(ss), "区分度值="; qianqu(ss)
        Print #9, houzi$(ss); "儿"; housheng$(ss); houyun$(ss); houdiao$(ss),
        Print #9, "难度值="; hounan(ss), "区分度值="; houqu(ss), "词表:"; pin$(ss)
        Print " 第"; ss; "个词"
        Print qianzi$(ss); qiansheng$(ss); qianyun$(ss); qiandiao$(ss),
        Print "难度值="; qiannan(ss), "区分度值="; qianqu(ss)
        Print houzi$(ss); "儿"; housheng$(ss); houyun$(ss); houdiao$(ss),
        Print "难度值="; hounan(ss), "区分度值="; houqu(ss), "词表:"; pin$(ss)
      Next ss
    Print #9,
    Print #9, "平均难度="; cnandu / 100, "平均区分度="; cqufendu / 100
    Print #9, "表一出现了:"; biaoyi; "个词", "表二出现了:"; biaoer; "个词"
    '打印声母统计数字
      For sm =1 To 23
        Print #9, "声母"; shengmu$(sm), "出现了"; ctjsm(sm); "次"
      Next sm
    '打印韵母统计数字
      For ym =1 To 36
        Print #9, "韵母"; yunmu$(ym), "出现了"; ctjym(ym); "次"
      Next ym
    Print #9,
    Print #9, "本号词语卷的随机数为:"; q
    Close #9
    Open "zanshitext.txt" For Input As #8
    Do While Not EOF(8)
    Line Input #8, textline$
    copytext$ = copytext$ + textline$ + Chr$(13) + Chr$(10)
    Loop
    Text1.Text = copytext$
    Close #8
```

```
'msg11$ = "本套词语试卷您满意吗？(Y/N)"
'msg12$ = "(注：Y - 建立词语文件,开始查找单字;"
'msg13$ = "N - 重新查找词语,组配试卷)"
'm3sg$ = msg11$ + c1$ + msg12$ + c1$ + msg13$
'anyn$ = InputBox$(m3sg$, "评价自动组配的词语卷", "Y")
'If anyn$ = "Y" Or anyn$ = "y" Then
'建立词语文件
fn$ = InputBox$("请输入词语部分的试卷文件名称(cy1 - cy5000):", "正式建立词语试卷")
Open fn$ & ". TXT" For Output As #3
  For ss = 1 To 50
   Print #3, Chr$(34); qianzi$(ss); Chr$(34); ","; Chr$(34); qiansheng$(ss); Chr$(34); ","; Chr$(34); qianyun$(ss); Chr$(34); ",";
   Print #3, Chr$(34); qiandiao$(ss); Chr$(34); ",";
   Print #3, qiannan(ss); ","; qianqu(ss); ",";
   Print #3, Chr$(34); houzi$(ss); Chr$(34); ","; Chr$(34); housheng$(ss); Chr$(34); ","; Chr$(34); houyun$(ss); Chr$(34); ","; Chr$(34); houdiao$(ss); Chr$(34);
   Print #3, ","; hounan(ss); ","; houqu(ss); ","; Chr$(34); pin$(ss); Chr$(34)
  Next ss
  Close #3
  '原数组清零
  Erase kuqianzi$
  Erase kuqiansheng$
  Erase kuqianyun$
  Erase kuqiandiao$
  Erase kuhouzi$
  Erase kuhousheng$
  Erase kuhouyun$
  Erase kuhoudiao$
  Erase kuqiannan
  Erase kuqianqu
  Erase kuhounan
  Erase kuhouqu
  Erase kupin$
  Erase kuhouzhuzi$
  'Else
  'GoTo chongzhao
  'End If
  'chain "zddz"
  End Sub

  Private Sub fanhuizhu_Click()
  danzi. Hide
  zhuxuandan. Show
  End Sub

  Private Sub qingchu_Click()
  Text1. Text = ""
  End Sub

  Private Sub tuichu_Click()
```

```
End
End Sub

Private Sub zddz100_Click()
' 进入单字部分
'1998-08-08-18-00
'program zddz
'zddz100 单字部分单独自动出题程序
'说明:产生含数据的各卷号 dz*.TXT 文件
'定义各数组
Dim kudanzi$(2535), kushengmu$(2535), kuyunmu$(2535), kushengdiao$(2535)
Dim zaodanzi$(120), zaoshengmu$(120), zaoyunmu$(120), zaoshengdiao$(120)
Dim kunan(2535), kuqu(2535), kupin$(2535)
Dim zaonan(120), zaoqu(120), zaopin$(120)
Dim shengmu$(25), yunmu$(36)
Dim qianzi$(60), qiansheng$(60), qianyun$(60), qiandiao$(60)
Dim houzi$(60), housheng$(60), houyun$(60), houdiao$(60)
Dim qiannan(60), qianqu(60), hounan(60), houqu(60), cipin$(60)
'dim ctjsm(25)
'dim ctjym(36)
Dim dtjsm(25)
Dim dtjym(36)
'读入词语文件
cyfn$ = InputBox$("请输入试卷词语部分的文件名称(cy1-cy1000):", "输入试卷词语文件名")
Open cyfn$ & ".TXT" For Input As #3
    For ss = 1 To 50
        Input #3, qianzi$(ss), qiansheng$(ss), qianyun$(ss), qiandiao$(ss), qiannan(ss), qianqu(ss), houzi$(ss), housheng$(ss), houyun$(ss), houdiao$(ss), hounan(ss), houqu(ss), cipin$(ss)
    Next ss
Close #3
'输入卷号
n = InputBox("请输入试卷单字部分随机数(1-1000):", "输入试卷单字部分随机数")
'建立单字部分文件
dzfn$ = InputBox$("请输入试卷单字部分的文件名称(dz1-dz5000):", "输入试卷单字文件名")
Open dzfn$ & ".TXT" For Output As #4
'打开打印通道
'open #1:printer
'print #1:
'print #1:"————"
'print #1:"第",n,"号卷  单字"
'print #1:"——"
'print #1:
'产生单字试卷随机数
Randomize
Let q = Int((Rnd) * 100)
```

```
Print "本号卷的随机数为:"; q
If n <50 Then Let n = n +51
Let nn = n
'读入单字库
Open "dzjingku.txt" For Input As #2
For i =1 To 2535
Input #2, kudanzi$(i), kunan(i), kuqu(i), kushengmu$(i), kuyunmu$(i), kushengdiao$(i), kupin$(i)
Next i
Close #2
'给韵母字符串变量赋值
yunmu$(1) = "ii": yunmu$(2) = "iii": yunmu$(3) = "a": yunmu$(4) = "o": yunmu$(5) = "e"
yunmu$(6) = "ai": yunmu$(7) = "ei": yunmu$(8) = "ao": yunmu$(9) = "ou"
yunmu$(10) = "an": yunmu$(11) = "en": yunmu$(12) = "ang": yunmu$(13) = "eng"
yunmu$(14) = "i": yunmu$(15) = "ia": yunmu$(16) = "ie": yunmu$(17) = "iao": yunmu$(18) = "iou"
yunmu$(19) = "ian": yunmu$(20) = "in": yunmu$(21) = "iang": yunmu$(22) = "ing": yunmu$(23) = "iong"
yunmu$(24) = "u": yunmu$(25) = "ua": yunmu$(26) = "uo": yunmu$(27) = "uai": yunmu$(28) = "uei"
yunmu$(29) = "uan": yunmu$(30) = "uen": yunmu$(31) = "uang": yunmu$(32) = "ong"
yunmu$(33) = "v": yunmu$(34) = "ve": yunmu$(35) = "van": yunmu$(36) = "vn"
'给声母字符串变量赋值
shengmu$(1) = "b": shengmu$(2) = "p": shengmu$(3) = "m": shengmu$(4) = "f"
shengmu$(5) = "d": shengmu$(6) = "t": shengmu$(7) = "n": shengmu$(8) = "l"
shengmu$(9) = "g": shengmu$(10) = "k": shengmu$(11) = "h"
shengmu$(12) = "j": shengmu$(13) = "q": shengmu$(14) = "x"
shengmu$(15) = "zh": shengmu$(16) = "ch": shengmu$(17) = "sh": shengmu$(18) = "r"
shengmu$(19) = "z": shengmu$(20) = "c": shengmu$(21) = "s"
shengmu$(22) = "y": shengmu$(23) = "w"
'每个韵母找第一个字
Let shu = 0
For ym = 1 To 36
  Let shu = shu + 1
  Let zongzishu = shu
   Let n = nn
   Do
'Print yunmu$(ym)
   For i = q To 2535 Step n
'Print n
'Print i
     If kuyunmu$(i) = yunmu$(ym) Then
```

```
'Print i
    '防止字词重出程序
      For Y = 1 To zongzishu
        Print y
        If zaodanzi$(Y) = kudanzi$(i) Then GoTo zhaoxiayige
      Next Y
      For ss = 1 To 50
        If qianzi$(ss) = kudanzi$(i) Then GoTo zhaoxiayige
        If houzi$(ss) = kudanzi$(i) Then GoTo zhaoxiayige
      Next ss
      Let zaodanzi$(shu) = kudanzi$(i)
      Let zaoshengmu$(shu) = kushengmu$(i)
      Let zaoyunmu$(shu) = kuyunmu$(i)
      Let zaoshengdiao$(shu) = kushengdiao$(i)
      Let zaonan(shu) = kunan(i)
      Let zaoqu(shu) = kuqu(i)
      Let zaopin$(shu) = kupin$(i)
     Exit Do
    End If
  zhaoxiayige:
   Next i
   Let n = n - 15
   Let a = a + 1
   If a = 250 Then Let n = 1
   If n = 0 Then Let n = 2
   Loop
   Let a = 0
Next ym
'每个韵母找第二个字
For ym = 1 To 36
  Let shu = shu + 1
  Let qshu = shu - 36
   Let n = nn
   Do
    For i = q To 2535 Step n
     If kuyunmu$(i) = yunmu$(ym) And zaoshengmu$(qshu) <> kushengmu$(i) Then
    '防止字词重出程序
      For Y = 1 To zongzishu
'       Print y
        If zaodanzi$(Y) = kudanzi$(i) Then GoTo zhaohouyige
      Next Y
      For ss = 1 To 50
        If qianzi$(ss) = kudanzi$(i) Then GoTo zhaohouyige
        If houzi$(ss) = kudanzi$(i) Then GoTo zhaohouyige
  Next ss
    Let zaodanzi$(shu) = kudanzi$(i)
    Let zaoshengmu$(shu) = kushengmu$(i)
    Let zaoyunmu$(shu) = kuyunmu$(i)
    Let zaoshengdiao$(shu) = kushengdiao$(i)
    Let zaonan(shu) = kunan(i)
    Let zaoqu(shu) = kuqu(i)
    Let zaopin$(shu) = kupin$(i)
      Exit Do
```

```
   End If
zhaohouyige:
    Next i
   Let n = n - 15
   Let a = a + 1
   If a = 250 Then Let n = 1
   If n = 0 Then Let n = 2
   Loop
   Let a = 0
Next ym
Let zongzishu = 72
For shu = 1 To zongzishu
'Print "第"; shu; "个字", zaodanzi$ (shu), zaoshengmu$ (shu), zaoyunmu$(shu), zaoshengdiao$(shu)
Next shu
'不断变化的字数赋值给总字数
Let zongzishu = 72
'统计声母程序
   For sm = 1 To 23
    For shu = 1 To zongzishu
     If zaoshengmu$(shu) = shengmu$(sm) Then Let dtjsm(sm) = dtjsm(sm) + 1
    Next shu
   Next sm
'统计韵母程序
   For ym = 1 To 36
    For shu = 1 To zongzishu
      If zaoyunmu$(shu) = yunmu$(ym) Then Let dtjym(ym) = dtjym(ym) + 1
     Next shu
    Next ym
   Let zongzishu = 72
'打印声母统计数字
    For sm = 1 To 23
'print"声母"; shengmu$ (sm); "出现了";dtjsm(sm);"次"
   ' print #1:"声母"; shengmu$(sm);"出现了";dtjsm(sm);"次"
    Next sm
   '打印韵母统计数字
    For ym = 1 To 36
   'print"韵母";yunmu$(ym);"出现了";dtjym(ym);"次"
   'print #1:"韵母";yunmu$(ym);"出现了";dtjym(ym);"次"
    Next ym

   Let shu = 72
   Let p = 71
   For a = 1 To 5
   For j = 1 To 3
   '找声母程序
    For sm = 1 To 23
     Do While dtjsm(sm) < (j + 1) And dtjsm(sm) < 3
      Do
       Let zsm = sm
        For i = q To 2535 Step p
         If kushengmu$(i) = shengmu$(sm) Then
   '防止字词重出程序
      For Y = 1 To zongzishu
    'Print y
      If zaodanzi$(Y) = kudanzi$(i) Then GoTo zhaonext1
      Next Y
    For ss = 1 To 50
```

```
        If qianzi$(ss) = kudanzi$(i)
Then GoTo zhaonext1
        If houzi$(ss) = kudanzi$(i)
Then GoTo zhaonext1
      Next ss
    Let shu = shu + 1
    'Print shu
    Let zaodanzi$(shu) = kudanzi$(i)
    Let zaoshengmu$(shu) = kusheng-
mu$(i)
    Let zaoyunmu$(shu) = kuyunmu$
(i)
    Let zaoshengdiao$(shu) = kusheng-
diao$(i)
      Let zaonan(shu) = kunan(i)
      Let zaoqu(shu) = kuqu(i)
      Let zaopin$(shu) = kupin$(i)
     Let zongzishu = shu
    ' Print "第"; shu; "个字";
    ' Print zaodanzi$(shu); zaosheng-
mu$(shu); zaoyunmu$(shu); zaosh-
engdiao$(shu)
    ' print #1:"第";shu;"个字";
    ' print #1:zaodanzi$(shu);zaosh-
engmu$(shu);zaoyunmu$(shu);zaosh-
engdiao$(shu)
    '统计声母程序
     '原统计清零程序
     For ssmm = 1 To 23
      Let dtjsm(ssmm) = 0
     Next ssmm
    For ssm = 1 To 23
     For shu = 1 To zongzishu
      If zaoshengmu$(shu) = sheng-
mu$(ssm) Then Let dtjsm(ssm) = dtjsm
(ssm) + 1
     Next shu
     Next ssm
    '统计韵母程序
     '原统计清零程序
     For ym = 1 To 36
      Let dtjym(ym) = 0
     Next ym
    For ym = 1 To 36
     For shu = 1 To zongzishu
      If zaoyunmu$(shu) = yunmu$
(ym) Then Let dtjym(ym) = dtjym(ym) + 1
     Next shu
     Let shu = shu - 1
     Next ym
     Let sm = zsm
      Exit Do
       End If
  zhaonext1:
      Next i
     Let p = p - 2
     Loop
     Exit Do
    Loop
  Next sm
  Let p = 89
  Next j
  Next a
  Let zongzishu = shu
  '补找声母程序
    For sm = 1 To 23
     Let p = 21
     Do While dtjsm(sm) = 2
     Do
```

```
    Let zsm = sm
      For i = q To 2535 Step p
        If kushengmu$(i) = shengmu$(sm) Then
              '防止字词重出程序
              For Y = 1 To zongzishu
                If zaodanzi$(Y) = kudanzi$(i) Then GoTo zhaonext2
              Next Y
              For ss = 1 To 50
                If qianzi$(ss) = kudanzi$(i) Then GoTo zhaonext2
                If houzi$(ss) = kudanzi$(i) Then GoTo zhaonext2
              Next ss
        Let shu = shu + 1
    '  Print shu
    Let zaodanzi$(shu) = kudanzi$(i)
    Let zaoshengmu$(shu) = kushengmu$(i)
    Let zaoyunmu$(shu) = kuyunmu$(i)
    Let zaoshengdiao$(shu) = kushengdiao$(i)
    Let zaonan(shu) = kunan(i)
    Let zaoqu(shu) = kuqu(i)
    Let zaopin$(shu) = kupin$(i)
      Let zongzishu = shu
    '  Print "第"; shu; "个字";
    '  Print zaodanzi$(shu); zaoshengmu$(shu); zaoyunmu$(shu); zaoshengdiao$(shu)
    '  print #1:"第";shu;"个字";
    '  print #1:zaodanzi$(shu);zaoshengmu$(shu);zaoyunmu$(shu);zaoshengdiao$(shu)
    '统计声母程序
      '原统计清零程序
      For smm = 1 To 23
        Let dtjsm(smm) = 0
      Next smm
    For smm = 1 To 23
      For shu = 1 To zongzishu
        If zaoshengmu$(shu) = shengmu$(smm) Then Let dtjsm(smm) = dtjsm(smm) + 1
      Next shu
    Next smm
    '统计韵母程序
      '原统计清零程序
      For ym = 1 To 36
        Let dtjym(ym) = 0
      Next ym
    For ym = 1 To 36
      For shu = 1 To zongzishu
        If zaoyunmu$(shu) = yunmu$(ym) Then Let dtjym(ym) = dtjym(ym) + 1
      Next shu
      Let shu = shu - 1
    Next ym
    Let sm = zsm
      Exit Do
        End If
  zhaonext2:
        Next i
        Let p = p - 2
      Loop
      Exit Do
```

```
    Loop
  Next sm
  '找足 97 字程序
  Let zongzishu = shu
    Do While zongzishu < 97
     Do
       Let i = nn
       '防止字词重出程序
        For Y = 1 To zongzishu
          If zaodanzi$(Y) = kudanzi$(i) Then Exit Do
        Next Y
        For ss = 1 To 50
          If qianzi$(ss) = kudanzi$(i) Then Exit Do
          If houzi$(ss) = kudanzi$(i) Then Exit Do
        Next ss
    Let shu = shu + 1
    Let zaodanzi$(shu) = kudanzi$(i)
    Let zaoshengmu$(shu) = kushengmu$(i)
    Let zaoyunmu$(shu) = kuyunmu$(i)
    Let zaoshengdiao$(shu) = kushengdiao$(i)
    Let zaonan(shu) = kunan(i)
    Let zaoqu(shu) = kuqu(i)
    Let zaopin$(shu) = kupin$(i)
    Let zongzishu = shu
    '  Print "第"; shu; "个字";
    '  Print zaodanzi$(shu); zaoshengmu$(shu); zaoyunmu$(shu); zaoshengdiao$(shu)
    '  print #1 : "第"; shu; "个字";
    '  print #1 : zaodanzi$(shu); zaoshengmu$(shu); zaoyunmu$(shu); zaoshengdiao$(shu)
     '统计声母程序
     '原统计清零程序
    For sm = 1 To 23
      Let dtjsm(sm) = 0
    Next sm
   For sm = 1 To 23
    For shu = 1 To zongzishu
      If zaoshengmu$(shu) = shengmu$(sm) Then Let dtjsm(sm) = dtjsm(sm) + 1
    Next shu
   Next sm
   '统计韵母程序
   '原统计清零程序
   For ym = 1 To 36
     Let dtjym(ym) = 0
   Next ym
   For ym = 1 To 36
   For shu = 1 To zongzishu
     If zaoyunmu$(shu) = yunmu$(ym) Then Let dtjym(ym) = dtjym(ym) + 1
   Next shu
   Let shu = shu - 1
  Next ym
   If zongzishu = 97 Then Exit Do
   Let nn = nn + 151
  Loop
   If zongzishu = 97 Then Exit Do
   Let nn = nn + 3
  Loop
```

```
'补充"翁.二.尔"
Let shu = shu + 1
Let zaodanzi$(shu) = "翁"
Let zaoshengmu$(shu) = "w"
Let zaoyunmu$(shu) = "ueng"
Let zaoshengdiao$(shu) = "1"
Let zaonan(shu) = 0.517
Let zaoqu(shu) = 0.294
Let zaopin$(shu) = "1"
Let zongzishu = shu
Let shu = shu + 1
Let zaodanzi$(shu) = "二"
Let zaoshengmu$(shu) = "0"
Let zaoyunmu$(shu) = "er"
Let zaoshengdiao$(shu) = "4"
Let zaonan(shu) = 0.695
Let zaoqu(shu) = 0.293
Let zaopin$(shu) = "2"
Let zongzishu = shu
Let shu = shu + 1
Let zaodanzi$(shu) = "尔"
Let zaoshengmu$(shu) = "0"
Let zaoyunmu$(shu) = "er"
Let zaoshengdiao$(shu) = "3"
Let zaonan(shu) = 0.643
Let zaoqu(shu) = 0.384
Let zaopin$(shu) = ""
Let zongzishu = shu

'单字部分按区分度排序
Let n = 100
  For d = 1 To n - 1
    For z = 1 + d To n
If zaoqu(d) < zaoqu(z) Then
Let dz1$ = zaodanzi$(d)
Let dz2$ = zaoshengmu$(d)
Let dz3$ = zaoyunmu$(d)
Let dz4$ = zaoshengdiao$(d)
Let dz5 = zaonan(d)
Let dz6 = zaoqu(d)
Let dz7$ = zaopin$(d)
Let zaodanzi$(d) = zaodanzi$(z)
Let zaoshengmu$(d) = zaoshengmu$(z)
Let zaoyunmu$(d) = zaoyunmu$(z)
Let zaoshengdiao$(d) = zaoshengdiao$(z)
Let zaonan(d) = zaonan(z)
Let zaoqu(d) = zaoqu(z)
Let zaopin$(d) = zaopin$(z)
Let zaodanzi$(z) = dz1$
Let zaoshengmu$(z) = dz2$
Let zaoyunmu$(z) = dz3$
Let zaoshengdiao$(z) = dz4$
Let zaonan(z) = dz5
Let zaoqu(z) = dz6
Let zaopin$(z) = dz7$
End If
Next z
  Next d
For d = 1 To 100
'  Print zaodanzi$(d);
Next d

'避免单字出现双声/叠韵/同调现象程序
For d = 1 To 97
```

```
Let e = d + 1
Let f = d + 2
Let g = d + 3
Let h = d + 4
Let i = d + 5
Let k = d + 6
Let l = d + 7
Let m = d + 8
If zaoshengmu$(d) = zaoshengmu$(e) Or zaoyunmu$(d) = zaoyunmu$(e) Or zaoshengdiao$(d) = zaoshengdiao$(e) Then
If zaoshengmu$(e) <> zaoshengmu$(f) And zaoyunmu$(e) <> zaoyunmu$(f) And zaoshengdiao$(e) <> zaoshengdiao$(f) And zaoshengmu$(d) <> zaoshengmu$(f) And zaoyunmu$(d) <> zaoyunmu$(f) And zaoshengdiao$(d) <> zaoshengdiao$(f) Then
    Let j = f
    Else
    If zaoshengmu$(e) <> zaoshengmu$(g) And zaoyunmu$(e) <> zaoyunmu$(g) And zaoshengdiao$(e) <> zaoshengdiao$(g) And zaoshengmu$(d) <> zaoshengmu$(g) And zaoyunmu$(d) <> zaoyunmu$(g) And zaoshengdiao$(d) <> zaoshengdiao$(g) Then
        Let j = g
        Else
If zaoshengmu$(e) <> zaoshengmu$(h) And zaoyunmu$(e) <> zaoyunmu$(h) And zaoshengdiao$(e) <> zaoshengdiao$(h) And zaoshengmu$(d) <> zaoshengmu$(h) And zaoyunmu$(d) <> zaoyunmu$(h) And zaoshengdiao$(d) <> zaoshengdiao$(h) Then
        Let j = h
        Else
    If zaoshengmu$(e) <> zaoshengmu$(i) And zaoyunmu$(e) <> zaoyunmu$(i) And zaoshengdiao$(e) <> zaoshengdiao$(i) And zaoshengmu$(d) <> zaoshengmu$(i) And zaoyunmu$(d) <> zaoyunmu$(i) And zaoshengdiao$(d) <> zaoshengdiao$(i) Then
        Let j = i
Else
    If zaoshengmu$(e) <> zaoshengmu$(k) And zaoyunmu$(e) <> zaoyunmu$(k) And zaoshengdiao$(e) <> zaoshengdiao$(k) And zaoshengmu$(d) <> zaoshengmu$(k) And zaoyunmu$(d) <> zaoyunmu$(k) And zaoshengdiao$(d) <> zaoshengdiao$(k) Then
        Let j = k
Else
  If zaoshengmu$(e) <> zaoshengmu$(l) And zaoyunmu$(e) <> zaoyunmu$(l) And zaoshengdiao$(e) <> zaoshengdiao$(l) And zaoshengmu$(d) <>zaoshengmu$(l) And zaoyunmu$(d) <>zaoyunmu$(l) And zaosh-
```

```
engdiao$(d) <>zaoshengdiao$(l) Then
            Let j = l
Else
    If zaoshengmu$(e) <> zaoshengmu$(m) And zaoyunmu$(e) <> zaoyunmu$(m) And zaoshengdiao$(e) <> zaoshengdiao$(m) And zaoshengmu$(d) <> zaoshengmu$(m) And zaoyunmu$(d) <> zaoyunmu$(m) And zaoshengdiao$(d) <> zaoshengdiao$(m) Then
            Let j = m
          End If
          End If
          End If
          End If
        End If
      End If
    End If
    Let dz1$ = zaodanzi$(e)
    Let dz2$ = zaoshengmu$(e)
    Let dz3$ = zaoyunmu$(e)
    Let dz4$ = zaoshengdiao$(e)
    Let dz5 = zaonan(e)
    Let dz6 = zaoqu(e)
    Let dz7$ = zaopin$(e)
    Let zaodanzi$(e) = zaodanzi$(j)
    Let zaoshengmu$(e) = zaoshengmu$(j)
    Let zaoyunmu$(e) = zaoyunmu$(j)
    Let zaoshengdiao$(e) = zaoshengdiao$(j)
    Let zaonan(e) = zaonan(j)
    Let zaoqu(e) = zaoqu(j)
    Let zaopin$(e) = zaopin$(j)
    Let zaodanzi$(j) = dz1$
    Let zaoshengmu$(j) = dz2$
    Let zaoyunmu$(j) = dz3$
    Let zaoshengdiao$(j) = dz4$
    Let zaonan(j) = dz5
    Let zaoqu(j) = dz6
    Let zaopin$(j) = dz7$
      End If
    Next d
    Print
    For d = 1 To 100
    ' Print zaodanzi$(d),
    ' Print zaoshengmu$(d),
    ' Print zaoyunmu$(d),
    ' Print zaoshengdiao$(d)
    Next d

    '打印已找出并排好序的单字程序
    Open "zanshitext.txt" For Output As #9
    Print #9, Text1.Text
    Print #9, "字号", "单字", "难度值", "区分度值", "词频"
    For shu = 1 To zongzishu
      Print #9, "第"; shu; "个字", zaodanzi$(shu); zaoshengmu$(shu); zaoyunmu$(shu);
      Print #9, zaoshengdiao$(shu), zaonan(shu), zaoqu(shu), zaopin$(shu)
    ' print #1:"第";shu;"个字",zaodanzi$(shu); zaoshengmu$(shu); zaoyunmu$(shu);
```

```
'print #1:zaoshengdiao$(shu),"难度值=";zaonan(shu),
'print #1:"区分度值=";zaoqu(shu),"字频=";zaopin$(shu)
    Print #4, Chr$(34); zaodanzi$(shu); Chr$(34); ","; Chr$(34); zaoshengmu$(shu); Chr$(34); ","; Chr$(34); zaoyunmu$(shu); Chr$(34); ",";
    Print #4, Chr$(34); zaoshengdiao$(shu); Chr$(34); ",";
    Print #4, zaonan(shu); ","; zaoqu(shu); ","; Chr$(34); zaopin$(shu); Chr$(34)
Next shu
Close #4

'统计平均难度值、平均区分度值、字表频率程序
Let znandu = 0
Let zqufendu = 0
Let erxing = 0
Let yixing = 0
Let biaoer = 0
  For shu = 1 To zongzishu
    Let znandu = znandu + zaonan(shu)
    Let zqufendu = zqufendu + zaoqu(shu)
    If zaopin$(shu) = "2" Then Let erxing = erxing + 1
    If zaopin$(shu) = "1" Then Let yixing = yixing + 1
    If zaopin$(shu) = "" Then Let biaoer = biaoer + 1
  Next shu
'print #1:
'print #1:
'print #1:"————"
  Print #9, "平均难度==";znandu / zongzishu, "平均区分度==";zqufendu / zongzishu
  Print #9, "表一**号字出现了"; erxing; "个,"; "*号字出现了"; yixing; "个,";
  Print #9, "表二字出现了"; biaoer; "个"
  'print #1:"平均难度==";znandu/zongzishu,"平均区分度==";zqufendu/zongzishu
  'print #1:"表一**号字出现了";erxing;"个";",*号字出现了";yixing;"个",
  'print #1:"表二字出现了";biaoer;"个"
'print #1:"————-"
'print #1:

'打印声母统计数字
'print #1:"————单字声母出现频率统计————"
'print #1:
For sm = 1 To 23
    Print #9, "声母"; shengmu$(sm); "出现了"; dtjsm(sm); "次"
  'print #1:"声母";shengmu$(sm),"出现了",dtjsm(sm),"次"
  Next sm
    Print #9,"ueng 自成音节的零
```

```
声母(w) 1 次"
        Print #9, " er 自成音节的零声
母(0) 2 次"
    '   print #1:" ueng 自成音节的零
声母(w) 1 次"
    '   print #1:" er 自成音节的零声
母(0) 2 次"
    '打印韵母统计数字
    'print #1:
    'print #1:"——单字韵母出现
频率统计————"
    'print #1:
        For ym = 1 To 36
        Print #9, " 韵母"; yunmu$
(ym), "出现了", dtjym(ym), "次"
    '   print #1:" 韵母"; yunmu$
(ym),"出现了",dtjym(ym),"次"
      Next ym
        Print #9, "韵母 ueng(自成音
节)     出现了   1   次"
        Print #9,"韵母 er(自成音节)
出现了   2   次"
        Close #9
    '   print #1:"韵母 ueng(自成音
节)  出现了   1   次"
    '   print #1:"韵母 er(自成音节)
出现了   2   次"
    ' chain "zdld"
    Open "zanshitext. txt" For Input As
#8
    Do While Not EOF(8)
    Line Input #8, textline$
    copytext$ = copytext$ + textline
 $ + Chr$(13) + Chr$(10)
    Loop
    Text1. Text = copytext$
    Close #8
    End Sub

    Private Sub 编辑文件存盘_Click()
    ldfn$ = InputBox$("请输入需存盘
的文件名称编号","输入文件名")
    Open ldfn$ & ". txt" For Output As
#1
    Print #1, Text1. Text
    Close #1
    End Sub

    Private Sub 返回主选单_Click()
    langdu. Hide
    zhuxuandan. Show
    End Sub

    Private Sub 清除_Click()
    Text1. Text = ""
    End Sub

    Private Sub 退出_Click()
    End
    End Sub

    Private Sub 选择朗读篇目_Click()
    '1998 - 08 - 08 - 18 - 00
    'ldsy1 选择/显示朗读篇目及数据
    Dim ldbianhao$(500), hzfugai
(500), ldnandu(500)
    Dim ldqufendu(500), shiyong$
(500)
    msg1$ = "请输入选定的朗读篇目
```

```
编号:"
    msg2$ = " 400 字篇目(ZP02, ZP05, ZP10, ZP15, ZP47, ZP48, st21 - st60)"
    msg3$ = " 300 字篇目(LD1 - 100, kw01 - 37)"
    c1$ = Chr$(13) + Chr$(10)
    msg$ = msg1$ + c1$ + msg2$ + c2$ + msg3$
    ldfn$ = InputBox$(msg$, "输入选定的朗读篇目编号")
    'Open ldfn$ & ".TXT" For Input As #2
    'Do While Not EOF(2)
    ' Line Input #2, a$
    ' Print a$
    'Loop
    'Close #2

    Open ldfn$ & ".TXT" For Input As #8
    Do While Not EOF(8)
    Line Input #8, textline$
    ldtext$ = ldtext$ + textline$ + Chr$(13) + Chr$(10)
    Loop
    Text1.Text = ldtext$
    Close #8
    '读入朗读数据库
    Open "ldshuju.txt" For Input As #2
    For i = 1 To 227
    Input #2, ldbianhao$(i), hzfugai(i), ldnandu(i), ldqufendu(i), shiyong$(i)
    Next i
    Close #2
    For i = 1 To 227
    If ldbianhao$(i) = ldfn$ Then
    Print "朗读篇目:"; ldbianhao$(i);
    Print "汉字覆盖面:"; hzfugai(i);
    Print "篇目难度值:"; ldnandu(i); "篇目区分度值:"; ldqufendu(i);
    Print "使用情况:"; shiyon$
    Exit For
    End If
    Next i
    End Sub

    Private Sub 返回主选单_Click()
    huati.Hide
    zhuxuandan.Show
    End Sub

    Private Sub 清除_Click()
    Text1.Text = ""
    End Sub

    Private Sub 退出_Click()
    End
    End Sub

    Private Sub 选择原有话题_Click()
    '1998 - 08 - 08 - 18 - 00
    'zdsh 自动话题出题程序
    '定义各数组
    Dim huati1$(300), huati2$(300), htnandu(300), htqufendu(300)
```

```
'输入选定话题号
n = InputBox("请输入选定话题号(1 - >93):", "选定话题号")
'读入话题库
Open "shshuju.txt" For Input As #2
i = 1
Do While Not EOF(2) 'For i = 1 To 93
  Input #2, huati1$(i), huati2$(i), htnandu(i), htqufendu(i)
i = i + 1
Loop 'Next i
Close #2
Text1.Text = "1" + huati1$(n) + "2" + huati2$(n) + Chr$(13) + Chr$(10) + "难度值 = 0" + Str$(htnandu(n)) + "区分度值 = 0" + Str$(htqufendu(n))
End Sub

Private Sub 组配新的话题_Click()
Open "shshuju.txt" For Append As #2
Print #2, Text1.Text
Close #2
Text1.Text = ""
End Sub

Private Sub Command1_Click()
End
End Sub

Private Sub fanhuizhu_Click()
shijuan.Hide
zhuxuandan.Show
End Sub

Private Sub qingchu_Click()
Text1.Text = ""
End Sub

Private Sub shijuan100_Click()
'进入试卷排序写模块
'1998 - 08 - 08 - 18 - 00
'Tm7 zdsj4
'zdsj4 对确定的试卷进行排序写实验程序
'说明:对含数据的各 dz *.TXT, cy *.TXT, LD 篇目,话题进行排序,制成正式试卷
'生成可编辑的文本文件

'定义各数组
Dim zaodanzi$(130), zaoshengmu$(130), zaoyunmu$(130), zaoshengdiao$(130)
Dim zaonan(130), zaoqu(130), zaopin$(130)
Dim shengmu$(25), yunmu$(36)
Dim qianzi$(60), qiansheng$(60), qianyun$(60), qiandiao$(60)
Dim houzi$(60), housheng$(60), houyun$(60), houdiao$(60)
Dim qiannan(60), qianqu(60), hounan(60), houqu(60), cipin$(60)
Dim ctjsm(25)
Dim ctjym(36)
Dim dtjsm(25)
```

Dim dtjym(36)

'输入正式试卷号

juanhao$ = InputBox$("请输入该套试题正式制卷时的试卷号(ST101 - ST5000 或其他):","输入正式卷号")

'读入单字部分文件

dzfn$ = InputBox$("请输入单字部分的试卷文件名称(dz1 - dz5000):","输入单字文件名称")

Open dzfn$ & ".TXT" For Input As #2

For d = 1 To 100

Input #2, zaodanzi$(d), zaoshengmu$(d), zaoyunmu$(d), zaoshengdiao$(d), zaonan(d), zaoqu(d), zaopin$(d)

Next d

Close #2

'读入词语部分文件

cyfn$ = InputBox$("请输入词语部分的试卷文件名称(cy1 - cy5000 或其他):","输入词语文件名称")

Open cyfn$ &". TXT" For Input As #3

For ss = 1 To 50

Input #3, qianzi$(ss), qiansheng$(ss), qianyun$(ss), qiandiao$(ss), qiannan(ss), qianqu(ss), houzi$(ss), housheng$(ss), houyun$(ss), houdiao$(ss), hounan(ss), houqu(ss), cipin$(ss)

Next ss

Close #3

'输入朗读篇目编号

msg1$ = "请输入该卷选定的朗读篇目编号:"

msg2$ = " 400 字篇目(ZP02, ZP05, ZP10, ZP15, ZP47, ZP48, st21 - st60)"

msg3$ = " 300 字篇目(LD01 - LD100, KW01 - KW37)"

c1$ = Chr$(13) + Chr$(10)

msg$ = msg1$ + c1$ + msg2$ + cl$ + msg3$ + c1$

ldfn$ = InputBox$(msg$, "输入朗读篇目编号")

'输入选定话题号

ht = InputBox("请输入选定的话题编号(1 - >93):","输入话题编号")

'给韵母字符串变量赋值

yunmu$(1) = "ii": yunmu$(2) = "iii": yunmu$(3) = "a": yunmu$(4) = "o": yunmu$(5) = "e"

yunmu$(6) = "ai": yunmu$(7) = "ei": yunmu$(8) = "ao": yunmu$(9) = "ou"

yunmu$(10) = "an": yunmu$(11) = "en": yunmu$(12) = "ang": yunmu$(13) = "eng"

yunmu$(14) = "i": yunmu$(15) = "ia": yunmu$(16) = "ie": yunmu$(17) = "iao": yunmu$(18) = "iou" yunmu$(19) = " ian": yunmu$(20) = "in": yunmu$(21) = "iang": yunmu$(22) = "ing": yunmu$(23) = "iong"

yunmu$(24) = "u": yunmu$(25) = "ua": yunmu$(26) = "uo": yunmu$(27) = "uai": yunmu$(28) = "uei"

yunmu$(29) = " uan": yunmu$(30) = "uen": yunmu$(31) = "uang": yunmu$(32) = "ong"

yunmu$(33) = "v": yunmu$(34) = "ve": yunmu$(35) = "van": yunmu$(36) = "vn"

'给声母字符串变量赋值

shengmu$(1) = "b": shengmu$(2) = "p": shengmu$(3) = "m": shengmu$(4) = "f"

shengmu$(5) = "d": shengmu$(6) = "t": shengmu$(7) = "n": shengmu$(8) = "l"

shengmu$(9) = "g": shengmu$(10) = "k": shengmu$(11) = "h"

shengmu$(12) = "j": shengmu$(13) = "q": shengmu$(14) = "x"

shengmu$(15) = "zh": shengmu$(16) = "ch": shengmu$(17) = "sh": shengmu$(18) = "r"

shengmu$(19) = "z": shengmu$(20) = "c": shengmu$(21) = "s"

shengmu$(22) = "y": shengmu$(23) = "w"

'词语部分按第二字区分度排序程序

'词语部分按第二字声调不同排序程序

'词语部分按第二字声母不同排序程序

```
Let n = 46
  For c = 1 To n - 1
    For Y = 1 + c To n
'If houqu(c) > houqu(Y) Then
'If houdiao$(c) > houdiao$(Y) Then
    If housheng$(c) > housheng$(Y) Then
    Let cy1$ = qianzi$(c)
    Let cy2$ = qiansheng$(c)
    Let cy3$ = qianyun$(c)
    Let cy4$ = qiandiao$(c)
    Let cy5 = qiannan(c)
    Let cy6 = qianqu(c)
    Let cy7$ = houzi$(c)
    Let cy8$ = housheng$(c)
    Let cy9$ = houyun$(c)
    Let cy10$ = houdiao$(c)
    Let cy11 = hounan(c)
    Let cy12 = houqu(c)
    Let cy13$ = cipin$(c)
      Let qianzi$(c) = qianzi$(Y)
      Let qiansheng$(c) = qiansheng$(Y)
      Let qianyun$(c) = qianyun$(Y)
      Let qiandiao$(c) = qiandiao$(Y)
      Let qiannan(c) = qiannan(Y)
      Let qianqu(c) = qianqu(Y)
```

```
        Let houzi$(c) = houzi$(Y)
        Let housheng$(c) = housheng$(Y)
        Let houyun$(c) = houyun$(Y)
        Let houdiao$(c) = houdiao$(Y)
        Let hounan(c) = hounan(Y)
        Let houqu(c) = houqu(Y)
        Let cipin$(c) = cipin$(Y)
        Let qianzi$(Y) = cy1$
        Let qiansheng$(Y) = cy2$
        Let qianyun$(Y) = cy3$
        Let qiandiao$(Y) = cy4$
        Let qiannan(Y) = cy5
        Let qianqu(Y) = cy6
        Let houzi$(Y) = cy7$
        Let housheng$(Y) = cy8$
        Let houyun$(Y) = cy9$
        Let houdiao$(Y) = cy10$
        Let hounan(Y) = cy11
        Let houqu(Y) = cy12
        Let cipin$(Y) = cy13$
      End If
      Next Y
    Next c

'避免前后词语出现同调现象程序
For d = 1 To 42
Let e = d + 1
Let f = d + 2
Let g = d + 3
Let h = d + 4
Let i = d + 5
Let k = d + 6
Let l = d + 7
Let m = d + 8
    If houdiao$(d) = houdiao$(e) Then
       If houdiao$(e) <> houdiao$(f) And houdiao$(d) <> houdiao$(f) Then
         Let j = f
          Else
           If houdiao$(e) <> houdiao$(g) And houdiao$(d) <> houdiao$(g) Then
             Let j = g
             Else
           If houdiao$(e) <> houdiao$(h) And houdiao$(d) <> houdiao$(h) Then
               Let j = h
               Else
           If houdiao$(e) <> houdiao$(i) And houdiao$(d) <> houdiao$(i) Then
                Let j = i
Else
           If houdiao$(e) <> houdiao$(k) And houdiao$(d) <> houdiao$(k) Then
                Let j = k
             Else
           If houdiao$(e) <> houdiao$(l) And houdiao$(d) <> houdiao$(l) Then
                Let j = l
```

```
        Else
    If houdiao$(e) <> houdiao$(m) And houdiao$(d) <> houdiao$(m) Then
            Let j = m
        End If
        End If
        End If
        End If
      End If
     End If
   End If
     Let cy1$ = qianzi$(e)
     Let cy2$ = qiansheng$(e)
     Let cy3$ = qianyun$(e)
     Let cy4$ = qiandiao$(e)
     Let cy5 = qiannan(e)
     Let cy6 = qianqu(e)
     Let cy7$ = houzi$(e)
     Let cy8$ = housheng$(e)
     Let cy9$ = houyun$(e)
     Let cy10$ = houdiao$(e)
     Let cy11 = hounan(e)
     Let cy12 = houqu(e)
     Let cy13$ = cipin$(e)
       Let qianzi$(e) = qianzi$(j)
       Let qiansheng$(e) = qiansheng$(j)
       Let qianyun$(e) = qianyun$(j)
       Let qiandiao$(e) = qiandiao$(j)
       Let qiannan(e) = qiannan(j)
       Let qianqu(e) = qianqu(j)
       Let houzi$(e) = houzi$(j)
       Let housheng$(e) = housheng$(j)
       Let houyun$(e) = houyun$(j)
       Let houdiao$(e) = houdiao$(j)
       Let hounan(e) = hounan(j)
       Let houqu(e) = houqu(j)
       Let cipin$(e) = cipin$(j)
         Let qianzi$(j) = cy1$
         Let qiansheng$(j) = cy2$
         Let qianyun$(j) = cy3$
         Let qiandiao$(j) = cy4$
         Let qiannan(j) = cy5
         Let qianqu(j) = cy6
         Let houzi$(j) = cy7$
         Let housheng$(j) = cy8$
         Let houyun$(j) = cy9$
         Let houdiao$(j) = cy10$
         Let hounan(j) = cy11
         Let houqu(j) = cy12
         Let cipin$(j) = cy13$
      End If
Next d
Print
'For d = 1 To 100
' Print zaodanzi$(d),
' Print zaoshengmu$(d),
' Print zaoyunmu$(d),
' Print zaoshengdiao$(d)
'Next d

'生成试卷文件
```

```
Open juanhao$ & ". TXT" For Output As #8
'写试卷程序
Print #8, ""
Print #8, "              普通话水平测试试卷"
Print #8, "                         "
Print #8, "                    卷号:"; juanhao$
Print #8, "  "
Print #8, "  "
Print #8, "单位:______ 姓名:______ 考号:______总分:______累分人:______"
Print #8, "      ______________"
Print #8, "一、读单字(10 分,读音错误,每个扣  题分  读音错误 读音缺陷   得   分"
Print #8, "  0.1 分,读音缺陷,每个扣0.05 分)  ____________"
Print #8, "
        10  -   -   =   "
Print #8, "
        ____________"
For d = 1 To 25
Print #8, zaodanzi$(d); " ";
Next d
Print #8, " "
For d = 26 To 50
Print #8, zaodanzi$(d); " ";
Next d
Print #8, " "
For d = 51 To 75
Print #8, zaodanzi$(d); " ";
Next d
Print #8, " "
For d = 76 To 100
Print #8, zaodanzi$(d); " ";
Next d
Print #8,
'写词语程序
Print #8, "
        ____________"
Print #8, "二、读词语(20 分,读音错误,每个扣  题分 读音错误 读音缺陷 得 分"
Print #8, "  0.2 分,读音缺陷,每个扣0.1 分)  ____________"
Print #8, "
        20  -   -   =   "
Print #8, "
        ____________"
For c = 1 To 10
Print #8, qianzi$(c); houzi$(c); " ";
Next c
Print #8, "  "
For c = 11 To 19
Print #8, qianzi$(c); houzi$(c); " ";
Next c
Print #8, qianzi$(47); houzi$(47); "儿"
For c = 20 To 28
Print #8, qianzi$(c); houzi$(c); " ";
Next c
Print #8, qianzi$(48); houzi$(48); "儿"
```

```
For c =29 To 37
Print #8, qianzi$(c); houzi$(c); " ";
Next c
Print #8, qianzi$(49); houzi$(49); "儿"
For c =38 To 46
Print #8, qianzi$(c); houzi$(c); " ";
Next c
Print #8, qianzi$(50); houzi$(50); "儿"

'写朗读文章程序
Print #8, "————————"
Print #8, "三、朗读(30 分)"
Print #8, "    音节错增漏,每个扣0.1 分:  个扣   分"
Print #8, "    声韵系统缺陷, 扣分:0.5 1"
Print #8, "    语调偏误, 扣分:0.5 1 2"
Print #8, "    停连不当, 扣分:0.5 1 2 "
Print #8, "    朗读不流畅,回读扣分:0.5 1 2 "
Print #8, "    超时扣分:1"
Print #8, "    得    分:  "
Dim ldbianhao$(300), hzfugai(300), ldnandu(300)
Dim ldqufendu(300), shiyong$(300)
Open ldfn$ & ".TXT" For Input As #4
Do While Not EOF(4)
Line Input #4, a$
Print #8, a$
Loop
Close #4

'写话题程序
'定义话题各数组
Dim huati1$(400), huati2$(400), htnandu(400), htqufendu(400)
'读入话题库
Open "shshuju.txt" For Input As #5
i =1
Do While Not EOF(5) 'For i =1 To 93
Input #5, huati1$(i), huati2$(i), htnandu(i), htqufendu(i)
i =i +1
Loop 'Next i
Close #5

Print #8,
Print #8, "四、说话(两题任选一题,时间 3 分钟,40 分)"
Print #8,
Print #8, "1."; huati1$(ht), "2."; huati2$(ht)
Print #8, "————————"
Print #8, "题分  语音标准程度扣分  词汇语法规范程度扣分  言语流畅程度扣分   缺时   得分"
Print #8, "————————"
Print #8, "40 扣 0 1 2 3 4 5 6 7 8 9 10 11 12 13 14 扣 0 1 2 3 4 扣 0 0.5 1
```

```
2 3 扣 "
    Print #8, "———"
    Print #8, "评卷人:       日期:
复查人:      日期:"
    Print #8,

    '写试卷答案数据程序
    yn$ = InputBox$("需要正式写本
套试卷的答案和各项数据吗? (Y/
N)", "数据写入试卷后部")
    If yn$ = "Y" Or yn$ = "y" Then
    Print #8,
    Print #8, "————第"; juanhao
$; "号卷答案和各项数据————"
    Print #8, "———"
    Print #8,

    '写单字数据和答案
    Print #8, "————第"; dzfn$;
"号卷单字答案和数据————"
    Print #8, "————"
    '统计单字声母程序
     '原统计清零程序
     For sm = 1 To 23
       Let dtjsm(sm) = 0
     Next sm
     For sm = 1 To 23
     For dz = 1 To 100
       If zaoshengmu$(dz) = shengmu
$(sm) Then Let dtjsm(sm) = dtjsm
(sm) + 1
     Next dz
     Next sm
    '统计单字韵母程序
    '原统计清零程序
     For ym = 1 To 36
       Let dtjym(ym) = 0
     Next ym
     For ym = 1 To 36
      For dz = 1 To 100
        If zaoyunmu$(dz) = yunmu$
(ym) Then Let dtjym(ym) = dtjym(ym)
+ 1
      Next dz
     Next ym
    '写已找出的单字程序
    For shu = 1 To 100
     Print #8, "第"; shu; "个字",
zaodanzi$(shu); zaoshengmu$(shu);
zaoyunmu$(shu);
     Print #8, zaoshengdiao$(shu), "
难度值 = "; zaonan(shu),
     Print #8, "区分度值 = "; zaoqu
(shu), "字频 = "; zaopin$(shu)
    Next shu
    '统计平均难度值、平均区分度值、
字表频率程序
    Let znandu = 0
    Let zqufendu = 0
    Let erxing = 0
    Let yixing = 0
    Let biaoer = 0
     For shu = 1 To 100
      Let znandu = znandu + zaonan
(shu)
      Let zqufendu = zqufendu + zaoqu
(shu)
      If zaopin$(shu) = "2" Then Let
erxing = erxing + 1
      If zaopin$(shu) = "1" Then Let
```

```
yixing = yixing + 1
    If zaopin$(shu) = "" Then Let biaoer = biaoer + 1
  Next shu
  Print #8, "————"
  Print #8, "平均难度 = ="; znandu / 100, "平均区分度 = ="; zqufendu / 100
  Print #8, "表一**号字出现了"; erxing; "个"; "，*号字出现了"; yixing; "个",
  Print #8, "表二字出现了"; biaoer; "个"
  Print #8, "————"
  Print #8,
  '写单字声母统计数字
  Print #8, "————单字声母出现频率统计————"
    For sm = 1 To 23
      Print #8, "声母"; shengmu$(sm), "出现了", dtjsm(sm), "次"
    Next sm
      Print #8, "ueng 自成音节的零声母(w)    1    次"
      Print #8, "er 自成音节的零声母(0)    2    次"
  '写单字韵母统计数字
  Print #8,
  Print #8, "————单字韵母出现频率统计————"
    For ym = 1 To 36
      Print #8, "韵母"; yunmu$(ym), "出现了", dtjym(ym), "次"
    Next ym
      Print #8, "韵母 ueng(自成音节) 出现了 1 次"
      Print #8, "韵母 er(自成音节) 出现了 2 次"
  Print #8, "————"

  '写词语答案和数据
  Print #8,
  Print #8, "————第 "; cyfn$; " 号卷词语答案和数据————"
  Print #8, "————"

  '统计词语声母程序
    '原统计清零程序
      For sm = 1 To 23
        Let ctjsm(sm) = 0
      Next sm
    For sm = 1 To 23
      For shu = 1 To 50
        If qiansheng$(shu) = shengmu$(sm) Then Let ctjsm(sm) = ctjsm(sm) + 1
        If housheng$(shu) = shengmu$(sm) Then Let ctjsm(sm) = ctjsm(sm) + 1
      Next shu
    Next sm
  '统计词语韵母程序
    '原统计清零程序
      For ym = 1 To 36
        Let ctjym(ym) = 0
      Next ym
    For ym = 1 To 36
      For shu = 1 To 50
        If qianyun$(shu) = yunmu$(ym) Then Let ctjym(ym) = ctjym(ym)
```

```
+1
    If houyun$(shu) = yunmu$(ym) Then Let ctjym(ym) = ctjym(ym)+1
    Next shu
  Next ym

'写已确定的 50 个词语程序
    For ss = 1 To 46
      Print #8, "第"; ss; "个词"
      Print #8, qianzi$(ss), qiansheng$(ss); qianyun$(ss); qiandiao$(ss),
      Print #8, "难度值="; qiannan(ss), "区分度值="; qianqu(ss)
      Print #8, houzi$(ss), housheng$(ss); houyun$(ss); houdiao$(ss),
      Print #8, "难度值="; hounan(ss), "区分度值="; houqu(ss), "词表"; cipin$(ss)
    Next ss
    For ss = 47 To 50
    Print #8, "第"; ss; "个词"
    Print #8, qianzi$(ss), qiansheng$(ss); qianyun$(ss); qiandiao$(ss),
    Print #8, "难度值="; qiannan(ss), "区分度值="; qianqu(ss)
    Print #8, houzi$(ss); "儿", housheng$(ss); houyun$(ss); houdiao$(ss),
    Print #8, "难度值="; hounan(ss), "区分度值="; houqu(ss), "词表"; cipin$(ss)
    Next ss
  '统计平均难度、平均区分度、词表出现数
  Let cnandu = 0
  Let cqufendu = 0
  Let biaoyi = 0
  Let biaoer = 0
  For ss = 1 To 50
  Let cnandu = cnandu + qiannan(ss)
  Let cnandu = cnandu + hounan(ss)
  Let cqufendu = cqufendu + qianqu(ss)
  Let cqufendu = cqufendu + houqu(ss)
  If cipin$(ss) = "1" Then Let biaoyi = biaoyi + 1
  If cipin$(ss) = "2" Then Let biaoer = biaoer + 1
    Next ss
    Print #8, "——"
    Print #8, "平均难度="; cnandu/100, "平均区分度="; cqufendu/100
    Print #8, "表一出现了:"; biaoyi; "个词", "表二出现了:"; biaoer; "个词"
    Print #8, "————"
    '写声母统计数字
    Print #8,
    Print #8, "————————词语声母覆盖频度统计————"
      For sm = 1 To 23
        Print #8, "声母", shengmu$(sm), "出现了", ctjsm(sm), "次"
      Next sm
    Print #8, "————"
    '写韵母统计数字
```

```
Print #8,
Print #8, "———词语韵母覆盖频度统计————"
    For ym = 1 To 36
        Print #8, "韵母", yunmu$(ym),"出现了", ctjym(ym),"次"
    Next ym
Print #8, "———"

'写朗读篇目数据
Print #8,
Print #8, "————第", juanhao$,"号卷朗读数据————"
Print #8, "——————"
Print #8, "该卷选定的朗读篇目是:"; ldfn$ & ".TXT"
Print #8, "——————"

'读入朗读数据库
Open "ldshuju.txt" For Input As #4
For i = 1 To 227
Input #4, ldbianhao$(i), hzfugai(i), ldnandu(i), ldqufendu(i), shiyong$(i)
Next i
Close #4
For i = 1 To 227
If ldbianhao$(i) = ldfn$ Then
Let dnandu = ldnandu(i)
Print #8, "——————"
Print #8, "朗读篇目:"; ldbianhao$(i)
Print #8, "汉字覆盖面:"; hzfugai(i);
Print #8, " 篇目难度值:"; ldnandu(i); " 篇目区分度值:"; ldqufendu(i);
Print #8, " 使用情况:"; shiyong$(i)
Print #8, "——————"
Print #8,
Exit For
End If
Next i

'写说话题目和数据
Print #8,
Print #8, "———第", juanhao$,"号卷说话数据————"
Print #8, "——————"
Print #8, "第", ht, "组话题"
Print #8, "——————"
Print #8, "——————"
Print #8, "1."; huati1$(ht), "2."; huati2$(ht), "难度值:"; htnandu(ht), "区分度值:"; htqufendu(ht)
Print #8, "——————"
Let hnandu = htnandu(ht)

'写全卷平均难度
Let qjnandu = znandu / 100 * 10 + cnandu / 100 * 20 + dnandu * 30 + hnandu * 40
Print #8,
Print #8,
Print #8, "————"
Print #8, "————"
Print #8, "——————  全卷平均分:"; qjnandu; "——————"
```

```
    Print #8, "————  全卷平均难度:"; qjnandu / 100; "———"
    Print #8, "————"
    Print #8, "————"
    End If
    Close #8

    Open juanhao$ & ".TXT" For Input As #9
    Do While Not EOF(9)
    Line Input #9, textline$
    copytext$ = copytext$ + textline$ + Chr$(13) + Chr$(10)
    Loop
    Text1.Text = copytext$
    Close #9
    End Sub
```

主选单程序

```
Private Sub Command3_Click()
zhuxuandan.Hide
langdu.Show
End Sub

Private Sub Command4_Click()
zhuxuandan.Hide
huati.Show
End Sub

Private Sub Command5_Click()
zhuxuandan.Hide
shijuan.Show
End Sub

Private Sub Command6_Click()
End
End Sub

Private Sub zupeiciyu_Click()
zhuxuandan.Hide
ciyu.Show
End Sub

Private Sub zupeidanzi_Click()
zhuxuandan.Hide
danzi.Show
End Sub
```

五　计算机辅助普通话水平测试人机对话评分系统主程序

（本程序用 Visual Basic 6.0 编写）

```
Option Explicit
Dim mse, se, mi As Integer
Dim starttime As Single
Dim inputfile, inputline As String

Private Sub Combo1_Change()
End Sub

Private Sub Command1_Click()
Text1.Text = Val(Text1.Text) -0.1
End Sub

Private Sub Command10_Click()
Text1.Text = Val(Text1.Text) -2
End Sub

Private Sub Command11_Click()
Text1.Text = Val(Text1.Text) -1
End Sub

Private Sub Command12_Click()
Text1.Text = Val(Text1.Text) -2
End Sub

Private Sub Command13_Click()
Text1.Text = Val(Text1.Text) -1
End Sub

Private Sub Command15_Click()
Text1.Text = Val(Text1.Text) -2
End Sub

Private Sub Command16_Click()
Text1.Text = Val(Text1.Text) -1
End Sub

Private Sub Command17_Click()
Text1.Text = Val(Text1.Text) -0.5
End Sub

Private Sub Command18_Click()
Text1.Text = Val(Text1.Text) -0
End Sub

Private Sub Command19_Click()
Text1.Text = Val(Text1.Text) -1
End Sub

Private Sub Command2_Click()
Text1.Text = Val (Text1.Text)
-0.05
End Sub

Private Sub Command20_Click()
Text1.Text = Val(Text1.Text) -2
End Sub

Private Sub Command21_Click()
```

```
Text1. Text = Val( Text1. Text) - 3
End Sub

Private Sub Command22_Click( )
Text1. Text = Val( Text1. Text) - 4
End Sub

Private Sub Command23_Click( )
Text1. Text = Val( Text1. Text) - 5
End Sub

Private Sub Command24_Click( )
Text1. Text = Val( Text1. Text) - 6
End Sub

Private Sub Command25_Click( )
Text1. Text = Val( Text1. Text) - 7
End Sub

Private Sub Command26_Click( )
Text1. Text = Val( Text1. Text) - 8
End Sub

Private Sub Command27_Click( )
Text1. Text = Val( Text1. Text) - 9
End Sub

Private Sub Command28_Click( )
Text1. Text = Val( Text1. Text) - 10
End Sub

Private Sub Command29_Click( )
Text1. Text = Val( Text1. Text) - 11
End Sub

Private Sub Command3_Click( )
Text1. Text = Val( Text1. Text) - 0. 2
End Sub

Private Sub Command30_Click( )
Text1. Text = Val( Text1. Text) - 12
End Sub

Private Sub Command31_Click( )
Text1. Text = Val( Text1. Text) - 13
End Sub

Private Sub Command32_Click( )
Text1. Text = Val( Text1. Text) - 14
End Sub

Private Sub Command33_Click( )
Text1. Text = Val( Text1. Text) - 0
End Sub

Private Sub Command34_Click( )
Text1. Text = Val( Text1. Text) - 1
End Sub

Private Sub Command35_Click( )
Text1. Text = Val( Text1. Text) - 2
End Sub

Private Sub Command36_Click( )
Text1. Text = Val( Text1. Text) - 3
End Sub

Private Sub Command37_Click( )
Text1. Text = Val( Text1. Text) - 4
End Sub
```

```
Private Sub Command38_Click()
Text1. Text = Val(Text1. Text) -0
End Sub

Private Sub Command39_Click()
Text1. Text = Val(Text1. Text) -0. 5
End Sub

Private Sub Command4_Click()
Text1. Text = Val(Text1. Text) -0. 1
End Sub

Private Sub Command40_Click()
Text1. Text = Val(Text1. Text) -1
End Sub

Private Sub Command41_Click()
Text1. Text = Val(Text1. Text) -2
End Sub

Private Sub Command42_Click()
Text1. Text = Val(Text1. Text) -3
End Sub

Private Sub Command43_Click()
Text1. Text = Val(Text1. Text) -1
End Sub

Private Sub Command44_Click()
Text1. Text = Val(Text1. Text) -2
End Sub

Private Sub Command45_Click()
Text1. Text = Val(Text1. Text) -3
End Sub

Private Sub Command46_Click()
Text1. Text = Val(Text1. Text) -4
End Sub

Private Sub Command47_Click()
Text1. Text = Val(Text1. Text) -5
End Sub

Private Sub Command48_Click()
Text1. Text = Val(Text1. Text) -6
End Sub

Private Sub Command49_Click()
Text1. Text = Val(Text1. Text) -40
End Sub

Private Sub Command5_Click()
Text1. Text = Val(Text1. Text) -0. 1
End Sub

Private Sub Command50_Click()
Form1. Hide
谢谢. Show
End Sub

Private Sub Command51_Click()
Text1. Text = Val(Text1. Text) +0. 1
End Sub

Private Sub Command52_Click()
Text7. Text = ""
Text1. Text = "100"
Text2. Text = ""
```

```
Text10. Text = Format$(Now, "hh:mm")
End Sub

Private Sub Command53_Click()
Text1. Text = Val(Text1. Text) +0. 05
End Sub

Private Sub Command54_Click()
Text1. Text = Val(Text1. Text) +0. 2
End Sub

'打印按钮
Private Sub Command55_Click()
Printer. Print Text9. Text
Printer. EndDoc
End Sub

Private Sub Command56_Click()
Text5. Text = ""
Text8. Text = ""
Text4. Text = ""
Text7. Text = ""
Text1. Text = "100"
Text2. Text = ""
Text10. Text = ""
End Sub

'开始计时
Private Sub Command57_Click()
    Timer1. Enabled = True
    starttime = Timer '起始点时刻
    '设置按钮的状态
    Command57. Enabled = False
    Command58. Enabled = True
    Command59. Enabled = False
End Sub

'停止计时
Private Sub Command58_Click()
    Timer1. Enabled = False
    '设置按钮的状态
    Command58. Enabled = False
    Command59. Enabled = True
End Sub

'复位计时器
Private Sub Command59_Click()
    LabelM. Caption = Format(0, "00")
    LabelS. Caption = Format(0, "00")
    LabelMS. Caption = Format(0, "00")
    Command57. Enabled = True
    mse = 0
    se = 0
    mi = 0
End Sub

Private Sub Command6_Click()
Text1. Text = Val(Text1. Text) -0. 5
End Sub

Private Sub Command60_Click()
Text1. Text = Val(Text1. Text) +0. 1
End Sub

Private Sub Command61_Click()
```

```
Dim zongfen2 As String
Dim msg$
msg$ = "请输入另一个测试员的评判总分:"
zongfen2 = InputBox(msg$)
Text2.Text = ( Val ( Text1.Text ) + Val(zongfen2)) / 2
End Sub

Private Sub Command62_Click()
Text1.Text = Val(Text1.Text) - 0.5
End Sub

Private Sub Command63_Click()
Text1.Text = Val(Text1.Text) - 0.5
End Sub

Private Sub Command7_Click()
Text1.Text = Val(Text1.Text) - 1
End Sub

Private Sub Command8_Click()
Text1.Text = Val ( Text1.Text ) - 0.05
End Sub

Private Sub Command9_Click()
Text1.Text = Val(Text1.Text) - 1
End Sub

'初始计时器
    Private Sub Form_Load()
Cls
Text4.Text = Format$(Now, "mm/dd/yy")
Text10.Text = Format$(Now, "hh:mm")

List1.AddItem "st1"
List1.AddItem "st2"
List1.AddItem "st3"
List1.AddItem "st4"
(以下省略部分相同的试卷号递增程序……)
List1.AddItem "st48"
List1.AddItem "st49"
List1.AddItem "st50"

    Timer1.Enabled = False
    Timer1.Interval = 10
    mse = 0
    se = 0
    mi = 0
    Command58.Enabled = False
    Command59.Enabled = False
End Sub

Private Sub List1_Click()
Select Case List1

Case "st1"
Text3.Text = ""
inputfile = "st1.txt"
Open inputfile For Input As #1
Do Until EOF(1)
Line Input #1, inputline
Text3.Text = Text3.Text + inputline + Chr$(13) + Chr$(10)
Loop
Close #1
```

```
Case "st2"
Text3. Text = ""
inputfile = "st2. txt"
Open inputfile For Input As #1
Do Until EOF(1)
Line Input #1, inputline
Text3. Text = Text3. Text + inputline
+ Chr$(13) + Chr$(10)
Loop
Close #1

Case "st3"
Text3. Text = ""
inputfile = "st3. txt"
Open inputfile For Input As #1
Do Until EOF(1)
Line Input #1, inputline
Text3. Text = Text3. Text + inputline
+ Chr(13) + Chr(10)
Loop
Close #1

Case "st4"
Text3. Text = ""
inputfile = "st4. txt"
Open inputfile For Input As #1
Do Until EOF(1)
Line Input #1, inputline
Text3. Text = Text3. Text + inputline
+ Chr(13) + Chr(10)
Loop
Close #1
```

（以下省略部分相同的试卷号递增程序……）

```
Case "st48"
Text3. Text = ""
inputfile = "st48. txt"
Open inputfile For Input As #1
Do Until EOF(1)
Line Input #1, inputline
Text3. Text = Text3. Text + inputline
+ Chr(13) + Chr(10)
Loop
Close #1

Case "st49"
Text3. Text = ""
inputfile = "st49. txt"
Open inputfile For Input As #1
Do Until EOF(1)
Line Input #1, inputline
Text3. Text = Text3. Text + inputline
+ Chr(13) + Chr(10)
Loop
Close #1

Case "st50"
Text3. Text = ""
inputfile = "st50. txt"
Open inputfile For Input As #1
Do Until EOF(1)
Line Input #1, inputline
Text3. Text = Text3. Text + inputline
+ Chr(13) + Chr(10)
Loop
Close #1
```

```
End Select
End Sub

'计时过程中显示时间
Private Sub Timer1_Timer()
    Dim sec As String
    Dim second As Long
    Dim point As Integer

    '获取流逝时间,从中提取分、秒和毫秒并在标签中显示出来
    sec = CStr(Timer - starttime)
    point = InStr(sec, ".")
    mse = Mid(sec, point + 1, 2)
    LabelMS.Caption = Format(mse, "00")
    If point > 1 Then
        second = CLng(Left(sec, point - 1))
        se = second Mod 60
        mi = (second - se) / 60
    End If
    If se <> CInt(LabelS.Caption) Then
        LabelS.Caption = Format(se, "00")
    End If
    If mi <> CInt(LabelM.Caption) Then
        LabelM.Caption = Format(mi, "00")
    End If

End Sub

Private Sub 保存_Click()
Dim savefile As String
Open "普通话水平测试成绩表.txt" For Append As #1
'savefile = Str(Text5.Text) + Str(Text7.Text) + Str(Text8.Text) + Str(Text1.Text) + Str(Text2.Text) + Chr$(13) + Chr$(10)
savefile = Text5.Text + "考场" + Text7.Text + "号考生" + "成绩" + Text1.Text + "分" + "平均" + Text2.Text + "分" + Text8.Text + "号测试员" + "日期:" + Text4.Text + "时间:" + Text10.Text + Chr$(13) + Chr$(10)
Text9.Text = savefile + Text9.Text
Print
Write #1, Text9.Text
Close #1
End Sub
```